U0506304

华中科技大学学术著作
青年系列丛书

藏缅语
演化网络研究

高天俊　著

上海古籍出版社

教育部人文社科基金青年项目

"藏彝走廊少数民族语言地名有声数据库建设与研究"（19YJC740011）资助

国家社会科学基金青年项目

"汉藏语语音对应规律数据库建设与研究"（20CYY037）资助

华中科技大学一流文科建设重大学科平台建设项目

"数字人文与语言研究创新平台"资助

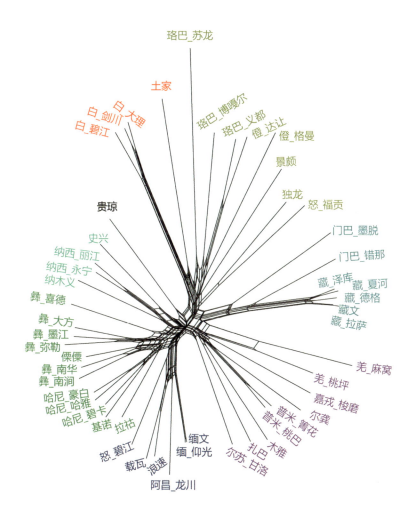

珞巴_苏龙

土家

白_大理
白_剑川
白_碧江

珞巴_博嘎尔
珞巴_义都
僜_达让
僜_格曼

景颇

贵琼

独龙
怒_福贡

门巴_墨脱
门巴_错那

史兴
纳西_丽江
纳西_永宁
纳木义

藏_泽库 藏_夏河
藏_德格
藏文
藏_拉萨

彝_喜德

彝_大方
彝_墨江
彝_弥勒
傈僳
彝_南华
彝_南涧
哈尼_豪白
哈尼_哈雅
哈尼_碧卡
基诺 拉祜

羌_麻窝
羌_桃坪
嘉戎_梭磨
普米_尔龚
普米_箐花
普米_桃巴
木雅
尔苏_甘洛
扎巴

怒_碧江
载瓦 浪速
阿昌_龙川

缅文
缅_仰光

藏缅语 100 核心关系词汉明距离 NeighborNet 演化网图

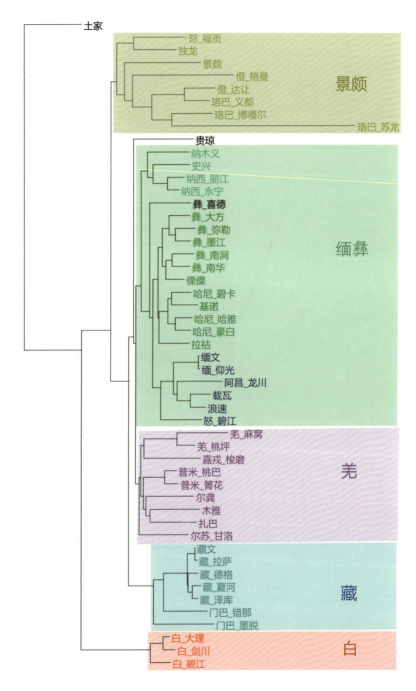

藏缅语 Neighbor-joining 树图

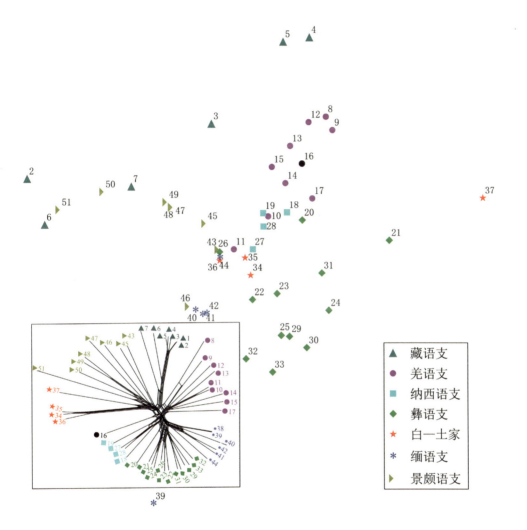

藏缅语演化网与语言分布对照图

图例：
▲ 藏语支
● 羌语支
■ 纳西语支
◆ 彝语支
★ 白一土家
✳ 缅语支
▶ 景颇语支

序

在演化语言学视角下,语言演化历史是一个涉及语言学、遗传学、考古学、人类学等许多学科的跨学科课题。语言的谱系分类问题是语言演化中观史研究的核心问题之一,从不同学科的视角进行观察也有助于这一问题的解决。20多年前我在香港和王士元先生合作汉藏语系的谱系分类研究,就将生物学中的种系发生学方法和历史语言学的词源统计法结合在一起,重构了藏缅、苗瑶和壮侗语族的谱系树图。将自然科学方法应用到历史语言学并不容易,这不但需要对这些方法的理论和应用背景有比较深入的了解,还需要设法解决跨学科方法和语言学材料的结合问题。另外,跨学科方法常用的定量材料还对语料的处理提出了较高的要求。因此,近年来国内这类研究并不多见,天俊的这本书就是这样一种研究。

这本书是天俊在他的博士论文的基础上修订、增补和完善而来的。天俊来厦大跟我读博时,已经有比较丰富的语料处理和语料库建设经验,同时他又对跨学科的语言演化研究产生兴趣,因此当他向我提出将"藏缅语演化网络研究"作为博士论文选题时,我也就放心地同意了。最终,他拿出来的成果我也是满意的。这本书在演化语言学的视野下,从语言演化的理论模型和演化分类的方法两个角度入手,试图对有争议的藏缅语的谱系分类问题给出新的解释。从理论上来说,这本书系统地讨论了谱系树等不同演化模型在藏缅语中的适用性问题,引入介绍了演化生物学中的演化网络模型和演化网生成方法,并论证了演化网络理论与方法在藏缅语中应用的可行性。从方法上来说,该研究基于概率法设计了一套语音对应规律和关系词识别算法和计算机辅助识别工具,客观、定量地完成了藏缅语 100 核心关系词的识别工作,可以说是对历史语言学定量研究和语料大数据处理的一次成功尝试。

这本书最终的成果也有许多亮点:成功重建了藏缅语演化网,对藏缅语的谱系分类进行了新的立体的描述,并再一次证明跨学科方法和语言学结合是可能的、可行的;通过演化网对藏缅语的横、纵演化模式进行了量化描述,证明藏缅语的演化模式是以树状分化为主的,从方法论上解决了藏缅语研究中默认使用树状模型的隐忧;在演化网络模型下对白语、土家语、纳木义语等语言的系属地位争议提出了新的解释。此外,他还构建了一个基于词源统计法的计算机辅助语言谱系关系重建的具体工作流程,或许能为相关研究的自动化、系统化起到一定的推动作用。

本书的基础,天俊的博士论文被评为福建省优秀博士学位论文,其中的一些研究成果后来也在 *Journal of Chinese Linguistics* 等期刊发表,可以说在学术界得到了一些认可。当然,本研究还有许多可以进一步深挖的空间,比如使用信息损失较少的特征法(如近几年流行的贝叶斯法)重建演化树、探索更加全面的演化网络模型、将研究对象扩展到整个汉藏语系,等等。期待未来天俊能在这些方面取得更多的成绩。

邓晓华

2023 年 5 月于厦大海滨东区

目　　录

表 格 目 录

图 示 目 录

第一章　绪　　论

第一节　中国境内藏缅语概况

　　语言的谱系分类是语言演化历史研究成果的一种展示方式,也是历史语言学关注的重点和焦点之一。自历史语言学诞生以来,印欧语学者在印欧语的谱系分类研究上取得了辉煌的成果,已经为印欧语建立了完整、可信的谱系分类系统。而在汉藏语研究方面,自李方桂(Li 1937)提出汉藏语的系属意见以来,国内外学界对汉藏语的分类众说纷纭,各种观点交锋激烈。

　　汉藏语谱系分类的争议是其独特的演化历史造成的:汉藏语系的演化历史与印欧语,特别是南岛语存在着显著的差异。印欧语是在相对独立的环境下从原始印欧语发展而来的,其分化历史上未受其他语系太大影响,语言之间的语音对应规律受破坏较少,线索仍比较清晰,因此能较确切地重建其演化的历史,并使用谱系树对其历史分类进行相当好的描述。南岛语的演化历史线索更为清晰:南岛语族群在太平洋群岛上迁徙、扩散的路径可以用"快车模型(Express Train)"来描述,即操(古)南岛语的人从一个岛扩散到另一个岛,他们到达新的陆地后,很少和故乡联系,从而形成一种链状的迁徙路径。在南岛族群迁徙的过程中,语言也随之扩散、演化,由于各岛屿之间接触很少,横向的语言扩散在南岛语系中影响很小,这使得南岛语系的演化历史体现出较纯粹的以纵向传递为主的特点,也使得其历史非常适合于谱系树模型。

　　汉藏语系诸语言所处的地理环境以及其演化历程与欧洲、大洋洲有着很大的差异。一直以来,东亚、东南亚地区都有诸多民族杂处混居,语言接触频繁,语言特征的横向扩散与纵向遗传混杂在一起,语言的分化式演化(树状模式)和融合式演化(波浪模式、语言联盟)这两种模式相互纠葛、难以区分。另一方面,本区域内部的各民族语言近两千年来一直受到强大的汉文化的影响,大量的汉语成分与特征渗入相关语言中,语言的接触甚至换用频繁发生,极大地改变了该地区的语言关系面貌。这些独特的演化模式使得经典的历史比较法以及谱系树模式在进行汉藏语历史研究时难免遇到困难,谱系分类的争议也由此而来。

具体来看,在语系层面,苗瑶、壮侗语的归属及汉—南岛语的关系问题至今仍争议难平(Li 1937;Benedict 1942;罗常培、傅懋勣 1954;Benedict 1972;邢公畹1991;郑张尚芳 1995;潘悟云 1995)。在语族内部分类问题上,李方桂的汉藏语体系中,在壮侗语(罗常培、傅懋勣 1954;梁敏、张均如 1996)和苗瑶语(中国科学院少数民族语言研究所编 1959;王辅世、毛宗武 1995)的谱系分类问题上,除壮侗语的临高话和苗瑶语的畲语争议较大外,其整体分类已比较清楚。而相对而言,藏缅语的情况则要复杂得多。

首先,藏缅语分布地域广阔、涉及语言众多。藏缅语族是汉藏语系中分布最广、语言数量最多的一支。其分布区域遍及中国、缅甸、泰国、越南、巴基斯坦、孟加拉国、老挝、印度、尼泊尔、不丹等在内的多个国家(戴庆厦等 1989),已知有至少约 250 种语言①(Matisoff 1991),其中使用人数超过 100 万的语言就有 9 个(表 1-1)。在中国境内共有 46 种藏缅语言(孙宏开等主编 2007),分布在西藏、青海、甘肃、四川、云南、贵州和湖南在内的广大地区,包括藏、门巴、珞巴、景颇、独龙、怒、羌、普米、彝、哈尼、阿昌、拉祜、基诺、傈僳、纳西、白和土家在内的 17 个民族都使用藏缅语②。

其次,藏缅语族语言内部差异大,发展不平衡。藏缅语各语支之间无论是在语音、词汇还是语法上都有较大差异。在语音上,不同语言间声调的丰富程度、复辅音及韵尾等的复杂程度差异极大。如即使在羌语内部,其南部方言有 6 个声调,北部方言则没有声调,其他不同语支间的声调数目差异也非常显著。又如

---

① 根据语言和方言区分标准的宽严不同,不同的统计数字可能有差异。
② 目前白语的系属问题尚有争议,这里暂时将其列入藏缅语中讨论。

表 1-1: 藏缅语言的使用人数①

使用人数(单位：人)	语言数	使用人数(单位：人)	语言数
超过 1 000 000	9	50 000—99 000	16
500 000—999 000	12	25 000—49 000	27
250 000—499 000	11	10 000—24 000	44
100 000—249 000	16	不到 10 000	123

在复辅音数量上,藏语拉萨方言没有复辅音,而在青海泽库藏语的复辅音数量则多达 90 个。在《藏缅语语音和词汇》(《藏缅语语音和词汇》编写组 1991,后文简称《藏缅语语音和词汇》)收录的 49 种藏缅语言材料中,没有复辅音的有 17 种,有 10 个及以上复辅音的有 19 种;复辅音数量最多的尔龚语和嘉戎语分别有 202 和 194 种复辅音。在关系词方面,藏缅语各语支内部核心词同源比例较高,语支外部则相对较低,如在邓晓华、王士元(2003a)中所列举的几种藏缅语言中,藏语内部 100 核心词同源比例高达 92%,而拉萨藏语与白语之间的同源比例则只有 33%(见图 1-1)。此外,由于语支之间语音对应规律模糊,关系词的识别困难很大。在语法方面,不同语支之间的发展也极不平衡,如"羌、嘉戎、独龙等语言保留了比较多的范畴,像人称、数、时、体、态、方向等",而彝语、傈僳语、哈尼语则"通常只有一个'态'范畴"(戴庆厦 1990b: 419)。不同语言特征之间发展的不平衡性交织起来形成一幅非常复杂的图景,为藏缅语的谱系分类带来很大困难。

另外,藏缅语族诸语言内部接触频繁,演化历史复杂。中国境内藏缅语族主要分布在西藏、川西、云南一线,该区域民族众多,各民族杂处混居,接触频繁,随之而来的语言的接触、融合在历史上也屡见不鲜。长期以来的语言接触对语言发展的进程产生极大影响,纵向的遗传特征与横向的接触特征交割混杂,难以区分。

---

① 材料来源：Matisoff J. A. 1991. "Sino-Tibetan Linguistics: Present State and Future Prospects." *Annual Review of Anthropology* 20: 469-504.

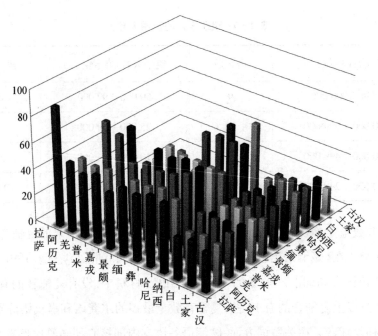

图 1-1: 邓晓华、王士元 (2003a) 藏缅语 100 核心词同源百分比

第二节　藏缅语分类研究概况

上述这些特点使藏缅语的系属分类问题变得较为复杂,不同学者的分类体系往往存在差异。下面简要回顾、比较已有的藏缅语分类系统。

一、科诺的分类

最早可见的是科诺(Konow)在 19 世纪末 20 世纪初格里尔森(Grierson, George Abraham)领导的印度语言大调查的基础上进行的藏缅语分类(Grierson 1906)。根据所掌握的材料,他将藏缅语分为藏—喜马拉雅语支、北阿萨姆语支、阿萨姆—缅语支三个下位语群,这些语支包含藏语、喜马拉雅语、博多语、那加语、库基—钦语、克钦—倮倮语和缅语等子群。科诺的分类主要依据的是印度的藏缅语材料,缺乏除西藏以外的中国的语料。

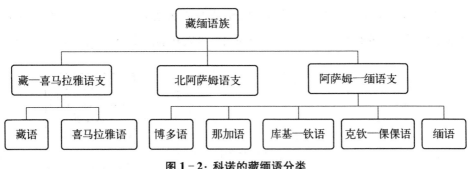

图 1－2：科诺的藏缅语分类

二、李方桂的分类

李方桂(Li 1937/1973)的分类在国内学术界影响最大,目前国内主流的分类基本是以李方桂先生的分类为基础的。他将汉藏语系分为汉语、侗台语族、苗瑶语族和藏缅语族 4 部分,其中藏缅语族又分 4 个下位语支,分别是:

① 藏语群:分西、中、东三组。西部组包括巴基斯坦一带的巴尔蒂语(Balti)和 Ladak 语。这支语言以具有大量前缀、有复辅音声母和-b、-d、-g 等塞音韵尾为特点。中部组,包括拉萨藏语,主要特点是前缀消失、复辅音声母简化和韵尾的消失。东部组,包括嘉戎语,以保留前缀和辅音韵尾为特点。此外,他还提到一些藏—喜马拉雅方言、藏南的一些北阿萨姆方言以及西康和青海的一些西蕃方言。独龙语与怒语也被置于这一分支之中。② 博多—那加—克钦群(Bodo-Naga-Katchin),即景颇组。③ 缅语群:包括缅库基钦语和"老库基钦语"。④ 彝语群(lolo):本组的特点是语音系统的简化,比如复杂的辅音韵尾系统的消失和双元音较少等。李方桂的系统中将纳西语(摩梭,Moso)和白语(民家,Minkia)归入彝语支,并提出白语在词汇和语序上受汉语影响极大,其系属存疑。

三、罗常培、傅懋勣的分类

罗常培、傅懋勣(1954)的分类是新中国成立后第一个提出的,也是影响最大的分类。他们的分类框架与李方桂的框架基本一致,但所列语言更多且更加具体。在汉藏语层面,他们同样分侗傣、藏缅、苗瑶三大语族加汉语共四部分。在藏缅语的分类上,同李方桂的系统一样分藏、彝、景颇和缅四支,具体分类如下图:

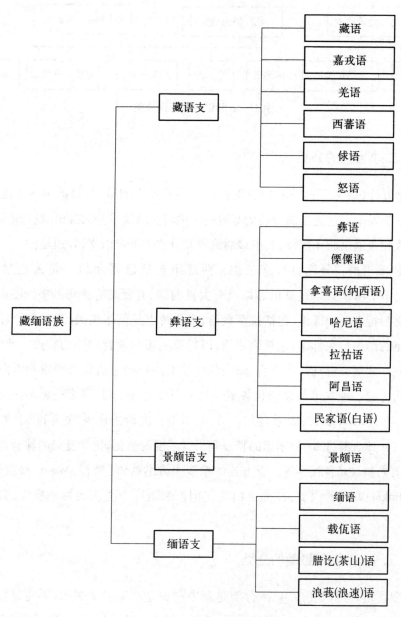

图 1-3: 罗常培、傅懋勣的藏缅语分类

四、谢飞的分类

谢飞（Shafer 1966—1974）在其掌握的大量材料的基础上，对汉藏语进行了详细的分类。他将汉藏语分为藏语族（Bodic）、巴里语族（Baric）、缅语族（Burmic）、克伦语族（Karenic）、台语族（Daiic，即 Thai-Kadai）和汉语族（Sinitic）六部分。在藏缅语相关语言的分类中，他的缅语族包括缅语和彝语两大语支，彝语又被分为南、中、北、东四支。在某些特别语言的分类上，他将嘉戎语归入藏语，将羌语和彝语支归入缅语族。Bradley（1979）将谢飞的分类简化为下图：

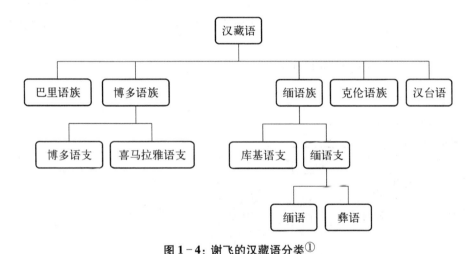

图 1-4：谢飞的汉藏语分类①

五、白保罗的分类系统

白保罗（Benedict 1972）提出了一个特别的汉藏语分类系统：同以往的汉藏语分类不同，他将汉藏语分为汉语和藏—克伦语族两大部分，藏缅语被置于藏—克伦语族下。其藏缅语的下位分类更有特点，和一般分类系统使用树状层次结构不同，白保罗的分类中藏缅语的下位分类是一个发散式的星状系统。在该系

---

① 材料来源：Bradley D. 1979. *Proto-Loloish*, *Scandinavian Institute of Asian Studies*, *Monograph Series 39*. Curzon Press.

统中,克钦语(景颇语)被置于藏缅语的正中,成为沟通其他语群的中介。白保罗将克钦语作为藏缅语的"十字路口",指出克钦语无论是在词汇还是句法上都既可以和南边的缅、博多、卢舍依(Lushei)等语言联系起来,又可以与北边的藏语、巴兴语(Bahing)等相关联,而克钦语所处的地理位置正和其语言学地位相对应。他的"十字路口"式分类试图体现克钦语的这种过渡地位,并通过将纵向的遗传分类和横向的地理接触式分类融合在一个系统之中,提出一个全新的分类模式。白保罗的分类是一个大胆而极具新意的尝试。

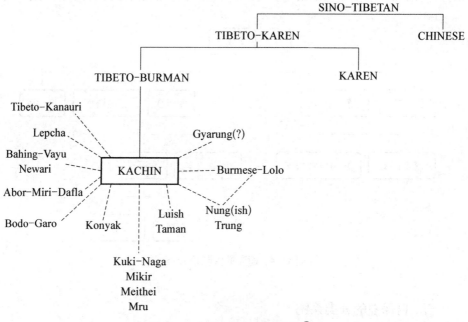

图1-5:白保罗的汉藏语分类①

六、戴庆厦的藏缅语分类

戴庆厦等(1989)专门讨论了藏缅语的分类问题,他提出过去的藏缅语分类中的"语族—语支—语言"两分法不符合藏缅语发展的历史事实,既无法反映藏

---

① 材料来源:Benedict P. K. 1972. *Sino-Tibetan*, *a conspectus*. Cambridge University Press.

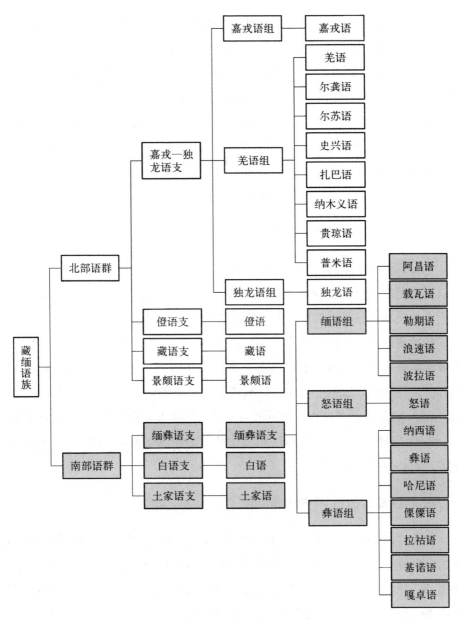

图1-6：戴庆厦的藏缅语分类①

---

① 资料来源：戴庆厦、刘菊黄、傅爱兰：《关于我国藏缅语族系属分类问题》，《云南民族学院学报》1989年第3期，第82—92页。

缅语的实际层次,也无法兼顾语言融合(相对于分化)对语言发展的影响。因此,他提出一个"语族—语群—语支—语组—语言"的五层式分类体系,在他的分类中,不同语言集团可以有不同的层次深度,因此能在一定程度上体现出不同语言集团发展的不平衡性。具体来说,他首先将藏缅语分为南、北两大语群,北部语群辖嘉戎—独龙语支、僜语支、藏语支和景颇语支,南部语群包括缅彝、白和土家语支。值得注意的是,白保罗分类中的"十字路口"克钦语(景颇语)被分入北部语群。此外,白语和土家语与缅彝语支并列置于南部语群之下(见图1-6)。其他各语支、语言的归属与国内经典分类也多有差异。

七、马提索夫的藏缅语分类

马提索夫是藏缅语研究最著名的学者之一,他的分类(Matisoff 1991, 2003)很具有代表性,能在很大程度上反映当前学术界对藏缅语分类研究的水平。马提索夫的汉藏语分类中只有汉语和藏缅语两支,这种观点在国际学术界颇为流行。他的藏缅语族下则分7支,其中喜马拉雅语、景颇—怒—卢伊、彝—缅与国内罗常培等对中国藏缅语的四语支分类(藏、景颇、缅、彝)有大致的对应关系,不同的是,根据较新的研究,羌语已被承认为一个独立语支,缅彝则被合并在一起。此外,白语也被单独作为藏缅语的一支。马提索夫在其《原始藏缅语手册》(Matisoff 2003)中对自己于1991年提出的分类在语支名称上做了一点修改,这里以其最新分类为准引用如下(见图1-7)。

八、《汉藏语概论》中的分类

马学良(2003)等编著的《汉藏语概论》在已有的分类体系上,根据其新近补充的材料,也提出一个分类法。该分类法总体结构与李方桂、罗常培等人的分类相似,不同的是增加了新发现的羌语支。具体来看,各语支分别是:① 藏语支,包括藏语和门巴语;② 羌语支,包括羌语、嘉戎语、普米语等;③ 景颇语支,包括景颇语、独龙语;④ 缅语支:载瓦语、阿昌语;⑤ 彝语支:彝语、傈僳语、哈尼语、拉祜语、纳西语、基诺语。值得注意的是,书中还列出了几种尚未确定系属的语言,分别是仓洛门巴语、珞巴语、白语、土家语、嘎卓语和克伦语。

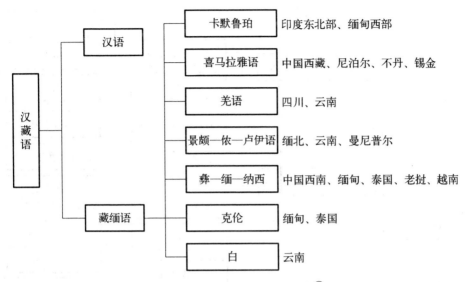

图 1-7：马提索夫的汉藏语分类①

九、《中国的语言》中的藏缅语分类

经过几代人的调查,中国境内语言的大体面貌已基本弄清。2007 年,汇聚了几十位专家学者数十年调查、研究成果的《中国的语言》一书出版(孙宏开等主编 2007),全面、系统地展示了中国语言的面貌,也反映了当前中国语言调查研究的成果和水平。在本书中,编者根据所掌握的材料,为藏缅语绘制出如下关系树图(图 1-8)。

一〇、邓晓华、王士元的藏缅语定量分类

以上分类系统都是通过定性方法进行的。近年来定量的语言谱系分类方法开始受到重视,邓晓华、王士元(2003a)基于词源统计法,将生物学中新发展出来的生物种系分类方法应用于藏缅语谱系分类研究中,为 12 种藏

---

① 材料来源：Matisoff J. A. 2003. *Handbook of Proto-Tibeto-Burman: System and Philosophy of Sino-Tibetan Reconstruction*. University of California Press.

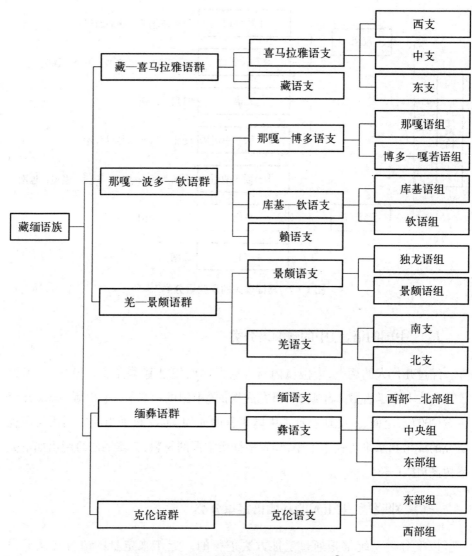

图 1-8:《中国的语言》中的藏缅语分类①

缅语言生成了谱系树图。他们的分类与经典的分类系统大致相当,如 12 种
语言分为白、景颇、土家、藏、缅彝和羌 6 支,各聚类共形成 4 个层次,与戴庆

---

① 材料来源:孙宏开等主编:《中国的语言》,商务印书馆,2007 年,第 145 页。

厦的分类基本相合。此外,对白语、土家语等归属有争议的语言,定量分类能够反映出这种不确定性(通过增减分类语言数目,这两支语言的位置会发生变化),而它们在树图中所处的位置对其系属地位的确定也能提供一定的指示、参考作用。

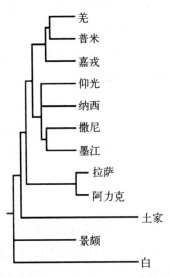

图 1-9: 邓晓华、王士元的藏缅语定量谱系分类①

第三节　藏缅语谱系分类研究中的问题

从科诺的研究到现在,藏缅语的谱系分类研究已有 100 多年的历史,目前藏缅语演化历史的大面貌已基本理清。但是,由于不同学者掌握的材料和分类标准的差异,藏缅语的分类中还存在着许多争议,这里对现有的一些问题进行简要梳理:

---

① 材料来源:邓晓华、王士元:《藏缅语族语言的数理分类及其分析》,《民族语文》2003 年第 4 期,第 8—18 页。

一、藏缅语下位语群划分的差异

藏缅语下分多少个直接的下位语群,不同学者的观点多有差异。造成这种差异的原因主要有两个,一是所掌握的材料不同,二是对藏缅语言分类认识的不同。抛开材料范围不同的影响,对相同语言的不同分类反映出对藏缅语演化历史的不同认识,这种认识上的差异是值得重视和进一步研究的。

藏缅语的一级下位语群数量的差异值得关注。就中国境内的藏缅语言分类而言,国内最早的经典分类(李方桂和罗常培、傅懋勣等的分类)将藏缅语分为藏、景颇、缅、彝四大支,后来,羌语支的发现使藏、羌、缅、彝、景颇五大支的格局基本形成。在五大支分类系统之外,也有一些不同的看法,如戴庆厦的语支分类就颇为不同,他将羌、独龙、嘉戎合并为嘉戎—独龙语支,又将僜语、白语、土家语独立作为语支与藏、缅彝、景颇并立。这主要是对不同语群的历史层次的理解的差异。

对各语群历史层次的理解的不同会直接影响谱系分类的结果。比如在缅、彝语的划分问题上,李方桂等将缅、彝作为并列语支直接置于藏缅语下作为一级下位语群,而谢飞、白保罗、戴庆厦、马提索夫等则将缅、彝语合为缅彝语支(戴庆厦的缅彝语支还包括怒语)。这些不同的处理方案反映出这两大语群亲属距离的特殊性:这种距离是足够将它们分为两大语支,还是更适合将其合并为一支?除缅彝语外,羌与藏的分合、羌与景颇的分合等也都存在语群层次处理的差异。这种层次划分的差异其实可归结为亲属距离的量的差异,这类问题的解决需要亲属关系定量研究的支撑,这是本研究的出发点之一。藏缅语下位语群的演化距离研究的发展,不但可以帮助解决系属分类中的层次问题,还可以很好地增进对藏缅语演化历史及藏缅语族群迁徙、融合历史的理解。

二、羌语的系属地位问题

羌语支的研究大致从 20 世纪 30 年代开始,到 80 年代羌语支的独立地位已基本得到确立(孙宏开 2001)。作为藏缅语中的重要一支,羌语支的系属地位关系着整个语族的演化历史格局。目前,对羌语支的归属仍有各种不同的看法。

首先,在羌语支是否成立的问题上,虽然学界已承认其独立地位,但仍有一些不同的看法,如瞿霭堂(1992)就认为"所谓羌语支"与藏语支语言之间共同特征远多于藏与彝、缅、景颇语支的差异,因此不赞同将羌语支独立。藏缅语的谱系分类研究的进一步深入将可解决这一问题。

另外,在羌语支的地位问题上,也有不同的划分方法。如马提索夫、《中国的语言》等将羌语支与其他语支并列置于藏缅语族之下;而戴庆厦则将羌语作为一个语组,和独龙语组、嘉戎语组并列作为嘉戎—独龙语支的下位单位。这些不同的划分方法反映了对羌语的历史层次的不同认识。羌语与其他藏缅语,特别是与藏语、嘉戎语和独龙语的关系,还需要进一步深入研究。

三、白语、土家语等语言的系属争议

具体到单个语言层面,许多语言的系属地位也存在许多争议。

(一)白语的系属问题

在藏缅语系属分类研究的早期,白语系属地位的特殊性就已受到关注。李方桂(Li 1937/1973)的分类中即指出"民家话可能属于本支(彝语支),但是它在词汇和词序上受到汉语的强烈影响",因此其系属关系存疑。由于白语具有的彝语和汉语的混合特征,此后的研究对白语的系属地位一直争议不断。

大体上来看,关于白语的归属主要有两种观点:第一种是支持李方桂先生的猜测,将白语划归彝语支,白语中与汉语相同或相似的特征被认为是历史上与汉语长期、深入地接触所导致的。罗常培、傅懋勣(1954)、赵衍荪(1982)、吴安其(2000)等支持这一观点。另一种观点重视白语与汉语的关系,将白语视为藏缅语中单独的一支,或和汉语共同构成白汉语族。戴庆厦、马提索夫和邓晓华、王士元的分类都将白语分立语支置于藏缅语下。郑张尚芳(1999)则在考察了白汉核心关系词后,提出白语和汉语的关系相当接近,可将二者合为一支,称之为"白汉语族"而与藏缅语族并立。汪锋(2012)通过不可释原则和词阶法,对白汉关系语素的性质进行了分析,认为它们是继承自原始汉白语的,也支持白汉而非白彝关系接近的观点。此外,还有一部分认为白语是一种"彝汉混合语",如

李绍尼(1992)、陈康(1992)等。

白语的系属争议主要是由其语言成分、特征的混合性所导致的,对白语中的彝语成分和汉语成分的主次和来源问题,汪锋(2012)的研究已进行了成功的探索。而对于白语在整个藏缅语(乃至汉藏语)中的系属地位问题,则需在语系和语族的层面进行全局的系属发生研究才能得以解决。

（二）土家语的系属问题

土家语也是藏缅语中很值得关注的一个语言。《中国语言地图集》中指出"土家语支属未定,有人认为属彝语支,有人认为自成一支"。王静如(1955)就提出土家语"不属于汉语……也不是苗瑶语族的语言……又不是侗傣语族的语言……乃是在汉藏语系中属于藏缅语族,比较接近彝语的语言,甚至于可以说是彝语支内的一个独立语言"。田德生(1986:163)在细致地比较了土家语与壮侗、苗瑶及藏缅诸语言的关系后,提出将土家语暂定为"藏缅语族中一个独立的语言"。而在各种藏缅语谱系分类系统中,一般将土家语作为单独的一个语支,如戴庆厦和邓晓华、王士元的分类等。此外,何天贞(2003)以400个"核心词"为主要材料将土家语和藏缅语各语支语言进行比较,提出了土家语属于羌语支的新观点。

一直以来,学界对土家语的系属问题都信心不足。究其原因,主要是因为它"既有一些与藏缅语族彝语支相同的特点,又有一些不同的特点"(马学良 2003:496);此外"土家族长期和汉族、苗瑶等兄弟民族杂居……语言特征丢失很多,受汉语影响很大",也给土家语的系属划分问题带来一些困难。土家语系属问题的解决既需要其内部研究的进一步深入,也需要在一个更高的谱系发生层次上进行全局的观察,新的语言谱系分类方法的引入或许能为这一问题的解决提供更多证据。

（三）其他系属有争议的语言

除白语和土家语外,藏缅语诸语言中还有许多"系属未定"的语言。马学良(2003)在《汉藏语概论》中将仓洛门巴语、珞巴语、白语、土家语、嘎卓语、克伦语等6种语言列为"语支未定"的语言,认为这些语言"属藏缅语族可以确定,但在藏缅语族中属何语支还确定不下"。此外,纳木义语的归属问题也有不同意见,黄布凡(1997)认为其语法结构更靠近彝语支,孙宏开(2001)则认为纳木义语因处于"彝语支的包围之中,一些特点正在逐步消失,并向彝语支语言靠拢",但它"仍然具有羌语支的许多特点,这些特点是彝语支没有的",因此纳木义语应是一种属于羌语支的语言。

第四节　藏缅语谱系分类问题的原因

综上所述,目前的藏缅语谱系分类研究仍存在许多问题。为谱系分类带来困难的原因主要有以下几点。

一、藏缅语族语言的多样性和语言间关系的复杂性。藏缅语族语言现状和演化历史的复杂性是造成谱系分类困难的根本原因。藏缅语的复杂性详见本章第一节,此处不再赘述。

二、分类的材料与标准的问题。现有研究中,语音、词汇和语法中的各种成分和特征都可以被用作谱系分类的材料,而研究中所采用的分类材料的不同也往往会导致分类结果的差异。这首先和语言特征的复杂性有关,即同一个语言可能某些特征和一群语言相似,而另一些特征则和另一群语言相似。对语言特征相似性性质的判定——即这种相似性是由共同遗传导致的还是由借用导致的——会直接影响分类的结果。这一困难的解决将需要从两个方面进行努力:一是寻找一个合适的分类特征标准集,在分类实践中使用确定的、稳定的分类特征可以保证分类结果的客观性。戴庆厦等(1989)提出的多层次分类标准是一个具有较好可操作性的方案,该方案对于区分藏缅语的历史层次具有较好的启发,但是在不同层次的区别性特征的选取问题上,仍存在主观因素的干扰,不同学者选择的不同标准仍会影响分类的结果。此外,在多种分类特征同时参与分类时,不同的特征之间可能存在互相冲突的现象,即可能甲特征支持将某语言划入 A 支,乙特征则支持将其划入 B 支。撇去语言融合等因素的影响,对此类问题的处理需要解决分类特征的权重问题,即如何区分主要分类特征和次要分类特征的问题。总的来说,找到一个稳定、客观的分类标准集将是藏缅语谱系分类研究的一个重点。

三、分类方法的问题。经典的语言谱系分类方法是在历史比较法的基础上以共享创新为标准进行的。共享创新法是一种定性的分类方法,即首先通过专家经验选取合适的区别性共享创新特征,进而以此为依据将具有不同创新特征(或有无某创新特征)的语言分为不同的语群。定性分类法能够较好地综合应用现有的研究成果,能对分类对象的各类特征进行全局性的把握,因此在过去的研究中一直是最主要且最有成效的分类方法。但是定性分类法也有一些不足:首先,在分类特征的选取上难以排除个人主观认识的干扰,这是导致不同学者意见分歧的重要原因;其次,当分类特征数目较多且不同特征所支持的分类方案有差异时,通过人工进行分类判断往往力不从心,人脑在处理多维信息时的不足会影响分类结果的可靠性。近年来语言谱系分类研究中兴起的定量研究方法能弥补这些缺陷:首先,定量分类法要求分类特征具有确定性和可统计性,这可以在很大程度上排除主观因素的干扰;另外,各类数学分类算法擅长处理大量的多维数据,能够更加全面、真实地反映语群的演化历史。因此,进一步探索定量方法在语言谱系分类研究上的应用,或能促进藏缅语谱系分类研究中的争议问题的解决。

四、谱系树理论的不足。自1863年德国语言学家施莱歇尔(2008)为印欧语绘制出第一张谱系树图以来,谱系树一直是描述语言演化分类最主要的理论模型。谱系树理论关注语言的遗传与继承,它假设语言演化的历史是分化式的,因此只能描述语言演化过程中的纵向传递模式。这种模型非常适合描述印欧语、南岛语等语系的演化历史。这是由于这两个语系的演化模式相对简单:印欧语的分化历史上未受其他语系的太大影响;南岛语的演化则是以岛链为跳板,语言间的接触影响较小。相对而言,汉藏语系的演化历史就要复杂得多。首先,操不同汉藏语言的族群在历史上长期杂居混处,语言间的接触、融合非常频繁,这在很大程度上改变了语言原本的面貌,各种"混合语"(如有人认为白语是一种彝汉混合语,见前文)、"过渡语言"(如本尼迪克特分类中的克伦语)在谱系树中的地位难以确定。其次,历史上汉语和汉文化的强大辐射力也对其他汉藏语言的演化产生了不小的影响,不同时期的各种汉语成分渗入各民族语言之中,许多情况下难以和其本身的成分与特征区分开来,这也为重建藏缅语的演化历史带来不小的麻烦。事实上,藏缅语是不是以树状模式进行演化的,目前并没有研究加以论证。目前,有许多学者认为汉藏语中可能存在混合语,如孙宏开先生在《语言的底层问题》(陈伟 2013)一书的序言中就提到"我国大量的语言接触事实说明,两种语言长期接触有可能产生第三种语言——混合语",而在《中国的语言》(孙宏开等主编 2007)一书中又将五屯话、倒话、扎话、五色话和唐汪话列为混合语收录其中。江荻(2000a)也担忧历史上可能出现的混合语将会置经典的历史语言学于窘境。因此,仅能反映语言纵向传递而忽略横向传递的树状模型,或许无法真实地反映藏缅语演化的历史。退一步说,即使藏缅语演化的历史确实以树状分化模式为主,先入为主地使用树状模型对其进行描述,也存在方法论上的问题。

第五节　藏缅语演化分类研究的新探索

为解决上述藏缅语谱系分类中存在的问题,我们有必要从分类材料和标准,特别是从分类方法和分类理论上进行新的探索。

一、分类方法上的探索

一直以来,定性方法都是语言谱系分类的主要方法,定性分类方法在藏缅语谱系分类研究上取得了显著的成绩,现有的藏缅语分类系统基本都是以定性方法为基础建立的。然而定性分类方法也存在一些不足:一方面,定性分类依赖专家经验,因此易受主观因素影响,导致分类结果的争议;另一方面,定性分类缺乏定量分析,无法提供各语言间亲属关系远近程度的量化描述,无法提供关于语言分化层次、分化时间先后等方面的量化信息。此外,定性方法也缺乏可重复性与可验证性,这在一定程度上也降低了它的科学性。因此,为向更加客观、科学的方向前进,定量的分类方法将是语言谱系分类研究的一个重要探索方向。

20 世纪 60 年代,生物分子测序技术出现,生物学界开始使用核苷酸和氨基酸等生物大分子数据来重建生物演化的历史。由于分子生物信息包含的数据量极为庞大,为处理这些数据,分子生物学领域发展出许多生物分子排序和生物演化树重建的计算方法和软件程序。语言演化与生物演化有许多平行相似之处(Atkinson and Gray 2005),分子生物学中的这些定量研究方法也能应用于语言谱系关系研究中。分子生物定量分类方法擅长处理大量的多维信息,能够对众多分类对象的分类特征进行综合分析,同时还能够提供对分类对象间亲属距离的精确描述。目前,已有许多生物学种系生成方法被应用到语言谱系分类研究上来,如 Gray and Jordan(2000)对南岛语的研究、Holden(2002)对班图语的研究、Gray and Atkinson(2003)对印欧语的研究,以及邓晓华、王士元(2003a,2003c,2007)对汉藏语各语族的研究等。这些新的研究方法的应用与定性研究相互验证,加深了对各语系谱系关系的理解,为探索更真实的语言演化历史打开了一个新的窗口。

二、分类理论上的探索

同生物学一样,历史语言学自 19 世纪以来一直都使用谱系树模型来描述语言(生物)之间的亲属关系。谱系树模型能很好地反映物种(语言)形成、演化过程中的遗传继承关系,为描述它们的演化历史起到了举足轻重的作用。然而,生物演化过程中并不只存在谱系树模型中所描述的纵向传递模式,物种之间的杂交、基因的水平转移等横向的演化现象在生物演化过程中也屡见不鲜。近年来,这类新的演化模式引起生物学界的关注,谱系树模型在生物演化历史中的普适性问题也受到反思。

同样的,语言的演化也不可能完全是分化、遗传式的。由于人类历史上人群的迁徙、接触非常频繁,随之而来的语言接触、融合也必然非常普遍。具体来说,由语言接触带来的语言成分、特征的借用可以在语音、词汇、语法等各种不同的层面发生,语言的接触深入到一定程度甚至有可能发生质变(陈保亚 1996,丁邦新 2000,戴庆厦 1990b,罗美珍、邓卫荣 1998),从而影响它们的谱系地位。此外,克里奥尔语和各种"混合语"的存在进一步挑战了谱系树模型的地位。语言演化历史中的横向传递成分远比生物演化中的要多,接触、融合在语言演化中的地位可能比过去所认为的还要重要。在这一背景下,默认使用经典的谱系树模型来描述语言演化的历史就显得不够科学了,因此我们迫切地需要一个既能反映纵向传递,又能兼容横向传递的新的语言演化模型。

近年来,生物学界为描述基因重组、基因水平转移等横向演化现象,提出了生物演化的网络模型,并发展出 Median Joining Network(Bandelt et al. 1999)和 NeighborNet(Bryant and Moulton 2002)等一系列网状信号检测及演化网生成方法,并已有 SplitsTree4(Huson and Bryant 2006)等综合了各种种系树、演化网生成方法的软件包面世。目前,已有一些演化网生成方法被引入语言谱系研究之中,如 Bryant 等使用 NeighborNet 法对印欧语的研究(Bryant et al. 2005),Bryant 对南岛语的研究(Bryant 2006),Hamed 等对汉语方言的研究(Hamed and Wang 2006)等,他们的研究都表明,网状方法对于确实是树状的语群,能正确返回高度树状的结构,而对于更复杂的情况则能返回更复杂的网状图。因此,此类方法的应用一方面可以用来验证传统的树状谱系模型的可靠性,另一方面还能用于发现语言关系中的网状成分,进而为探索更完善的语言演化模型提供参考。

第六节 内容和目的

本研究试图利用藏缅语基本词汇数据库,运用演化生物学中最新发展出来的种系发生理论和演化网生成方法,研究汉藏语系诸语言的语言谱系和演化网络问题。具体来说,本研究将在藏缅语基本词汇数据库的基础上,以语音演变的概率理论为基础,设计计算机辅助程序识别语音对应规律、判定关系词,获得藏缅语核心关系词表;并以此为基础采用 NeighborNet 等演化网生成法,生成藏缅语演化网图,对传统的语言谱系分类进行检验。同时我们还重视传统的经验分类结果,通过经典的藏缅语谱系分类反向检验各类演化网生成方法的可信度与实用性。另外,我们还将重点分析白语、土家语、纳木义语等系属有争议的语言在谱系网中的地位,试图从网状演化的角度对这些语言的演化历史及系属地位做出新的解释。

第七节 材料和方法

研究材料：我们以《藏缅语语音和词汇》中所收录的藏缅语语音词汇材料为数据基础，数字化材料来自加州大学伯克利分校的 STEDT（《汉藏语词源学分类词典》）项目（Matisoff 2014）。《藏缅语语音和词汇》共收录中国境内（及缅甸仰光缅语）的 52 种藏缅语言各 1 004 个词条的语音词汇材料，我们以除西夏文之外①的 51 种语言及文字的词表为基础建立了藏缅语基本词汇数据库，作为本研究的材料基础。

研究方法：本研究采用演化生物学中最新发展出来的 NeighborNet 等演化网生成方法，研究藏缅语的语言谱系及演化网络问题。语言演化与生物演化具有平行相关性，语言学可使用生物学中发展出来的定量研究方法，这已成为国际学术界的共识，并已有诸多成功的研究案例。生物学演化网生成方法在语言学领域的应用也已有成功案例，该方法具有理论的可行性与实际的可操作性。

---

① 《藏缅语语音和词汇》收录了藏文、缅文和西夏文三种文字材料，藏文和缅文均进行了国际音标转写，西夏文则使用的是非拼音文字，因此本书未采用。

第二章　语言谱系分类方法与藏缅语定量分类

本章讨论语言谱系分类的标准和方法,分析各类标准与方法的优缺点;提出适合于藏缅语演化研究的定量研究方法,论证其适用性与可靠性并阐述其具体操作方法。

第一节　语言分类的类别

分类是一切科学研究的基础工作。共时的表型分类研究可以帮助深入了解研究对象的共性和个性,探索其本质;历时的遗传分类则是探索分类对象演化历史和发展规律的常用手段。

生物学中,根据分类标准和分类目的的差别,可以将生物分类分为"表征分类"(phenetic classification)和"支序分类"(cladistic classification,又称"分支分类"和"遗传分类")两大类。在生物学的早期阶段,博物学家们主要通过生物的表型特征(phenotype),如形态特征、结构和功能特征等为生物进行静态的分类(表征分类);而自达尔文开始,强调反映生物形成和演化过程的物种亲缘关系分类也成为生物学关注的重点,到20世纪中期遗传分类已发展为一门新的独立分类学科——支序分类学。

在语言学中,也有多种不同的分类方法:语言类型学从语言的结构类型角度对语言进行分类,试图概括出人类语言的共性模式(威廉·克罗夫特2009);历史语言学则从语言间的历时关系角度对语言间的亲属关系进行分类,试图据此探索语言演变规律、重建语言的演化历史。在语言的关系分类中,历史最悠久的是亲属分类。20世纪70年代以来,为描述语言间的亲疏远近关系,语言学界又发展出一种"亲疏分类"方法。由于亲疏分类和亲属分类在语言学意义上有显著差别,我们有必要对其加以区分。

一、亲属分类法

在生物学上,亲属分类被称为"支序分类",它反映的是分类对象间的遗传关系,是发生学意义上的分类。在语言学中,亲属分类又称"亲缘分类""谱系分类",同样是一种反映语言间遗传关系远近的历时层面的分类。由于亲属分类反映的是遗传关系,表面相似性并不适合用来作为分类的标准,一般来说,亲属分类的标准需要严格限定为遗传特征。分子生物学中使用DNA等作为遗传分类的标准,相对于使用表面特征作为标准的表征分类能够更准确地反映生物间的遗传演化关系。在历史语言学中,进行语言谱系分类的经典标准被限定为由共同祖语继承下来的共享创新特征,而不包括借用而来的和偶然相似的特征。

二、亲疏分类法

亲疏分类是由郑锦全等从20世纪70年代开始探索语言定量分类方法时提出的一类分类方法(郑锦全1998)。和亲属关系分类不同,亲疏关系分类是一种类型上的分类(相当于生物学中的表征分类[phenetic classification]),分类对象不必有遗传上的关系(王士元、沈钟伟1992)。亲疏分类主要在共时层面从相似性的程度考察语言接近的程度,适合用来描述语言(方言)间的互通程度。亲疏分类不是发生学分类,它不区分造成语言相似的原因,因此遗传导致的相似性和接触等导致的相似性被同等对待,这使得用来进行亲疏分类的材料选择范围要大得多: 所有语音成分和基本词汇等都可以用作亲疏分类的标准。

本研究关注的是藏缅语的亲属分类,试图使用最新的定量分类法研究藏缅语的谱系分类和演化历史。由于亲属分类的标准更加严苛,下面我们将详细讨论现有谱系分类标准和方法的优缺点及适用范围,并结合藏缅语的具体特点,阐述本研究将采用的分类标准和方法。

第二节　语言谱系分类的标准与方法

一、共享创新标准与历史比较法

历史语言学中,语言间发生学关系的确定是以"共享保留"(shared retention)为依据的,对有亲属关系的语言进行谱系分类则主要是以"共享创新"(shared innovation)为依据的(Campbell 1998,Crowley 1987:188)。"共享创新"标准有一个基本假设,即同一个创新特征不大可能在两个语言中独立地发展出来。在这一假设下,具有某些共同创新特征的语言,很可能具有一个共同的祖先,因此可以据此将它们分为一组。从理论上说,语音、词汇、语法上的共享创新都可以成为谱系分类的依据,而语音共享创新是子群分类最常用的标准。比如,印欧语系各下位语群之间的亲属关系主要是通过共享的音变创新,如格里姆定律(Grimm's Law)等,确立的。

在汉藏语谱系分类中,语音和词汇的共享创新是较主要也较常用的标准。李方桂(Li 1937/1973)的经典分类就是以语音特征作为标准的,他使用复辅音声母 kl-、pl-的存否,是否区分长短元音等语音特征划分侗台语;使用辅音韵尾、前鼻化辅音、复辅音等的语音特征差异划分苗瑶语群;使用前缀、复辅音、辅音韵尾、声调等划分藏缅语子群。本尼迪克特则提出藏缅语分类应以词汇为主要依据,形态和句法为次要依据(Benedict 1972:4)。马提索夫认为以基本词汇的语音对应为标准划分藏缅语分类是最安全的方法,但要配合其他条件使用(戴庆厦1990a)。戴庆厦等(1989)则综合应用语音、词汇和语法标准进行了藏缅语多层级系属分类:他们使用语法和语音特征将藏缅语划分为南北两大语群,而在南部语群的下位语言分类上则以同源词为主要依据,以语序等语法标准和语音对应规律为参考依据。

方言的系属分类与语系、语族的系属分类标准和方法并无本质区别。在汉语方言的系属分类问题上,过去的研究多是以语音的共享创新为主要依据的。李方桂(Li 1937)使用古浊音是否清化、古辅音韵尾和入声调的演变等标准划分汉语方言。丁邦新(1982)则总结指出各方言的语音特征"自然也就是方言区分的条件",并具体提出以"早期历史性的条件分大方言"的标准: 如以古全浊塞音声母、古塞音韵尾、古知彻澄母字、古次浊上声字等语音的演变差异作为区分大方言的标准,以晚期历史性的(语音)条件为区分次方言的标准。又如在藏语方言的系属分类上,《中国语言地图集》(中国社会科学院、澳大利亚人文科学院1987)则是以各方言、土语的语音、语法特征加上同源词的比例为标准划分的。

运用共同创新标准进行谱系分类时,一般都是采用定性方法进行的。由于纯定性方法依赖人工经验判断,在创新特征的权重、适用层次、冲突处理等方面难以考虑周全,而生物学中的一些种系树生成方法则可以在很大程度上弥补这一弱点。如汪锋(2012)在进行白语方言的谱系分类时,选取了 19 个创新特征,采用最大简约法(Maximum Parsimony Method)通过生物学中用来推断生物演化树的软件包 PHYLIP(Phylogeny Inference Package)生成了符合最俭省原则的白语方言演化树。共同创新法和种系树生成方法的嫁接能充分发挥前者的作用,在谱系树构建的操作层面排除了人为因素的干扰,因此结论更加客观、可靠。不过这种嫁接处理方案的核心依然是共享创新法,因此仍然具有共享创新法具有的一些缺点。具体来说,共享创新法的不足之处有以下几点:

首先,不同的创新特征在谱系分类中的重要性可能是有区别的,而这种创新特征权重的差异往往难以区分,这导致不同学者基于不同的材料可能选择不同的创新特征作为分类的标准,分类的结果难以排除主观因素的干扰。其次,同一群语言间可能存在相冲突的共享创新,在分类中如何取舍成为一个难题,而不同的取舍情况往往也会造成不同的分类结果。此外,共享创新分类法关于创新特征不大可能在两个语言中独立发展出来的基本假设也常有例外,平行演变、漂移(drift)等造成的偶同现象也需要谨慎鉴别并加以排除。最后,如何将借用导致的相似与由遗传带来的共享创新区分开来也是一大难题。

二、词源统计标准与词源统计法

(一) 语言年代学
共享创新法在印欧语谱系分类研究中取得了极大成功,印欧语的谱系树得以确立。然而,语言学界对亲属关系之外的信息,特别是各语言从祖语分离的年代却知之甚少。为试图解决这个问题,斯瓦迪士(Swadesh 1952,1955)在刚发展出来的放射性碳定年法的启发下提出一套测定亲属语言由其共同祖语分离出的年代的方法,这套方法被冠之以"语言年代学"(Glottochronology)的名称。

放射性碳定年法(碳-14定年法)是一种利用自然存在的碳-14同位素测定曾经存活的动植物死去年代的方法:碳以同位素的形式存在于大气中,其中包括稳定的碳-12、碳-13和放射性的碳-14,碳-14相对于其他非放射性碳同位素在大气中存在的比例是恒定的。碳通过植物光合作用、呼吸和食物链进入动植物体内,在动植物存活时,由于其会一直与环境交换碳,其体内各碳同位素的比例与大气中碳同位素的比例相同,是稳定的。当动植物死亡后,其体内的碳不再与外界交换,而其中的碳-14会衰变,碳-14所占比例会相应降低,因此通过动植物体内(化石内)存留碳-14的比例,结合碳-14衰变的速率,可以测定出动植物死去的年代。为将碳十四定年法的思想应用于语言历史研究,斯瓦迪士将其与语言演化现象进行了类比并提出两大假设:

① 将词汇与碳-14定年法中的碳进行类比,提出任何语言中都存在一些相对稳定而不易被替换的词汇,即所谓"核心词"(core vocabulary)。

② 将核心词被替换的速率与碳-14衰变的速率进行类比,提出核心词的替换速率是相对稳定的。Lees(1953)使用13种语言材料测算出核心词汇每千年的保留率为81%,随后斯瓦迪士又将这一数字修改为86%。

基于以上假设,斯瓦迪士提出一个公式,通过两个语言同源核心词的数量,测定他们分离的年代(公式中 t 表示两个语言分离的时间,c 为两个语言共享同源词的比例,r 为同源词千年保留率,即0.86):

$$t = \frac{\log c}{2\log r}$$

语言年代学提出后引起学术界极大兴趣,随后又很快受到许多学者的批评,批评主要针对其两大基本假设。首先,其关于核心词替换速率恒定的假设(上文②)广受诟病且已基本被学术界所摈弃。由于该假设主要是通过印欧语验证的,如斯瓦迪士最初采用的都是印欧语,而 Lees(1953)所采用的 13 种语言中也有 11 种都是印欧语,其代表性和可靠性明显不足。事实上,由于语言的演化进程常受移民、接触等社会文化因素的影响,核心词替换的速率并不总是稳定的,这一点已被不同的研究所证实。如 Bergsland and Vogt(1962)测算出冰岛语核心词的千年替换率为 4%,而与其关系接近的书面挪威语的千年替换率则接近 20%,这与斯瓦迪士的 16% 出入甚大。此外,根据这一并不可靠的"恒定"替换率计算出来的时间深度也往往难以和真实的历史相契合,如徐通锵(1991:422)使用语言年代学公式测算出来的厦门话和北京话的分离时间大体在 1599±231 年前(相当于东汉末到初唐),这与闽方言形成时间相比显然太晚。基于以上原因,语言年代学试图通过同源词比例测算语言分化绝对时间深度的做法并不可靠,因此也被大多数语言学者所摈弃。目前看来,语言演化的时间深度问题似乎难以在语言学内部解决,考古学、历史学等其他相关领域或许能提供一些线索。

　　除此之外,语言年代学的核心词假设也受到一些质疑。首先,斯瓦迪士词表中的一些条目被质疑并不是非文化词,其中许多甚至可以因文化因素而向其他语言借用。另外,斯瓦迪士核心词表是按概念进行组织的,而不同语言中许多概念与词并不是一一对应的,如斯瓦迪士 100 词表中"die"和"kill"两个词项在许多藏缅语中只用一个词来表示,词项和概念对应的参差使得核心词的数量产生差异,进而导致核心同源词统计上的差异。基于以上原因,Campbell(1998)甚至认为根本不存在一个能够在所有语言中一一对应匹配的普遍的、非文化词表。

　　然而,即便受到批评,核心词观念已得到广泛认可。为解决斯瓦迪士词表遭受质疑的几个问题,许多学者针对具体研究对象提出了不同的修正词表,如马提索夫(1978)针对东南亚语言提出了 CALMSEA(Culturally Appropriate Lexicostatistical Model for SouthEast Asia)200 词表,Hymes(1960)针对澳大利亚语言也对斯瓦迪士词表进行了一些增减;在汉藏语研究中,陈保亚(1996),邓晓华、王士元(2009)等也都针对研究对象对斯瓦迪士词表进行了一定修正。修正后的词表能更好地适应研究对象的特点,在很大程度上避免了文化因素和词项、概念参差所带来的问题,以此为基础进行的研究也更加可靠。

（二）词源统计法

词源统计法(Lexicostatistics)是斯瓦迪士创立语言年代学时同时提出的一种通过核心词表中同源词比例来计算语言谱系关系的方法。词源统计法的基本观念是,任何语言都有一个相对稳定而不易被替换的基本词汇集,两种语言在基本词汇集里同源词的比例能反映二者亲属关系的远近。

由于词源统计法是与语言年代学一起提出的,且方法流程上有一些共同之处,许多时候二者常被混为一谈,语言年代学由于其核心词替换速率恒定的假设被证明不能成立而被摈弃时,许多人将词源统计法也一起当成脏水泼了出去。事实上,语言年代学和词源统计法无论是在原理上还是在实践上,都存在较大的区别。

从概念上来看,词源统计法是一种通过某种标准词表来测量语言间亲属关系程度的方法;语言年代学是一种通过词汇材料来推断亲属语言从祖语分离年代的方法(Campbell 1998：177)。由以上概念可以看出,词源统计法是以衡量亲属语言关系远近为目的的,而语言年代学则是以确定时间深度为目的的。目的的差异使二者所需的理论基础也有较大差别,词源统计法只以核心词假设为基础,而语言年代学则还依赖核心词替换速率恒定这一假设(表2-1)。

表 2-1：词源统计法与语言年代学的基本假设差异

词源统计法	语言年代学
① 核心词假设	① 核心词假设
	② 核心词被替换的速率是恒定的

从操作步骤来看,语言年代学是对词源统计法的一个具体应用,即通过词源统计法完成进一步的语言分化时间深度测量的任务。具体来说,词源统计法及语言年代学的基本操作步骤见表2-2：

表 2－2：词源统计法与语言年代学的操作步骤差异

操 作 步 骤	词源统计法	语言年代学
① 确定一个核心词表	①	①
② 为每对语言确定同源词， 　计算同源词在核心词表中所占比例， 　生成所有语言的核心同源词比例数矩阵	②	②
③ 根据距离矩阵构建语言谱系树	③	③
④ 计算谱系树中每个分支节点的时间深度	——	④

因此,语言年代学不成立并不代表词源统计法不成立。事实上,遭受最多质疑的是语言年代学的假设②及相应的操作步骤④,而语言年代学和词源统计法共享的假设①,如上文所述,仍有其合理性和科学性。

由于词源统计法仅以核心同源词比例为主要依据,它常被批评缺乏语言演化规律支撑,但是事实上严谨的词源统计法在同源词识别时也是以语音对应规律为依据的,因此它并不只是纯粹的词汇方法,其蕴含的语音演变规律在很大程度上能和语音共享创新标准相合,这也是其具备科学性的另一个原因。

目前词源标准已成为共享创新标准之外的另一语言谱系分类标准,如在南岛语的分类中,词源统计标准应用得非常频繁(Crowley 1987),在汉藏语谱系分类中,词源标准也成为最主要的分类依据之一,如《中国语言地图集》在壮侗语的语支划分上就是以同源词的比例为主要依据的,在苗瑶语的语支划分上则是以同源词比例和语音特征共同作为依据的。此外,通过核心同源词比例建立的语言谱系树往往能与通过共享创新建立的谱系树相合,如(邓晓华、王士元2003a,2007),这也证明了核心词理论在语言谱系研究中的价值。

第三节　定性分类法与定量分类法

一、定性分类法

一直以来,历史语言学中进行谱系分类主要采用共享创新法,共享创新法是一种定性的分类法,即通过经验筛选分类特征,人工进行语言的聚类分析,最终得出谱系树。定性分类法在专家知识和经验的支撑下,能够较充分地利用语音、词汇、语法等各方面的语言创新特征,较全面地反映出语言之间的亲属和亲疏关系,因此该方法被认为是语言谱系分类最成功、最有效的方法,印欧语、经典的汉藏语谱系分类等都是采用定性分类法建立的。但是,定性分类法也存在一些不足,具体来说:

首先,定性法的分类依据是语言创新特征,而创新特征的选取依赖于个人经验,对于同一个分类对象,不同学者可能采用不同的分类标准,从而造成不同的分类结果。此外,使用创新特征法进行谱系分类时,依靠人工进行语言的两两比较和聚类,缺乏全局视野,容易遗漏特征信息,影响分类结果的整体性。分类标准选取的主观因素干扰成为许多语言系属争议的重要原因。其次,定性分类法只能提供基本的谱系类别信息而缺乏具体的量化指标,因此对语言间亲属、亲疏关系的远近缺乏把握,难以提供更精确的谱系分类结果。

语言学是一门科学,更加客观的、可验证、可重复的方法是语言研究努力探寻的方向。在现有定性分类的基础上,探索新的更科学的分类方法也是语言分类研究的努力方向。相对于定性方法而言,定量方法具有可重复、可验证的科学特点,定性分类法的不足可以使用定量分类法进行弥补,在许多时候,定量分类法甚至可以获得比定性分类法更可靠、更精确的结论。

二、定量分类法

生物演化与语言演化存在许多平行相似之处(Atkinson and Gray 2005),早期的生物分类也是以定性分类方法为主的,当生物分类需要处理的物种数量和作为分类标准的生物性状数量急剧增大时,传统的定性分类方法遇到许多困难,不同分类观点争论激烈,客观的定量分类方法呼之欲出。到 20 世纪中叶,在计算机技术产生的刺激下,生物学中兴起一个使用数学方法和计算机技术进行生物分类的学科——数量分类学(又称"数值分类学")。数量分类学将数学方法应用到生物分类研究中,"能够对大量生物学性状进行比较全面的综合分析,摆脱了传统分类的主观性"(徐克学 1994:4),使生物分类研究进入了一个全新的阶段。

在语言学领域,20世纪50年代提出的词源统计法是最早产生的语言定量分类方法。虽然语言学定量分类法和生物学定量分类法提出的时代基本相同,但是由于语言年代学产生后招致大量批评,词源统计法也一并被语言学界束之高阁,同生物学定量研究法的突飞猛进相比,语言学在此领域发展相当缓慢。

根据产生和发展的阶段及分类材料的差异,生物学中进行生物谱系分类、重建生物演化树的定量方法可以分为两类:一是通过生物性状进行分类的数值分类法;一是通过基因频率进行分类的分子种系发生法。这两类方法在语言学中也都有应用:

(一) 数值分类法

数值分类法是生物学中最早发展出来的定量分类法,此类方法通过各种相关性(相似性)算法计算物种之间的相关(相似)系数,进而以所得的相关(相似)系数为基础使用各类数学聚类方法生成生物谱系树。

数值分类法在语言分类领域也有独立应用:20世纪70年代开始,郑锦全等(Cheng 1973,1982,1991,1997,1998a,1998b;陆致极1986,1987;Lu and Cheng 1985;王士元、沈钟伟1992)将数学聚类方法应用到语言和方言的亲疏分类研究中,发展出一系列语言亲疏分类的定量研究方法。郑锦全(Cheng 1973)最初使用调值计算汉语方言间的差异,将汉语方言分为平调为主的和降调为主的两大类,随后又将分类标准扩展到全部语音成分(Lu and Cheng 1985)和基本词汇上(Cheng 1982),以方言间的音韵和词汇的相关系数为亲疏程度指标计算、绘制出了汉语方言亲疏分类树形图。在汉藏语的亲疏分类研究上,孙宏开、郑玉玲(1993)从理论和具体操作方法上讨论了藏缅语亲疏分类的相关分析方法;黄行(1999)则以语音的相关性为标准计算苗瑶语方言间的亲疏关系,生成了苗瑶语方言亲疏程度聚类树图。

从具体操作步骤上来看,语言关系的数值分类可以分为以下几步(王士元、沈钟伟1992):

① 选取合适的分类特征并对其进行量化。

② 通过量化特征计算每对语言间的相关系数。相关系数有不同的计算方法，如郑锦全(1982)使用的是皮尔逊相关系数，王士元、沈钟伟(1992)使用的是 Jaccard 系数。相关系数的计算是定量分类的核心步骤，本步获得的相关系数矩阵已包含所有语言间由材料所得的相关关系的全部信息，但由于这种复杂、多维的数字信息难以被人脑直接认知和处理，因此需要对其进行降维和简化，一个合适的方法就是将其转换为树状图(王士元、沈钟伟 1992)。

③ 由相关系数矩阵通过各种数学聚类方法进行聚类分析(cluster analysis)，生成语言关系的树状图。聚类分析的基本思路是通过相关(相似)系数，通过某些数学算法(如平均系联法、临近连结法等)将关系最接近的语言归并在一起形成小类，再重新计算各小类之间的相关(相似)系数并将关系最接近的小类聚集在一起形成新的较大的类，以此类推，最后将所有的类聚成一个大类，形成一个具有不同层级的树状结构(陆致极 1986，徐克学 1994：94—95)。在现有研究中，已有多种不同的聚类方法被用作语言聚类分析，如郑锦全(1988)采用的是平均系联法，王士元、沈钟伟(1992)使用的是 Fitch 法，等等。

生物学中的早期数值分类法的分类标准是生物表型特征，由于"形态学的相似性与亲缘关系本质上是完全不同的两个概念，形态学上的变化并不能正确地体现亲缘关系上的差别"(徐克学 1994：21)，因此早期数值分类法得出的谱系树并不一定能准确地反映物种间的亲缘关系和演化历史。语言学领域相应的数值分类法同样也存在这个问题，郑锦全等在进行汉语方言分类时使用的分类材料是语音成分的表面相似性和基本词汇，由于这两项标准不区分遗传相似性和由借用等导致的相似性，因此不具有发生学意义。王士元、沈钟伟(1992)首先指出了亲属分类和亲疏分类的区别，并首次将遗传学中发展出来的一类新的定量分类方法——定量种系分类法——应用到了语言谱系分类中。

（二）分子种系发生法

由于数值分类法最初是为进行生物表型分类而发展出来的，它对遗传关系研究的针对性并不强。1953 年 Watson 和 Crick 发现 DNA 双螺旋结构，生物学进入分子时代。20 世纪 60 年代，生物分子测序技术发明，对生物演化历史的研究正式进入微观层面,分子生物学由此诞生。分子层面的研究使生物学界认识到 DNA 中记录着生物演化的历史信息,由核苷酸和氨基酸等生物大分子的序列数据可以重建生物演化的历史,于是一门通过生物分子序列信息重建生物系统发生树(phylogenetic tree,又称"系统发育树""演化树"等)的学科——分子系统发生学诞生。由于分子水平上的进化具有进化速率的相对恒定性和进化的保守性这两个特点,同时核酸和蛋白质分子中保留有大量的生物遗传信息(陈铭 2012),因此通过分子信息重建的生物演化树比由生物表面性状生成的谱系树更加科学可靠。

　　分子种系发生法的研究在近几十年内突飞猛进,已发展出各种不同的种系树生成、决策方法,极大地推动了分子生物分类研究。与此同时,这方面的研究也受到语言学界的关注,生物学中的许多定量分类法都开始被借用到语言分类研究中来。王士元、沈钟伟(1992)首先将分子生物学中用于生成和优选演化树的 Fitch 方法(Fitch and Margoliash 1967)应用到汉语方言分类研究中。Gray and Jordan(2000)发表在《自然》杂志的文章则首次将生物种系重建方法中的简约法应用到 77 种南岛语的 5 158 个词项的词汇材料上,生成了南岛语族的最大简约树,并用其证明了南岛语族群迁徙的"快车模型"(Express Train)。Gray 等的研究引起语言学界的极大关注,此后更多的此类方法开始被应用到语言分类研究中,如 Holden(2002)以 92 个核心词为材料,为 75 种班图语生成了最大简约树。Holden 的研究将材料限定在核心词上,能更好地排除借用,因此具有更好的发生学意义。Gray and Atkinson(2003)同样使用分子生物种系重建方法重建了印欧语谱系树,并以此检验了两种印欧语起源假说。Gray et al.(2009)又使用贝叶斯种系生成方法以词汇为材料生成了 400 种南岛语言的谱系树,他们的结论支持南岛语的"脉搏式扩张"(pulse-pause)理论,为了解南岛语族群的起源和迁徙历史提供了来自语言学的证据。以上这些研究是生物学方法和语言学理论及材料的成功结合,他们不但增进了学界对语言演化历史的了解,更能和遗传学、考古学和人类学等学科的假设相印证,共同推进对人类史前史的认识。

第四节　定量分类方法的原理及其在语言分类上的应用

生物学种系发生法的最终目的是构建一棵能表示分类对象演化历程的谱系树,而构建谱系树的过程实际上是一个树状拓扑结构的建立和筛选的过程。由于一组分类对象可能有多种对应的树状拓扑结构,而随着分类对象数目的增加,与其相对应的树状结构的数量会爆炸式增长,因此我们需要一个筛选最可能、最合适的树的标准和方法。为解决最优树的选择问题,生物学界提出了几类不同的方法:最大简约法、最大似然法、贝叶斯法和距离法。而一般根据对分类材料的处理和利用策略,又可以将这几类方法分为两大类:特征法(character-based method)和距离法(distance-based method)。特征法直接从分类特征构建和筛选演化树,而距离法则将分类对象作为一个整体,根据分类对象之间的演化距离来构建演化树。特征法和距离法在语言分类上都有应用,下面简要介绍其适用场景并分析本研究将使用的方法及依据。

一、特征法

在生物种系发生学上,所谓"特征"是指分子序列上每个位置的状态。特征法直接根据序列中每个特征的状态差异进行演化历史分析,由特征法生成的谱系树的拓扑结构是由分子序列上的每个状态决定的。语言谱系分类中的特征法同样具有以上特点,不同的是语言分类中的特征是各类语言属性。为保证分类具有发生学意义,在进行语言分类时一般会以历史比较法中的共享创新特征作为分类依据,因此可以说语言谱系特征分类法是以共享创新标准为基础的。

（一）特征法的基本原理

生物学上的特征法的基本思路是在一定的理论假设(简约性思想、概率思想等)指导下,从一组分类对象所有可能的演化路径(一般用演化树描述)中选出最有可能得出现有分类特征序列的树状拓扑结构。比如,三个分类对象 A、B、C 一共可能有以下三种不同的演化路径(图 2 - 1),特征法通过特定的算法计算出由不同演化路径得出现有分类特征的代价(发生突变的最小数目)或概率,并选出代价最小或概率最大的演化路径,认为其最有可能反映真实的演化历史。

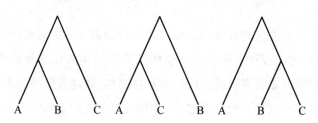

图 2 - 1: 3 个分类对象的不同演化路径

由于潜在演化路径的数目会随着分类对象数目的增加而呈指数级增长,从海量的潜在演化树中选出最优树不是一项仅凭人工可以完成的任务,因此生物学家提出了几种筛选最优树的原则和算法,其中最常用的有基于简约性原则的最大简约法和基于统计思想的最大似然法、贝叶斯法等。

(二)最大简约法

最大简约法(Maximum parsimony method)的基本思想来自奥卡姆剃刀法则,该法则认为"解释一个过程的最好理论是所需假设数目最少的那个"(Kumar 2002:100)。根据简约法则,在构建生物演化树时,可以认为演化步骤最少的树最有可能是反映真实演化过程的谱系树。最大简约法具体构树过程是:对每个可能的树状拓扑结构,计算其解释整个演化过程所需的最小变化(基因突变或语言特征创新)数目,将所需变化最小的树确定为最优树。最大简约法在语言谱系分类上已有应用,如 Holden(2002)为 75 种班图语绘制了最大简约树;Hamed and Wang(2006)以 35、100 和 200 核心词为材料为汉语方言绘制了最大简约树;汪锋(2012)使用 PENNY 法进行了白语方言的谱系分类研究。

(三)最大似然法和贝叶斯法

最大似然法(Maximum likelihood method)是一种基于统计学理论的方法,

其基本思想为：对分类对象集（如一组被分类的语言）所有可能的树，计算其能产生给定特征序列（如用于分类的语言特征）的概率，将概率最大的树选定为最优树。近几年又发展出一种新的基于统计推断演化树的方法——贝叶斯法（Bayesian inference method），该方法通过后验概率来评估各拓扑树状结构的可靠性，一般认为贝叶斯法得出的树可靠性较高。由于最大似然法计算速度最慢，目前尚未见到其在语言学中的应用，而计算速度较快的贝叶斯法在语言谱系分类中则已有应用，Holden et al.（2005）和 Rexová et al.（2006）分别使用贝叶斯法生成了班图语谱系树。

二、距离法

距离法是种系分类研究中另一类重要的方法，也是目前最流行的生物演化树推断方法之一。与特征法基于每个分类对象的每个特征进行聚类的思想不同，距离法是从分类对象间的全局相似性出发进行分类运算的。距离法认为关系最近的分类对象之间的遗传距离也最近，根据这一思想可逐层建立起分类对象间的整个演化历史。从具体操作过程上看，距离法首先根据分类对象间各特征的相似性，结合特征演化模式（如基因频率）计算每对分类对象之间的整体演化距离，随后根据类群间的演化距离构建演化树。由于将特征信息转换为全局距离之后无法进行逆向转换，距离法相对于特征法损失了一些信息。但是由于距离法相对于特征法具有运算速度快、可以给出确定的演化树的优点，其在生物学中应用得非常广泛。在语言谱系分析中，距离类方法早有应用，20 世纪 50 年代提出的词源统计法就是一种距离类方法。由于词源统计法和生物学中的距离法在理论基础上具有同质性，使得二者的结合非常容易，目前已有多种距离法被引入语言谱系分类研究之中，其中包括非加权分组平均法（UPGMA, unweighted pair-group method with arithmetic means）、邻接法（Neighbor-joining）和 Fitch 法等。

（一）UPGMA 法

UPGMA 法（Michener and Sokal 1957）是早在 1957 年就被发明的一种数值分类法，也是距离法中最简单的一种。该算法来源于数值分类中的聚类算法,即直接将最近的两个分类对象聚在一起形成新的小类,并与其他对象再次进行聚类,如此循环直至只剩下一个类群,形成树状结构。由于 UPGMA 法假定基因替代的速率是恒定的,因此在各演化分支演变速率不一的情况下,分类效果较差。同样,由于"我们没有理由假设语言变化的速率一直是均衡的"(王士元、沈钟伟 1992),该算法也并不非常适合语言数据。UPGMA 是早期词源统计法进行谱系分类和语言年代学进行时间深度测算时就使用的方法,由于其基本假设上的限制,目前使用该方法的研究较少。近期使用该方法的研究有:Serva and Petroni(2008)对 50 种印欧系语言进行的谱系分类;List et al.(2014)为汉语方言生成了参考树,作为评估经典分类的辅助参考。

（二）邻接法和 Fitch 法

邻接法是由 Saitou and Nei(1987)提出的一个距离算法。邻接法与 UPGMA 在思路上的差异在于,前者在确定可聚合的两个分类对象时,不仅要使二者之间的距离较近,同时还要使二者形成的新的小类也与其他分类对象之间的距离较近。邻接法相对于 UPGMA 而言取消了基因替代速率恒定的假设,能更真实地演化历程,因此在生物学上应用非常广泛,是最主要的距离算法之一。此外,Fitch and Margoliash(1967)发明的一种距离法(称之为 Fitch-Margoliash 法)在语言谱系分类上也有应用。具体来说,Nakhleh et al.(2005)将邻接法应用于印欧语研究上;邓晓华、王士元(2003a,2003c,2007)则使用邻接法和 Fitch 法分别重建了藏缅语、苗瑶语和壮侗语的谱系树。

三、语言定量分类的具体操作方法

王士元、沈钟伟(1992)总结了语言数理分类的四个主要步骤:特征选取、特征量化、计算相关系数和聚类分析。这个处理流程是针对距离法的:其第三步"计算相关系数"指计算每对语言之间的总体相关(相似)程度,而相似程度的另一种表现方式就是距离。由于特征法和距离法在具体操作步骤上略有差异,这里我们将定量分类法的操作步骤重新总结如下(图 2 - 2)。

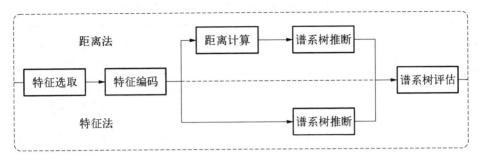

图 2 - 2：语言定量分类法的操作步骤

（一）特征选取

在语言定量分类中,无论是使用距离法还是特征法,都需要选取一定的材料作为分类的依据。一般而言,这些分类的依据被称为语言"特征"。语言谱系分类中的"特征"指各种不同的语言属性,同一特征在不同语言中可能有不同的表现形式,称之为不同的特征值(Ringe et al. 2002：71)。在具体研究中,包括语音、词汇、语法、语义在内的各种语言特征都被用作语言分类标准,甚至同一次分类中也可以使用多个不同类别的语言特征,如汪锋(2012：89)运用最大简约法对白语方言进行分类时,使用了诸如"*1a 调的分化""后圆腭化""f-→xu-""i 作为复数人称的主元音"及某一词根是否同源等各种不同类别的特征作为分类标准。

（二）特征编码

由于生物学构树方法无法直接处理语言数据,研究中一般需要先对语言特征进行编码,将其转换为数字或字符序列形式。编码的方式根据材料的不同而有所不同,最常用的编码方式是二元编码,即将特征表示为"1/0"(表示"有/无"或"创新/保留"等意义)形式。比如郑锦全(1988)对汉语方言词汇材料进行编码就是采用二元编码(表 2 - 3),他将同一个概念的不同词形设为不同的特征项,如对于概念"sun",其汉语方言词库中共出现了"太阳""日头""爷""热头""太阳佛""日头""日头公"等 7 种形式,根据每种方言的表达方式,为其在各词形行中赋特征值 1 或 0。一般而言,语音演变规律多采用二元编码,用来表示该演变规律在某语言中是否发生。

表 2‑3: 郑锦全(1988)对汉语方言词汇的特征编码[1]

		a	b	c	d	e	f	g	h	i	j	k	l	m	n	o	p	q	r
太阳	001A01	1	1	0	0	1	1	1	1	1	1	1	0	0	0	0	0	0	0
日头	001A02	0	0	1	1	0	0	0	0	1	0	1	1	0	0	0	1	1	1
爷	001A03	0	0	0	1	0	0	0	0	0	0	0	0	0	0	0	0	0	0
热头	001A04	0	0	0	0	0	0	1	0	0	0	0	0	1	1	1	0	0	0
太阳佛	001A05	0	0	0	0	0	0	0	0	1	0	0	0	0	0	0	0	0	0
日头	001A06	0	0	0	0	0	0	0	0	0	0	0	0	0	0	0	1	0	0
日头公	001A07	0	0	0	0	0	0	0	0	0	0	0	0	0	0	0	0	1	0
月亮	001B01	1	1	1	1	1	1	1	1	1	0	1	0	0	0	1	0	0	0
亮月子	001B02	0	0	0	0	0	0	0	1	0	0	0	0	0	0	0	0	0	0
月光	001B03	0	0	0	0	0	0	0	0	0	1	0	1	1	1	0	0	0	0
月	001B04	0	0	0	0	0	0	0	0	0	0	0	0	0	0	0	1	1	1
月娘	001B05	0	0	0	0	0	0	0	0	0	0	0	0	0	0	0	1	1	0

　　除二元编码外,多元编码也是一种较常用的语言特征编码方式。如 Ringe et al.(2002)对印欧语语音演变进行的特征编码就是多元的: 对于音变特征,他在特征的有/无(1/0)之外,又根据情况增加了"无证据"(4)及其他一些特殊的特征状态值,如其对音变"*p … kw > *kw … kw"的编码为"1, absent〔ancestral〕; 2, present; 3, obscured by merger; 4, &c., no evidence";对于词汇项目,则为每一个祖语形式赋予一个编码,如对于词"sing"的编码为"5, *peyH-/ 9, *singwidi / 10, *kaneti"。多元编码也可以转换为二元编码,以上文"sing"的编码为例,可

---

① 材料来源: 郑锦全:《汉语方言亲疏关系的计量研究》,《中国语文》1988 年第 2 期,第 87—102 页。表中第一行字母是方言代号,此处不详述。

以该条特征转换为 3 个词源特征,然后根据其在各语言间的出现情况,分别赋予
0/1 值(见表 2-4)。

表 2-4: 多元编码与二元编码的转换①

特征 ＼语言	OCS	TB	OE	Welsh	Latin	ON
sing	5	5	9	10	10	9

↓

特征 ＼语言	OCS	TB	OE	Welsh	Latin	ON
sing/ * peyH (5)	1	1	0	0	0	0
sing/ * singwidi (9)	0	0	1	0	0	1
sing/ * kaneti (10)	0	0	0	1	1	0

(三) 谱系树推断

1. 种系分类和谱系树推断软件

特征编码完成后,可以获得一个语言和特征的矩阵,该矩阵实际上已经包含
了语言的演化历史信息,但由于矩阵信息难以直观反映演化历史,我们还需要将
其转换为谱系树形式。由于同一组语言可能有大量与之相关的演化树,仅凭人
工无法完成,因此需要使用计算机软件进行辅助分析。生物学中开发的谱系树
生成软件也可以应用到语言数据上,目前语言学中常用的包含各类特征法的软
件包主要有 PHYLIP、PAUP、MrBayes 和 SplitsTree4 等。

PHYLIP(Phylogeny Inference Package)是一个综合性的生物种系树推断软
件包(Felsenstein 2009),其中集成了各类特征法、距离法和分子序列分析方法,
该软件包在语言谱系分类领域应用最为广泛,现有研究中已使用过的 PENNY
法、UMPGA、Neighbor-joining 法和 Fitch-Margoliash 法等都可以通过该软件包

---

① 第一行为语言名缩写,第一列为特征,多元编码中"sing"只作为一个特征,二元编码根据"sing"
的词源将其拆分为 3 个特征,其中"sing/ * peyH"对应多元表中的 5, sing/ * singwidi 对应 9,
sing/ * kaneti 对应 10。

实现。

SplitsTree4(Huson and Bryant 2006)是一个以距离法为主的种系树和种系网生成软件,该软件支持UMPGA、Neighbor-joining等基于距离的演化树生成方法,同时还具备bootstrap重抽样检验分析和灵活的谱系树(图)绘制和编辑功能。SplitsTree4的另一大特色功能是支持各类演化网生成方法,是目前语言种系生成研究中进行演化树和演化网生成和分析的最流行的软件。本研究将主要采用该软件进行相关分析和研究。

此外,其他已被应用于语言研究的相关软件还有:

MrBayes(Ronquist et al. 2012),一个专门用于贝叶斯法推断演化树的软件包,可进行语言演化的贝叶斯分析。

PAUP(Phylogenetic Analysis Using Parsimony),一个主要用于似然法分析生物演化的软件(Swofford 1993),其升级版更名为PAUP*(Phylogenetic Analysis Using Parsimony * and Other Methods),附加支持了包括似然法、简约法和距离法在内的各类种系生成方法(Swofford 2001)。PAUP是生物学界应用最为广泛的种系分析软件,在语言学中也有应用。

2. 基于特征的语言谱系树重建与分析

通过特征编码后得到的特征矩阵可作为由特征法生成语言谱系树的基本材料。不同的种系生成软件接受不同的输入数据格式,因此需要对特征矩阵进行相应的格式化。如PHYLIP软件包中的PENNY程序的输入数据格式如下,其中7代表分类语言的数目,6代表分类材料中特征的数目。

```
      7        6
LANG1    110110
LANG2    110110
LANG3    110000
LANG4    110000
LANG5    100110
LANG6    001001
LANG7    001110
```

除 PENNY 外,其他许多软件如 PAPU*、MrBayes、SplitsTree4 等多支持一种名为 nexus 的输入文件格式,该格式支持特征编码、距离编码、未排序的生物分子编码等多种数据编码方式,在生物种系发生研究领域应用广泛,已成为通用格式。以上 PENNY 格式转换为 nexus 格式后则如下:

```
#NEXUS
Begin data;
Dimensions ntax = 7 nchar = 6;
Format datatype = standard missing = ? gap = -;
Matrix
LANG1 110110
LANG2 110110
LANG3 110000
LANG4 110000
LANG5 100110
LANG6 001001
LANG7 001110
;
END;
```

将符合要求的特征数据输入相应软件进行运算、分析,即可得到相应的谱系树。特征法有时可能会得到多个最优树,此时可通过构建一棵能够概括这些最优树的"合意树"(consensus trees,又称"一致树""共同树")作为它们的代表,帮助综合分析、评估演化历史。PHYLIP 软件包中提供了 consensus 软件来构建合意树。

3. 基于距离的语言谱系树重建与分析

距离法只接受分类对象间的距离矩阵作为输入数据,因此相对于特征法而言,使用距离法进行谱系树生成研究时还需要先对每对语言进行整体距离计算,生成距离矩阵。

语言定量分类中计算距离最常用的方法是直接由特征比例(如同源成分所占比例)计算距离系数。这种计算方法适合于处理词源统计数据,即首先统计两个语言共享同源词的比例,随后根据一定的算法将同源比例转换为距离系数,使得最终得到的距离与同源比例成反比关系,符合同源相似程度越大,距离越小的要求。如邓晓华、王士元(2003c)将同源百分比的负对数作为语言间的距离系数,其计算公式为:d = −log s,其中 d 表示距离,s 为同源百分比,加负号是为了使得到的值变为正数,方便比较。由下图(图 2 − 3)可以看到,转换后的距离和同源百分比数据成对数反比。除通过同源百分比进行转换计算得到距离外,也可以直接简单地使用非同源百分比作为距离。

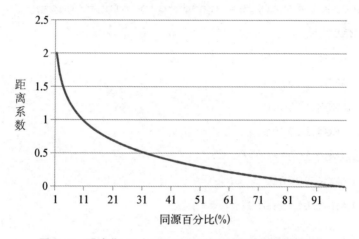

图 2 − 3:邓晓华、王士元(2003c)使用的距离转换函数图

一般认为词源统计材料中各词源形式之间没有权重差异,即核心词表中不同的词的重要性是一样的;同一个概念的不同词源的重要性也是一样的。因此词源材料可以直接以两个语言间共享同源词的比例衡量其距离。而对于非词源材料,情况则会变得较为复杂,由于音变、形态、语法等特征可能存在权重的差异,直接将所有特征放在一起囫囵计算其同源百分比,可能无法反映真实的演化历史。因此,对非词源材料,有必要通过设计一套特征权重表来作为计算语言间距离的依据。目前特征权重方面的研究尚不多见,仅有张梦翰、李晨雨(2013)通过经典分类逆向检验定量特征分类结果,进而使用主成分分析法计算获得各分类特征的权重。由于此类研究尚处于探索阶段,目前使用距离法进行非词源材料的谱系树生成研究并不成熟。

获得语言间的距离矩阵之后,即可将其输入各类基于距离法的种系生成软件中生成谱系树。距离法与特征法不同,一般会给出一个确定的谱系树。

（四）谱系树的可靠度评估

除贝叶斯法外,其它种系生成方法得到的谱系树并不包含可靠程度信息,即我们并不知道它与真实的演化历史相合的程度,因此我们还需要对它的可靠性进行评估。一个较常用的方法是使用不同的构树方法来生成谱系树,如果得到相同的结果,那么该结果是较为可信的,如邓晓华、王士元（2003c）的研究中分别采用 Fitch 法和 Neighbor-joining 法计算苗瑶语谱系树,得出的结构基本一致,能够证明分类结果的可靠性。

另一个较科学的方法是 bootstrap 自举检验法,这是目前公认最好的种系树评估方法。bootstrap 是一种重抽样技术,即以原有特征材料为样本进行多次（如一般进行 1 000 次抽样）随机重复抽样,建立起多个与原样本大小相同的新样本,并使用这些新样本生成谱系树。最后将抽样谱系树与原谱系树进行对比匹配,计算每根树枝得到支持的比例和该树枝的置信水平,并将其标记在原树图相应的节点上,形成一颗自举树。bootstrap 自举树可以反映谱系树上每个分支的可靠程度,从而可以对分类结果进行整体评估甚至修正。SplitsTree4 等软件提供了 bootstrap 分析功能。

第五节　词源统计法与定量分子种系发生法的结合

将生物学定量研究方法应用于语言谱系分类时,使用何种方法（算法）与使用什么分类材料之间并没有固定的对应关系:特征法可以处理语音、语法和词汇等各类数据,距离法也可以将以上一些特征转换为距离系数再加以运算。因此,在进行语言谱系分类时,选择什么材料仍然是一个纯粹的语言学问题。

由于谱系分类不同于亲疏分类（见本章第一节）,对分类材料的选取需要加以严格限制,使其具有发生学意义。同时,由于不同材料在谱系分类上的重要性程度可能存在差异,而目前特征权重研究尚不充分(见上节),使得权重的材料在定量谱系分类中的可靠性受到影响。在语音、词汇和语法三类材料中,一般认为语音和语法的具体特征材料可能具有权重差异,词汇材料虽有核心词汇与基本词汇的差异,但核心词内部的权重差异并不显著。因此,就目前的研究现状来看,核心词材料无论是在理论上(具有发生学意义)还是在分类操作上(不需考虑权重问题)都更适合于谱系分类研究。因此,词源统计法和分子种系分类法的结合是一个极佳的语言定量谱系分类方案。

　　词源统计法是历史语言学中最早发展出来的定量分类法。由于语法特征等难以进行量化分析,斯瓦迪士将定量方法的标准限定在词汇上,同时为使分类方法具有发生学上的意义,他又提出了核心词假设。词源统计法的提出使得语言谱系研究有了一个具有良好可操作性的定量分类法。相对于前文所述的各类语言亲疏关系定量研究方法①,词源统计法在语言谱系分类研究上具有特别的优势:亲疏关系定量分类法不限制分类材料类别和范围,因此无法区分同源成分和非同源成分,得出的也是各语言间共时的亲疏远近关系而非历史的遗传远近关系。而词源统计法将研究材料限定在核心词范围,由于核心词相对不易借代,能更纯粹地保留遗传信息,因此更适合于谱系关系分类。词源统计法的这些特点使得可以将其与分子种系发生法进行类比:核心词是语言中相对稳定的部分,不易发生变化和借用,其中更多地保留了语言的遗传信息,可将其类比为生物 DNA;从操作材料上来看,核心词既可作为特征参与分类运算,也可通过同源核心词的比例进行距离换算后运用距离法进行分类运算。因此从理论上和具体操作上,分子种系发生法都可以和词源统计法结合,形成全新的定量的语言谱系分类方法。

　　这方面的研究最先出现在汉藏语的谱系研究上:邓晓华、王士元(2003a),(2003c,2007)以斯瓦迪士 100 核心词为材料,通过分子种系分类法中的邻接法

---

① 事实上,郑锦全等提出的语言亲疏关系分类方法也可以用于亲属关系分类研究,这里使用"亲疏关系分类法"的表述,是基于研究现状考虑的——郑锦全先生在应用此类方法时,多不考虑区分遗传特征和借用、偶同特征,因此得出的都是亲疏关系分类。为表述方便,此处不妨将此类方法统称为"亲疏关系分类法"。

（Neighbor-joining）分别为藏缅语、苗瑶语和壮侗语生成了谱系树图,并与已有的经典分类进行比较分析,一方面验证了核心词材料和分子生物学方法在汉藏语言谱系分类研究上应用的可行性,另一方面还针对经典分类中的争议提出了新的观点与证据。以上这些探索性的研究将语言谱系分类引向更加科学客观的定量研究之路,同时也开辟了语言学与遗传学、考古学通力合作,共同促进人类史前史研究的新领域。

　　本书将继续沿着结合分子生物学与语言学进行语言历史分类研究这条路径向前探索。具体来说,本书的一个研究目标是以词源统计法为基础,将分子生物学中新发展出来的分子种系发生方法与藏缅语具体材料结合,进行中国境内藏缅语言的定量谱系分类研究。通过与经典分类的双向检验,我们将进一步探讨词源统计法和分子种系发生法在藏缅语谱系分类研究中的适用性与可靠性问题;同时试图对现有谱系分类中的争议提出更加客观的评判。

第三章 语言演化网络模型与演化网生成方法

一直以来,历史语言学在描述语言演化历史和语言间的谱系关系时都主要使用的是谱系树模型。谱系树模型对印欧语、南岛语等演化历史相对简单、清晰的语系来说具有很好的适用性。但是在藏缅语的演化问题上,由于历史上操汉藏语的族群混处杂居、接触频繁,使语言的纵向传递和横向传递交割混杂,难以区分,在很大程度上改变了分化式演化的模式,甚至产生了诸如"混合语""过渡语言"之类不兼容于经典的谱系树模型的语言。因此,我们有必要重新审视树状模型对藏缅语的适用性问题。目前,演化生物学中提出的演化网络模型是一个能兼容纵向传递和横向传递两种演化模式的新的演化模型,其对语言演化研究也具有重要的参考价值。本章将具体阐述谱系树模型的主要思想,分析其在描述复杂演化场景时的不足;同时引入演化网络模型,讨论其对于藏缅语演化历史研究的适用性问题,并具体阐释其理论内涵及其应用方法。

第一节 树状演化模型

一、生物演化与语言演化中的谱系树模型

早在 1837 年,达尔文就在他的笔记中①,首次用一棵假想的树描绘了生物演化的方式。1859 年,代表其进化论思想形成的《物种起源》一书出版,他在书

---

① 见达尔文的"B"笔记本《物种的变化(*Transmutation of Species*)》,第 36 页。

中首次正式发表了第一张生物演化树图（达尔文 1859：116—117），并用这棵
"生命之树"（tree of life）阐述了他关于物种竞争、演化的思想："同一纲中一切
生物的亲缘关系常常用一株大树来表示。我相信这种比拟法甚为真实。绿色
的、生芽的小枝可以代表现存的物种；数年前生长出来的枝条可以代表长期连续
的绝灭物种……这巨大的'生命之树'在其传代中也是这样，这株大树用它的枯
落的枝条填充了地壳，并且用它的分生不息的美丽枝条遮盖了地面。"（达尔文
1963：152—153）此后，演化树的观念深入人心，成为描述生物之间亲缘关系和
演化历程的最常用的方法。

　　语言的演化与生物的演化具有许多平行相似之处，生物学中的许多理论与
方法也早已被广泛应用于语言研究之中。达尔文的进化论是现代生物学的基石
之一，早在进化论产生之初，达尔文就将生物演化和语言演化联系在了一起。他
在《物种起源》中就提出过这样一个设想："如果我们拥有关于人类的完整的谱
系，那末人种的系统的排列就会对于现在全世界所用的各种不同语言提供最好
的分类。"（达尔文 1963：514—515）达尔文关于语言谱系分类的思想很快传入
语言研究领域，在《物种起源》出版后的第四年（1863 年），德国语言学家施莱歇
尔（August Schleicher 2008）就将演化论引入语言学中。他将语言与生物有机体
进行类比，提出"达尔文就动植物种属提出的理论，至少在最基本的方面也同样
适用于各类语言的有机体"，同时他还借用达尔文的生物演化树图方法，为"印
度—日耳曼语系"画出了第一张树图，描绘了"这个语系逐渐形成的图景"。自
此，谱系树（family tree①）理论成为描述语言演化历史的最重要的理论模型之
一。在此后的一百多年里，语言学家据此为世界上绝大多数语系确立了谱系
关系。

二、生物学谱系树模型面临的挑战和演化网络模型的诞生

　　谱系树模型结构简单明确，不但能够清晰地表现出物种之间的亲缘关系，还

---

① family tree 一般用来表达物种（语言）之间的亲缘关系，同时还用来描述种群的演化过程，因此又
　称"演化树"，在系统发生学中称"种系发生树"，在语言学领域一般译为"谱系树"。

能直观地表现整个种系演化的历史。然而,谱系树模型对演化模式的定义还存在一些缺陷,而且它也无法兼容诸如水平基因转移、重组之类的"特殊"演化事件。

　　首先,谱系树模型只能描述分化式演化。正如施莱歇尔(2008)所总结的,演化论认为"种是通过逐渐地分化而产生的",这正是生物学中谱系树理论的基本思想。生物谱系树理论假定同属的物种都由一个共同的祖先(common ancestor)演变、分化而来,即分化是物种产生的主要途径。然而新物种的产生并不总是以分化的方式进行的,在植物界广泛存在的杂交现象就是一个反例。不同种属的植物杂交后,不同种的染色体组合在一起而产生染色体倍数的变

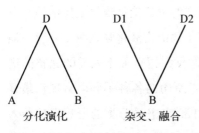

图 3‐1: 分化与杂交的不同演化模式

异(异源多倍化,allopolyploidization),在少数情况下可以产生与其祖辈生殖隔离的新的物种。比如"普通小麦(Triticum aestivum)就是一种异源多倍化的物种,它的产生过程大约发生在 6 000 年以前,首先是具有 14 条染色体(二倍体)的小麦属植物一粒小麦(T. monococcum)与一种山羊草属(Aegilops)植物杂交并经过染色体加倍而形成具有 28 条染色体的二粒小麦(T. dicoccoides),二粒小麦再与另一种具有 14 条染色体的山羊草属杂交并进行染色体加倍,从而形成含有 42 条染色体的普通小麦"(文祯中 2012: 273)。杂交产生的物种从发生学上看具有两个或以上的父(母)代,它们是通过融合而不是分化而产生的(图 3‐1)。这类生物演化现象在只能表达分化过程的谱系树模型中无法体现。

　　另外,谱系树模型无法兼容于生物演化过程中广泛存在的水平基因转移(horizontal gene transfer)、基因重组等网状演化现象。20 世纪 60 年代,蛋白质测序技术出现,生物学进入分子时代,对生物演化历史的研究也开始进入微观层面。演化生物学家开始利用核酸和蛋白质的序列信息,研究物种之间的演化关系,推断和构建生物谱系树。在分子水平上构建的生物演化树比传统的根据生物表型特征(如生物形态、结构、功能等)推断的演化树更加科学、可靠。20 世纪 90 年代以来,一种"新的"基因传递现象——水平基因转移,开始受到演化生物

学家的重视。水平基因转移指基因由一个有机体直接转移到另一个有机体的过程。和一般的垂直基因转移(基因由亲代转移到子代)不同,水平基因转移可以在没有亲缘关系的物种之间进行。水平基因转移的发现使生物学界关于物种的分化遗传是演化的主要过程的观点受到挑战。而在生物谱系树的构建方面,水平基因转移现象也给分子系统发生学①的研究带来了困难:水平基因转移在原核生物界发生得非常频繁,即使在关系非常疏远的物种之间也可以发生。此外,近年来更多的研究发现病毒之间的种间基因重组现象非常普遍。因此,基于同一种群的不同基因(其中有些可能和其他物种之间发生水平基因转移或重组)生成的演化树可能差异非常大(Huson et al. 2010)。此时树状模型只考虑纵向遗传而无法兼容横向(水平)传递的弱点开始显现。于是,生物学家开始重视水平基因转移等网状演化现象,并重新审视树状演化模型的真实性和适用性。

新的更复杂的生物演化模式的发现对传统的演化理论产生冲击,许多生物学家开始反思树状模型在理论基础和方法论上存在的弱点,正如 Huson and Bryant(2006)所指出的:"(演化树模型)对更复杂的演化场景的描绘可谓简陋。并且即使生物演化真的是以树状模式进行的,使用强制返回树状结果或者将结果假定为树状的分析方法也并不是最佳方案。"为此,生物学家开始探索既能描述纵向传递(由亲代向子代的遗传传递),又能兼容横向传递(水平基因转移、杂交等演化模式)的新的演化模型。近三十年来,演化网络研究逐步兴起,演化网络模型开始成为替代树状模型的一个新的方案。目前,在有水平基因转移、基因重组等网状演化事件发生的情境下,演化网络已成为描述演化历史的主流模型。此外,NeighborNet、Split-Decomposition、Median Network 等多种演化网络重建方法已被开发出来,并已被广泛应用于生物种系研究之中。

三、语言演化模型的新思考

同样,在文化和语言的演化中,谱系树模型也开始受到挑战。进化论在被引

---

① 系统发生(又称"种系发生""系统发育"),指生物形成或进化的历史。系统发生学是研究物种之间的进化关系的学科。分子系统发生学则是在分子层面通过核酸、蛋白质序列推断生物之间的演化关系,构建生物演化树以研究生物形成和演化的历史的学科。

入文化领域后,发展出许多全新的文化演化理论,而文化的传递和生物的传递具有许多显著的差异:文化的传递并不局限于由母代向子代遗传的纵向模式,跨代的甚至无亲缘关系的个体之间的横向文化传递现象非常普遍。作为一种社会文化现象的语言也具有这样的特点。从宏观来看,人群的接触导致语言的接触,不同语言间的借用现象在语音、词汇和语法等诸多层面都有发生,语言的融合现象在历史上也并不少见;从微观来看,个体的语言习得并不仅仅来源于父母,社会中的其他人群不可避免地会对幼儿的语言产生影响,而二语的习得、语言元素的借用更是可以在整个社会人群中发生。因此,在语言演化的历程中,横向传递和纵向传递同样重要,而仅能反映纵向传递的语言谱系树模型,或许并不能表现语言演化的真实历史。

在语言的亲缘关系研究中,自施莱歇尔绘出首张语言谱系树图以来,树状模型就成为描述语言演化历史和亲缘关系的默认模型,一直在历史语言学界占据统治地位。然而,同生物学一样,语言学谱系树理论也只考虑世系的分化,忽略了语言之间相互的接触影响,将语言演化的历程简单化了。因此,即使在印欧语这个非常适合于树状模型的语系中,也会遇到与树状模式相冲突的现象。为解释这些冲突现象,施莱歇尔的学生施密特(Schmidt 1872)提出了著名的"波浪说(wave theory)",他认为:一个新的语言的特征(或创新)可以像波浪一样以同心圆的方式向周围扩散开去,离中心越远,影响越弱。波浪说着眼于语言间的接触影响,能够很好地解释语言在空间上的传播问题,补充了树状模型的不足。因此,在后来的语言研究中,这两种模型都被广泛应用,成为描绘语言发展历史和变化机制的最重要、最基础的两种模型。

施密特希望波浪理论能成为谱系树理论的替代品,然而事实上波浪模型只反映了语言演化过程中的另一重要的传递模式:横向传递。横向传递与纵向传递是相互补充而不是相互对立的关系(徐通锵 1991:223),它们在演化史上互相纠葛,共同塑造了语言的历史。因此,单独的谱系树模型或波浪模型都无法完整地描述语言演化的真实历史。另一方面,"混合语"等语言演化中的一些"特殊"情况,也常使树状模型陷入尴尬的境地,而波浪模型对其也无能为力。

很自然的,我们希望能够有一个能同时描述语言的纵向分化和横向接触这两种演化模式的新的模型。迪克森（Dixon 1997）在生物学中的"间或打断的平衡模式"（punctuated equilibrium model）的启发下，将语言演化的谱系树模型和语言扩散的区域模型结合在一起，提出了一个类似的间或打断的稳态模型——"裂变—聚变模型"。他认为在人类语言演化的十多万年间，稳态聚变是常态，而"聚变稳态会时不时地被一些大事情打破，这会导致语言局势的彻底改变，也可能引发多重'分裂和扩张'"，使得语言演变进入裂变期，在裂变期结束后，又会开始新一轮的聚变期，如此循环往复。迪克森的语言演化模型在一个非常大的时间尺度（十万多年）上，描述了语言的宏观演化模式，对解释澳洲、美洲和非洲等地的语言演化历史具有很强的说服力。但是，我们认为，"裂变—聚变模型"只是将树状模型和波浪模型在更大的时间尺度上进行了展开，却并未考虑在较小时间尺度上分裂和扩散同时进行的情况。比如，在裂变的过程中往往也会伴随着语言的接触和扩散现象，正如迪克森自己在其书第四章系族分支部分所描述的那样（见图 3-2）。在中国境内语言的演化历史上，上述问题的存在非常普遍。比如南方汉语方言中普遍存在的古南方民族语底层表明，在南方汉语方言形成的历史上，北方移民和南方土著之间存在着广泛而深刻的语言

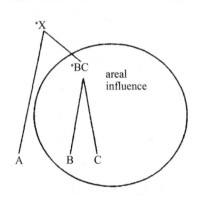

图 3-2：迪克森关于系族分支和区域影响的假想图[①]

接触与互动。具体比如闽客方言的形成历史中既有分裂自古北方汉语的过程，又有北方移民语言和南方土著语言的交互作用影响（邓晓华、王士元 2003b）。迪克森的模型将分（裂变）与合（聚变）两种演化模式截然分开，使得它对于更复杂的语言演化场景的解释力仍显不足。

　　综上所述，我们仍迫切地需要一个能够同时解释和描述分裂机制和波浪机制的模型。生物学中新提出的生物种系网络（phylogenetic network）模型就是一个可资借鉴的例子。

————————

① 引自 Dixon Robert M. W. 1997. *The rise and fall of languages*. Cambridge University Press.

第二节　汉藏语系演化历史的复杂性

经典的谱系树模型是在印欧语研究的经验下产生的,过去的研究也已经证明谱系树模型能很好地描述印欧语演化的历史。另外,最近采用新的生物学种系生成方法对印欧语谱系分类进行的研究进一步印证了它的适用性(Gray and Atkinson 2003)。此外,谱系树模型在南岛语系的谱系重建上也显示出较好的解释力,无论是使用经典的比较研究方法,还是采用基于词源统计的定量研究方法(Gray and Jordan 2000),都能得出相当一致的树状拓扑结构。

汉藏语系的演化历史与印欧语,特别是南岛语存在着显著的差异。印欧语是在相对独立的环境下从原始印欧语发展而来的,其分化历史上未受其他语系太大影响,语言之间的语音对应规律线索受破坏较少,仍比较清晰。南岛语的演化历史线索则更为清晰:南岛语族群在太平洋群岛上迁徙、扩散的路径可以用"快车模型"(Express Train)来描述,即操(古)南岛语的人从一个岛扩散到另一个岛,他们到达新的陆地后,很少和故乡联系,从而形成一种链状的迁徙路径。在南岛族群迁徙的过程中,语言也随之扩散、演化,由于各岛屿之间接触很少,横向的语言扩散在南岛语系中影响很小,这使得南岛语系的演化历史体现出较纯粹的以纵向传递为主的特点,也使得其历史非常适合于谱系树模式。

汉藏语系诸语言所处的地理环境以及其演化历程与欧洲、大洋洲有着很大的差异。一直以来,东亚、东南亚地区都有诸多民族杂处混居,语言接触频繁,语言特征的横向扩散与纵向遗传混杂在一起,语言的分化式演化(树状模式)和融合式演化(波浪模式、语言联盟)这两种模式相互纠葛、难以区分。另一方面,本区域内部的各民族语言近两千年来一直受到强大的汉文化的影响,大量的汉语成分与特征渗入相关语言中,语言的接触甚至换用频繁发生,极大地改变了该地区的语言关系面貌。

因此,在将谱系树的概念应用于汉藏语系诸语言,提出"汉藏语系"的概念,重建其演化树时,就难免会遇到一些问题。首先,由于分类标准的不同,不同学者对同一语族的分类结果往往存在差异,争议难平;其次,白语、畲语、临高话等演化历史复杂的语言的系属地位问题仍未解决；另外，倒话、五屯话、五色话等"混合语"的系属问题仍有隐忧。而另一方面，汉藏语谱系关系研究的过程中，越来越多地遇到方法上的甚至理论基础上的难题。印欧语谱系分类中得到成功应用的同构和语音对应标准在汉藏语研究中遇到困难，而同源词标准则面临着"同源关系和接触关系的区分在谱系树模型内部无法解决"的困境（陈保亚1996，1998）。人们开始反省谱系树模型在汉藏语系中的适用性问题，如王均（1989）对汉藏语系的理论基础问题提出这样的诘难："语言的发展能不能说就是'从一到多'？……认为在古代只有前后相继，而无语言之间的相互影响和社会变异，这是难以想象的……但我怀疑汉藏语系语言谱系树形图的实际意义。"戴庆厦等（1989）则重新定义了亲属关系的概念，提出汉藏语系内部的亲属关系的形成有原始母语分化（藏缅语和汉语）和语言影响形成（壮侗语和汉语）两种途径。如果承认语言接触影响也会导致亲属关系的形成，那么谱系树模型就不是一个完善的描述语言亲属关系的演化模型了。

　　所以，我们有必要在汉藏语语言演化模式方面进行新的探索，以期更好地描述亚洲语言演变的历史，理解复杂的族群迁徙互动环境下的语言演化规律。目前，生物学中的种系网络模型已被应用于印欧语（Bryant et al. 2005）、南岛语（Bryant 2006）等语系的研究中，他们的研究都表明，网状方法对于确实是树状的语群，能正确返回高度树状的结构，而对于更复杂的情况则能返回更复杂的网状图。因此，此类方法的应用一方面可以用来验证传统的树状谱系模型的可靠性，另一方面还能用于发现语言关系中的网状成分，进而为探索更完善的语言演化模型提供参考。

第三节　演化网生成方法

一、演化网理论和方法简介

　　近年来，生物学界对于基因横向传递、基因重组、杂交等复杂的演化事件的关注逐渐增加，树状演化模型在描述这些特殊演化场景上的不足开始显现，这促使演化生物学家开始在演化模型研究上进行新的探索。为描述和解释不兼容于树状模型的新的演化模式,演化网思想应运而生,数种不同的演化网络模型和演化网生成方法也随之诞生。

（一）演化网的简单定义

目前,对演化网络尚没有一个得到普遍认同的定义,这里我们借用 Huson and Bryant(2006)所提出的一个宽泛的定义来概括现有的各类演化网络:"任何通过节点表示分类单位、用边表示分类单位之间演化关系的网(图)都是演化网。"根据这一定义,演化树是一种特殊类型的演化网。事实上,使用演化网描述演化历史时,如果历史上没有横向传递事件,那么演化网就会"退化"为一棵树。相对于"纯粹"(只有分化)的演化树而言,演化网是一种能同时表示横纵传递的平衡方案,此外演化网还可以提供演化历史是更"树状"还是更"网状"的直观的和定量的描述。

（二）演化网生成方法的基本原理

如前所述,演化网的诞生缘于谱系树方法在处理横向演化事件和不兼容信号上的不足,因此各类演化网生成方法都以弥补这两个不足为目的。

谱系树生成方法实际上是一种分类方法,以特征法为例来说,构树的过程是通过类群间特征的差异将具有相同特征的类群聚在一起,形成不同的分类,并通过各类算法推断出符合这些分类的演化树。如果演化历史上存在横向传递事件,不同分类特征对类群产生的划分可能存在冲突,谱系树方法不重视这种冲突信号,只是通过各种算法将符合最有可能演化路径(或最短演化路径)的树选为最优树,作为描述类群演化历史的代表。在这一过程中,潜在的接触、融合等横向信号被忽略,即使演化历史中横向传递如纵向传递一样重要,它们也得不到体现。演化网络方法则弥补了这一不足,将横向传递也纳入描述之中,相对而言能更加真实、完整地反映出演化的历史。

下面我们以两组简单的特征数据为例分别分析树状方法构树的原理、树状方法在面对横向传递事件时的不足,以及网状方法的平衡性处理方案。

1. 无冲突信息时的构树原理

图3-3左边表中行 A、B、C、D 表示分类对象,列中数字1、2、3、4代表分类特征,表中0和1代表对应特征的状态(采用二元编码,详见第二章第四节)。根据每个特征的状态,可以将4个分类对象分为2组(无法将分类对象区分为不同

组的特征在分类中无意义,一般会被舍去),如特征 1 将分类对象分为(B,[A,C,D])两组。通过特征构树的过程实际上是将所有的特征分类(splits)表示在一张树图中的过程。图右的无根树即是左边特征分类的一个树状表达,树中的节点代表分类对象,边代表分类对象之间的距离(特征差异),边上所标数字代表有差异的特征。如边 2(特征 2)可将分类对象分为 AB、CD 两组,和左边表相对应。当特征分类之间没有冲突时,可以使用一棵树表示。但实际上,绝大多数情况下,特征分类之间往往会有冲突,此时树状结构就无法兼顾所有特征分类,而只能通过各类算法计算出最有可能(概率最大、演化距离最短)的构树方法,作为最终树。在这种计算、取舍过程中,某些相互冲突的信号(可能反映了演化历史上的横向传递事件)被丢弃,从而使得成树结果无法完整地反映真实的演化历史。

类群＼特征	1	2	3	4
A	0	1	0	1
B	1	1	0	1
C	0	0	1	0
D	0	0	0	0

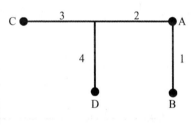

图 3-3:由特征数据得到无根树

2. 有冲突信息时构树和构网原理

　　网状方法试图克服树状方法中难以平衡地处理冲突信号的不足,将纵横两种传递模式都纳入网图之中。图 3-4 展示了一组包含有互相冲突的特征分类数据及由之生成的树图和网图。左上特征表中反映出类群 E 可能有两种不同的演化路径:① 由类群 C 在特征 3 上发生变化而形成;② 由类群 D 在特征 1 上发生变化而形成。换个角度说,这相当于 E 既有继承自 D 的特征,也有继承自 C 的特征。而由于树状模型不允许类群有多个祖先(树图要求任意两个节点之间只有一条路径),如果使用树图来描述这组分类对象的演化历史,则只能分别用图右的"树 1"和"树 2"两棵树来表示,其中一种演化路径被丢弃。网状模型则不同,它不排斥多个祖先的假设,不丢弃冲突数据,而是将所有可能的演化路径均反映在网图之中(图左下)。在网图中,当有盒状信号出现时,表示在相应的位置存在不兼容于树状模型的信息,暗示这里存在接触、融合等网状演化事件发生。事实上,当演化历史上没有网状演化事件时,则不会有盒状信号出现,因而网图生成方法会返回一棵树;而当演化历史上有复杂的横向传递事件时,网图生成方法会返回复杂的网状图。

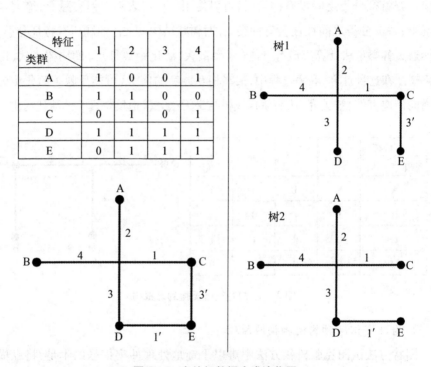

类群\特征	1	2	3	4
A	1	0	0	1
B	1	1	0	0
C	0	1	0	1
D	1	1	1	1
E	0	1	1	1

图 3-4:由特征数据生成演化网

(三) 演化网的分类及语言研究中的演化网络

目前,已有数种演化网络模型面世,而根据研究对象、生成方法、研究目的等方面的差别,可以将它们分为不同的类别。

根据演化网的特点和目的,Morrison(2011)将其分为两大类:一类是以描述和展示非树状信号为目的的,称为"数据展示网络(Data Display Networks)",如分裂分解网(Split Decomposition Networks)、邻接网(NeighborNet)、中值网(Median Networks)等;另一类是以描述演化过程中的网状演化事件为目的的网络,称为"显式演化网络（Evolution/Explicit Networks）"，如重组网（Recombination Networks）、杂交网（Hybridization Networks）等。目前，在语言演化研究领域，由于对横向传递事件，特别是语言融合等"特殊"的网状演化现象，历史地位的认识尚有不同看法，对网状演化模式的研究尚不深入，"显式演化网络"尚未得到应用。现有的语言演化网络都是以兼容性地展示纵、横两种传递模式为目的的"数据展示网络"。

此外，根据生成演化网的材料，可以将演化网分为特征网和距离网两类，这和谱系树中的特征法和距离法是相对应的。这两种演化网生成方法在语言研究中都有应用，如特征法中的 Network 法（Forster and Toth 2003），距离法中的 Split Decomposition Network 法（Bryant et al. 2005）和 NeighborNet 法（Bryant 2006）等。由于 Split Decomposition Network 法在处理较大规模数据集时倾向于返回更偏向树状的结构（McMahon and McMahon 2005：158），其在语言研究上的应用并不多。而 Network 法则因其返回的网图对于网状信号和树状信号的区分和权重信息并不直观明确（Heggarty et al. 2010），也未太受语言学的欢迎。目前，语言历史研究中应用最多、最受认可的演化网生成方法是 NeighborNet 法。

（四）NeighborNet 在语言研究中的应用

NeighborNet 法是一种距离类方法，具有计算速度快的优势，同时由其所得到的结果对演化历史的描述相较其他方法而言更加直观、准确：它不但能够直观地展示横纵两种演化传递模式，还能通过 Delta score 定量地描述网图的"网状程度"，同时其网图结果往往能较准确地反映研究材料的演化历史，因此受到许多学者的推崇，已成为语言谱系网络研究中最重要的方法。NeighborNet 法自从在生物学中被提出后（Bryant and Moulton 2002），已被应用到多个语系的语言谱系研究中，其在演化历史的可视化展示和对接触信号的检测等方面展示出引人注目的作用。

NeighborNet 法最早被应用于印欧语谱系研究之中。Bryant et al.（2005）以斯瓦迪士 200 核心词为材料，生成了 84 种印欧语言的 NeighborNet 网图（图 3-5）；McMahon and McMahon（2005）也使用 200 核心词为 95 种印欧语生成了 NeighborNet 网图。对不同规模语言生成的这两个网图具有相当程度的一致性，二者都呈现出非常明显的树状性质,准确地反映了印欧语整体偏树状的演化历史;同时,图中的冲突信号还准确地反映出语言间的接触关系(如图3-5中标记的2、3反映属于罗曼语的 Vlach 语因与非罗曼语之间的接触导致在图中被拉离罗曼语集团,图中的盒状信号反映了这种接触影响)。

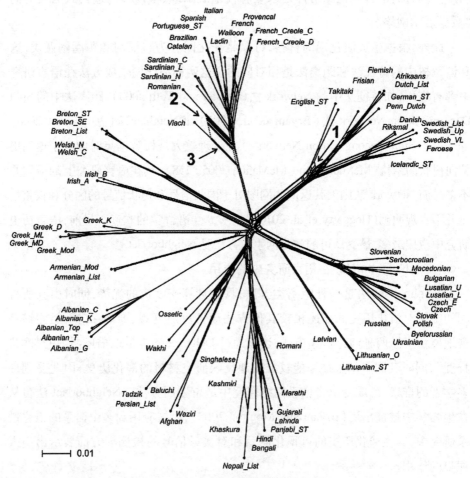

图3-5: Bryant et al.(2005)84 种印欧语 NeighborNet 网图[①]

① Bryant, David, Flavia Filimon, and Russell D. Gray. 2005. "Untangling our past: languages, trees, splits and networks." *In the evolution of cultural diversity: phylogenetic approaches*, edited by Ruth Mace, Clare J. Holden and Stephen Shennan, 67 - 84. Left Coast Press.

NeighborNet 法在班图语中也有应用,Holden and Gray(2006)以 95 种班图语为材料生成了演化网图。网图证实了早期西部班图语扩张过程中伴随着大量的语言接触,同时提出接触可能是导致班图语中某些语支在树状谱系分析中难以处理的原因。他们的研究进一步体现出 NeighborNet 作为一种检测方法在解决树状模型下难以解释的分类问题所具有的重要作用。

同在印欧语研究中得到的具有强烈的树状倾向的网图相比,NeighborNet 在澳大利亚语言上的应用(McMahon and McMahon 2005:163—166)则反映了它在处理另一种演化场景上的作用。McMahon 等为 26 种澳大利亚语言生成的网图(见图 3 - 6)呈现出非常复杂的图景,它难以和现有的各种模型相契合,这可能正恰当地反映了澳大利亚语言发展历史上长期而深刻的语言接触、融合过程。

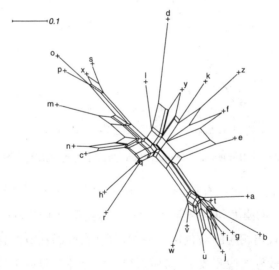

图 3 - 6:McMahon 等为 26 种澳大利亚语言生成的网图[1]

此外,NeighborNet 在汉藏语上也有应用。Hamed and Wang(2006)以 200 核心词表为材料生成了 24 种汉语方言(及古汉语)的演化网图(见图 3 - 7)。从总体上看,网图虽清晰地将汉语方言各下位子群区分开来,但呈现出一种星状模

---

① 引自: McMahon A., McMahon R. 2005. *Language classification by numbers*. Oxford University Press.

式。他们认为,NeighborNet 网更加契合各方言在地理上的连续传递模式,而非不断变异而后隔离的树状模式。

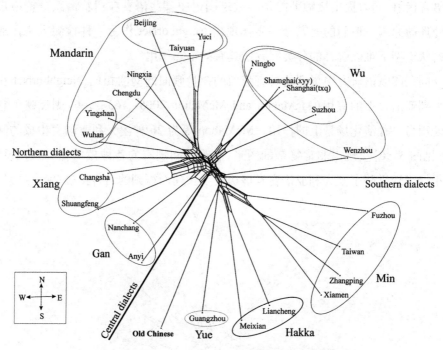

图 3-7: Hamed and Wang(2006)为汉语方言生成的网图①

　　由以上的应用实例可以看到,无论是面对树状特征非常明显的印欧语,还是针对聚变占主要地位的澳大利亚语言(罗伯特·迪克森 2010:60),NeighborNet 法都能较恰当地表现出相应的演化历史面貌。同时,网图在对演化历史中的特殊演化事件也能有较好的检测效果,其所得出的结果往往可以为展现新的观察视角提供线索。因此,对于演化历史尚不非常清晰,许多语群(语言)的谱系地位尚有争议的藏缅语而言,通过 NeighborNet 法进行演化网络研究,将有望对其整体演化模式提供极有意义的参考,同时其横纵兼容并包的特性,也有望能为解释争议提供新的视角。

---

① Hamed, Mahe Ben, and Feng Wang. 2006. Stuck in the forest: trees, networks and Chinese dialects. *Diachronica* 23(1):29-60.

二、NeighborNet 演化网生成方法的基本步骤

NeighborNet 与 Neighbor-joining 等方法一样,是一种基于距离的方法,因此除算法本身外,通过 NeighborNet 重建演化网的计算材料和前期步骤与普通的距离类树状方法并无二致。这里将由 NeighborNet 法构建演化网的步骤总结如下:① 关系词识别→② 距离计算→③ 网图计算与生成→④ 演化网解读。以下针对藏缅语演化网络生成的步骤进行具体的分析。

(一) 关系词识别

目前,语言学演化网生成方法主要以词源统计数据为材料。一般而言,现有研究都以斯瓦迪士核心词表为词源统计的材料范围。在确定统计范围之后,需要以词项为单位为每对语言进行关系词识别(将在第四章进行详细讨论),构建一个关系词表。根据词源统计法,语言间的演化关系信息即潜藏在关系词集之中。

(二) 距离计算

获得关系词集后,即可统计每对语言之间关系词在词表中所占比例,关系词数目(或比例)可以反映各语言之间的相似性程度;非关系词数目(比例)反映语言间的差异程度(或称距离)。通过一定的算法,可以将关系词比例转换为距离系数。目前在语言谱系定量研究中,有数种不同的距离系数算法,具体有如:

① 汉明距离。汉明距离(hamming distance)是一种描述两个等长字符串之间差异大小的非常简单而直接的距离量,它等于两个字符串中处于相同位置的不同字符的个数,如"quite"和"quiet"之间的汉明距离为 2。应用到词源距离统计上来看,一对语言在同一个词表上的汉明距离等于词表中非关系词的个数。

② 负对数距离。Minett and Wang(2003)在语言年代学公式的基础上提出两个语言间词汇相似性系数与距离的关系公式:$D = -\log C$[①]。该系数以词源统计法和语言年代学的基本思想为基础,在语言谱系定量研究中多有应用,如邓晓华、王士元(2003a,2003c,2007)在进行汉藏语诸语族的谱系研究时即使用该

---

① D 为距离,C 为相似系数,即词源统计法中的同源百分比。

算法。

采用合适的距离系数算法,为语群中的每对语言分别计算距离系数,形成所有语言间的距离矩阵,即可完成材料处理工作。

(三) 网图计算与生成

目前,各类演化网生成方法均有相应的计算和绘图软件包,如 SplitsTree4 软件包集成了 Split Decomposition、NeighborNet、Median Network 等数种演化网生成方法。根据所选用方法的差别,将距离(特征)数据格式化为输入格式之后,交给输入程序进行计算并生成演化网图。

(四) 演化网解读

演化网与演化树的一个显著差异是能展示更多的信息,但是同时也带来了新的问题——如何解读软件生成的网图。就网图中各类特征的意义而言,在 NeighborNet 网图中,叶子节点表示分类对象,边则表示演化距离,盒状信号表示接触、融合等网状演化过程,通过这些信息可以从大体上对类群的演化历史进行粗略的描述。此外,Split Decomposition 和 NeighborNet 等方法还提供了对网图网状程度(或树状程度)的量化描述,如前者使用"splittable percentage",后者使用 Delta score 和 Q-residual score 来描述网图整体及各分支的网状程度。在后面的研究中,我们将结合材料的具体特点对藏缅语演化网图进行详细的分析和解读。

第四章　藏缅语核心词表

　　本章讨论演化网络研究的材料范围问题。如第二章所述,目前在语言谱系分类研究中,定性研究法和定量研究法所采用的材料有着比较明显的差别。定性分类法可以利用语音、词汇、语法等各方面的材料,理想情况下其分类结果能较好地反映语言的整体演化历史,但因不同的语言成分和特征在演化历史中的权重并不明确,一方面有可能使分类结果失于偏颇,另一方面也增大了因个人取舍差异导致争议的可能。相对而言,目前的定量分类法主要以词汇、语音作为基本材料,这有两个方面的原因:首先,目前语法、语义等方面的计量研究尚不成熟,难以作为定量研究的基础;其次,作为定量分类法基础的词源统计法有一个便于统计分析的理论假设,即认为每个语言都有一个相对稳定而不易被替换的"核心词"集,不同语言间核心词集的同源百分比能够反映它们之间的亲属距离。目前,以词源统计为基础的定量分类法在各语系中都已得到应用,而其分类结果也多能与经典方法所得结论相契合,特别是在汉藏语的谱系分类研究中,词源标准已成为最重要的分类标准之一,这些都已能证明核心词标准的可靠性(见第二章第二节)。因此,我们的研究也以核心关系词为材料基础。

第一节　核　心　词　表

一、斯瓦迪士核心词表

　　由于经典的谱系分类理论是以树状演化模型为基础的,谱系分类希望尽可能地反映各语言与其原始母语之间的继承发展关系及各语言之间的亲属关系,因此分类时需要尽可能地以纵向遗传而来的语言成分和特征为材料,这使得分类材料范围的选择成为一个重要问题。20世纪50年代,斯瓦迪士为解决这一问题提出了"核心词表"的观念,试图找到一个能真正反映语言间发生学关系的固定的词表。为使词表具有广泛的适用性,他提出了一系列选词原则:词表中的项目应是"世界通用的、非文化的",这些词项所对应的事物(概念)"应在世界任何地方都能找到且为所有社会成员(而不只是少数特别的社会成员或经过学习的成员)所熟知";此外,这些词项表达的应是一些"容易辨认的广阔的概念",而且它们在"大部分语言中都对应一个简单的单词"(Swadesh 1952:457)。

　　为保证词表的通用性和非文化性,斯瓦迪士对其词表进行了多次修正,从而形成了几个不同版本的词表。其最初提出的词表包含500词(Campbell 1998:179),随后将其缩减到215词(Swadesh 1952),由于他认为这215词中有16个可能在许多语言中并不存在(brother、sister、six、seven、eight、nine、ten、twenty、hundred、clothing、cook、dance、shoot、speak、work、cry),因而建议从中删除,另外补上一个heavy凑成了200词表。随后,斯瓦迪士(1955)为进一步贯彻其提出的核心词标准,又将200词表缩减到100词①。在这次修订中,他总结了过去几年研究中发现的问题,删除了几类可能会影响词表中立性质和影响统计操作性的词,具体包括:

　　① 与地域有关而并非完全通用的概念:ice、snow、freeze、snake、sea等。

　　② 文化词,包括:father、mother、husband、wife、spear、rope、stab(pierce)、sew、hunt、play、fight,"二"以上的数词以及一些与文化特征关系密切的自然事物,包括salt(常与贸易有关)、flower和除bird、dog、fish、louse之外的所有动物名称。

　　③ 一些无法在所有语言中进行准确匹配的动作名称(cut、pull、dig、squeeze)和意义含混的词(leg、back、guts)。

　　④ 潜在的同义词,如wife和woman仅保留woman,类似的还有water(river、lake、sea)②、long(far)、small(thin、near)、earth(dust)、cloud(fog)、foot

---

① 目前学术界常用的200词表含207个词项,该词表是将斯瓦迪士200词表与100词表合并得到的,即从215词表中去除斯瓦迪士不推荐使用的16个词,再加上100词表中新增的8个词。
② 本条中括号前的是保留的词,括号里的是被剔除的词。

（leg）、that（they、he）等。

⑤ 可能同源或者共享词根的词：his（that）、how-what（when、where、how）、I（we）、thou（ye）等。

⑥ 可能的模仿词，如 blow、breathe、laugh、puke、scratch、cry 等。

⑦ 某些和特定语言的形态相关的词：如 if、because、and、at、in 等。

由此得到的 100 词表中有 92 个是 200 词表中已有的，此外新加入的 8 个词为：breast、claw、full、horn、knee、moon、round 和 say（全表见表 4 - 1）。

表 4 - 1：斯瓦迪士（Swadesh 1955）200/100 核心词表①

1　all*	14　bite*	27　cook	40　dust	53　few	66　give*
2　and	15　black*	28　count	41　ear*	54　fight	67　good*
3　animal	16　blood*	29　cry	42　earth*	55　fire*	68　grass
4　ashes*	17　blow	30　cut	43　eat*	56　fish*	69　green*
5　at	18　bone*	31　dance	44　egg*	57　five	70　guts
6　back	19　breathe	32　day	45　eight	58　float	71　hair*
7　bad	20　brother	33　die*	46　eye*	59　flow	72　hand*
8　bark*	21　burn*	34　dig	47　fall	60　flower	73　he
9　because	22　child	35　dirty	48　far	61　fly*	74　head*
10　belly*	23　clothing	36　dog*	49　fat（grease）*	62　fog	75　hear*
11　berry	24　cloud*	37　drink*	50　father	63　foot*	76　heart*
12　big*	25　cold*	38　dry*	51　fear	64　four	77　here
13　bird*	26　come*	39　dull	52　feather*	65　freeze	78　hit

---

① 斯瓦迪士在原 215 词表的基础上删减了大量词汇，形成 100 词表。词后带 * 的为 100 词中继续保留的，共 92 个，表后以带圈数字标号的为新增的 8 个词汇，两部分共同构成 100 词；带下划线的 16 个词项是斯瓦迪士建议从 215 词表中去除的。本表去除带下划线的 16 个词项后即为 207 词表。

79 hold	104 mountain*	129 rope	154 snake	179 think	204 wife
80 how	105 mouth*	130 rotten	155 snow	180 this*	205 wind
81 hundred	106 name*	131 rub	156 some	181 thou*	206 wing
82 hunt	107 narrow	132 salt	157 speak	182 three	207 wipe
83 husband	108 near	133 sand*	158 spear	183 throw	208 with
84 I*	109 neck*	134 scratch	159 spit	184 tie	209 woman*
85 ice	110 new*	135 sea	160 split	185 tongue*	210 woods
86 if	111 night*	136 see*	161 squeeze	186 tooth*	211 work
87 in	112 nine	137 seed*	162 stab(pierce)	187 tree*	212 worm
88 kill*	113 nose*	138 seven	163 stand*	188 turn	213 ye
89 know*	114 not*	139 sew	164 star*	189 twenty	214 year
90 lake	115 old	140 sharp	165 stick	190 two*	215 yellow*
91 laugh	116 one*	141 shoot	166 stone*	191 vomit	① breast
92 leaf*	117 other	142 short	167 straight	192 walk*	② claw
93 left(side)	118 person*	143 sing	168 suck	193 warm*	③ full
94 leg	119 play	144 sister	169 sun*	194 wash	④ horn
95 lie*	120 pull	145 sit*	170 swell	195 water*	⑤ knee
96 live	121 push	146 six	171 swim*	196 we*	⑥ moon
97 liver*	122 rain*	147 skin*	172 tail*	197 wet	⑦ round
98 long*	123 red*	148 sky	173 ten	198 what*	⑧ say
99 louse*	124 right(side)	149 sleep*	174 that*	199 when	
100 man*	125 right(true)	150 small*	175 there	200 where	
101 many*	126 river	151 smell	176 they	201 white*	
102 meat*	127 road*	152 smoke*	177 thick	202 who*	
103 mother	128 root*	153 smooth	178 thin	203 wide	

1971 年,斯瓦迪士再次更新了 100 词表(Swadesh 1971:283),此次的"最终"词表成为最常用的版本。其具体词目如下:

表 4-2:斯瓦迪士(Swadesh 1971)100 词表

1	I	我	26	root	根	51	breast	乳房	76	rain	雨
2	you	你	27	bark	树皮	52	heart	心	77	stone	石头
3	we	我们	28	skin	皮肤	53	liver	肝	78	sand	沙子
4	this	这	29	flesh	肉	54	drink	喝	79	earth	土地
5	that	那	30	blood	血	55	eat	吃	80	cloud	云
6	who	谁	31	bone	骨	56	bite	咬	81	smoke	烟
7	what	什么	32	grease	脂	57	see	看	82	fire	火
8	not	不	33	egg	蛋	58	hear	听	83	ash	灰
9	all	全部	34	horn	角	59	know	知道	84	burn	烧
10	many	多	35	tail	尾巴	60	sleep	睡觉	85	path	路
11	one	一	36	feather	羽毛	61	die	死	86	mountain	山
12	two	二	37	hair	头发	62	kill	杀	87	red	红
13	big	大	38	head	头	63	swim	游	88	green	绿
14	long	长	39	ear	耳朵	64	fly	飞	89	yellow	黄
15	small	小	40	eye	眼睛	65	walk	走	90	white	白
16	woman	女人	41	nose	鼻子	66	come	来	91	black	黑
17	man	男人	42	mouth	嘴巴	67	lie	躺	92	night	晚上
18	person	人	43	tooth	牙齿	68	sit	坐	93	hot	热
19	fish	鱼	44	tongue	舌头	69	stand	站	94	cold	冷
20	bird	鸟	45	claw	爪子	70	give	给	95	full	满
21	dog	狗	46	foot	脚	71	say	说	96	new	新
22	louse	虱子	47	knee	膝盖	72	sun	太阳	97	good	好
23	tree	树	48	hand	手	73	moon	月亮	98	round	圆
24	seed	种子	49	belly	肚子	74	star	星星	99	dry	干
25	leaf	叶子	50	neck	脖子	75	water	水	100	name	名字

二、核心词表的确定性问题

自提出核心词表的概念后,斯瓦迪士一直在对其进行修正,试图使它成为一个全世界语言通用的、非文化性的词表。然而,随着词表应用语言数量和范围的扩大,他所追求的通用性、非文化性和对词表进行统计的可操作性都不断受到挑战,而核心词的概念也受到许多质疑。目前,对核心词概念的批评主要集中在以下几个方面:

① 核心词对全世界语言的普遍适用性问题。如丁邦新(2000)认为核心词的"设计主要是根据印欧语言,我们难以认同一百词或二百词的内容具有适用于任何语言的普遍性"。事实上,根据后来的研究,找到一个完全通用于世界所有语言的词表显得不大现实,不同的语言文化群体有其独特而重要的共同词汇,这些词汇虽然是"文化词",但对研究语群的历史仍有重要作用。

② 核心词表的移借问题。如 Campbell(1998)指出词表中的许多词项都可能因文化原因而发生借用,具体如 100 词表中的 person、dog、heart、sun、moon、name、skin、egg、grease 都有被借用的例子。

③ 不同语言间词项的对应问题。斯瓦迪士设计核心词表时希望各词项"在大部分语言中都有一个简单的词相对应",但是事实上不同语言中词项之间的对应情况非常复杂。首先,斯瓦迪士精简词表时刻意排除的共享词根的情况,即使在其最终版本的 100 词表中仍然存在,比如在许多语言中,"bark"和"skin"、"feather"和"hair"、"man"和"person"可能共享词根(Campbell 1998:182),相当于词表中两个词项在特定语言中只用一个词表示。其次,不同语言词项间语义交叉的情况非常复杂,如 Campbell(1998:181)指出,I、you、we 等人称代词在不同语系中词项和概念的对应非常不同:"I"因说话对象的差别而有不同形式,"you"则常因社会地位的不同而有不同的形式,"we"则常分为包含式和排除式两种。此类情况相当于词表中一个词项在某些语言中有多个词与之对应。此外,还有词表中词项与特定语言中词项义素交叉对应的情况,如邓晓华、王士元(2009:32)指出苗瑶语"belly 肚子"和"guts 肠子"有词义交叉。

由于"最终版"的核心词表仍不可避免存在上述问题,Campbell(1998:183)

认为并不存在一个世界所有语言通用的、非文化性的且各词项在所有语言中能找到一一对应项的词表。

三、核心词表的针对性

由于不同语言人群的认知存在各种各样的差异,试图找到一个完全适用于所有语言的核心词表显得并不那么现实。但是总体来说,核心词表对世界语言的通用性已基本得到认可。无论是在印欧语,还是在南岛语以及汉藏语,都有大量以核心词为材料进行的词源统计和谱系研究,由此得到的研究结论也得到学界的认可。此外,目前已有数种专门搜集世界语言核心词的项目:罗塞塔计划(The Rosetta Project[①])收录了1 200余种语言的核心词表;斯塔罗斯金(Starostin 2011—2016)的“世界词源统计学数据库(The Global Lexicostatistical Database)”则收录了包括罗塞塔计划、南岛语基本词汇数据库、印欧语比较数据库等项目中的核心词数据。无论是在语言保护,还是在词源统计和语言谱系分类研究上,核心词的理念和价值都已得到普遍认可和广泛应用。

但是,在进行词源统计和语言谱系研究时,对斯瓦迪士核心词表中的文化词问题、“同义词”问题和词项义项交错问题并不能视而不见。目前学术界倾向于在斯瓦迪士词表的基础上进行适当的修改以规避其弱点,以适应不同的研究需要。就修改方案来看,大致有两种。第一种是对通过精简或改进选词方法对100/200词表进一步修正,试图提出一个更加稳定而不易有文化词和操作问题的词表。此类词表中有通过进一步精简得到的更加“核心”的词表,如雅洪托夫的35核心词表[②]和Dolgopolsky(1964)的15核心词表;还有以“世界借词数据库”为材料进行的统计研究为基础,在尽可能排除借词的基础上得到的更客观的Leipzig-Jakarta词表(Haspelmath and Tadmor 2009:72—74)。第二种方案是针对研究对象的特点,提出一个适用于特定语群的针对性词表。如马提索

---

① 罗塞塔计划是一个由语言学家和各语言母语者合作的语言记录项目,该项目致力于建立一个可公开访问的人类语言数字图书馆,详见 http://rosettaproject.org。

② 见 Starostin S. A. E. 1991. *The Altaic problem and the origin of the Japanese language*. Moscow: Nauka.

夫(1978)针对东南亚语言研究提出一个名为"东南亚文化适应词源统计模型(Culturally Appropriate Lexicostatistical Model for Southeast Asia, CALMSEA)"的200词表。郑张尚芳(1995)认为"Swadesh 的基本词表虽然通行,但不适合华澳比较",于是提出了用于华澳比较的300核心词表。黄布凡(1997)针对藏缅语的特点提出了藏缅语300核心词表。江荻(2000b)提出了几条构建汉藏语历史词表的基本步骤(汉藏语言共同历史时期推断;原始先民认知范畴考察;考古、文献记载资料验证;排除文化传播词项;建立核心词表的辅助词表)并具体设计了一个汉藏语200核心词表。

在以核心词表为材料的具体研究中,往往也需要根据研究对象的历史文化特点进行针对性的修改。比如陈保亚(1996)将斯瓦迪士100/200核心词分为两阶,以两阶词汇的同源比例作为判断亲属关系的依据。他在具体应用核心词表时,根据侗台语的具体情况做了一些修改:去除和 in、what、you 语义重复的 at、when 和 ye,去除不便比较的 other 和 some,去除与 rub、with 语义交叉的 wipe 和 and。邓晓华、王士元(2009)将100核心词应用到汉藏语谱系关系研究时,也根据各语族的特点对100核心词做了一些修订。如对于苗瑶语,剔除明显为汉借词的"沙子",将明显为古汉语借词的"眼"替换为"(大)腿",将"冷"分立为"冷1"和"冷2"两个词条等。

基于以上原因,我们认为核心词表在具体研究中并非是一成不变的,根据研究对象的特点进行合理的修订是必要的。

第二节 藏缅语 100 核心词修正方案

目前在语言谱系分类研究中,有多种不同的核心词表可以采用,而使用最多依然是斯瓦迪士的100/200标准词表。如 Holden(2002)进行班图语谱系研究时使用的是斯瓦迪士100词表(92个词);Gray and Atkinson(2003)进行印欧语起源研究时使用的是200核心词表;邓晓华、王士元(2003a,2003c,2007)对苗瑶、藏缅和壮侗语进行谱系分类时使用的是修正后的100核心词表,等等。此外,雅洪托夫的 35 词表以及各种针对性词表也是词源统计分析的可选材料。

由于不同的词表在规模上有所差异,因此词表的选择可能会影响统计和分析的结果。从理论上看,词表越小越保守,其受借词等文化因素干扰的可能越小,但是过小的词表可能无法提供足够的历史信息,从而使研究结果的“解析度”降低;而词表越大,其所包含的信息越多,可以提供更多关于演化历史的细节,但潜在的干扰信息也越多,可能削弱甚至掩盖主要的演化路径信息。基于以上原因和现有汉藏语定量谱系分类研究的经验,我们以规模居中且应用最为广泛(有较多可比较的研究)的斯瓦迪士 100 核心词表作为词源统计的基础。

虽然斯瓦迪士的通用性已得到认可,但当将其应用于印欧语之外的其他语系时,仍不可避免存在文化词和同根词的混入等问题,藏缅语也不例外。为此,我们针对藏缅语的特点对 100 核心词进行了具体审查,并以此为基础提出一个修正版的词表,以尽可能减少词源统计过程中的误差。

具体来说,我们参考了针对藏缅语提出的马提索夫(1978)200 词表、黄布凡(1997)300 词表、江荻(2000b)200 词表、郑张尚芳(1995)300 词表和邓晓华、王士元(2009)106 词表等材料,结合《藏缅语语音和词汇》所收录的核心词,提出以下修改方案。

一、同根词、同族词

在藏缅语 100 核心词中,有两对词在大部分语言中具有相同来源:或为词根相同,或为由同一语源派生而出,属同一词族。由于来源相同,如都列入词表可能会造成重复统计,加大核心同源词统计比例,因此需选其一剔除。此类词包括:

① **60(sleep)和 67(lie down)**。这两个词在藏缅语中多为同根词或者不区分两个义项,如在邓晓华、王士元(2009)的词表中,藏(拉萨)、藏(阿力克)、羌、普米、彝、纳西、白等语言中,二者均词形相同;而马提索夫(1978:291)则将两个词项合为一个词条:“129. Sleep/lie down”;黄布凡(1997)的 300 核心词表的第二级中,也将“睡”和“躺”标记为同族词。可见,在藏缅语中,sleep 和 lie 可能是同根词,不应重复统计,因此我们取更常见的“sleep”而舍弃“lie down”。

② **36(feather)和 37(hair)**。藏缅语中“毛”“羽毛”和“头发”是一组语义

上有关联的词,江荻(2000b)的语义词表中将"毛/发/羽"作为一组,表示比较时可灵活取用;黄布凡(1997)的词表中"羽毛"是"毛"的派生词;马提索夫(1978)则将"hair(head)"和"hair(body)"分立为两个词条。在《藏缅语语音和词汇》所收语言中,有近一半(23个)语言点的"羽毛"和"头发"共享词根,这其中有15个点和"毛"共享词根。鉴于多数语言中"毛"为这一组词的根词,我们将"毛"选入词表,而将100核心词中的"羽毛"和"头发"剔除。

二、《藏缅语语音和词汇》所缺词条

《藏缅语语音和词汇》共收录有100核心词中的93个,缺如下词条:27(bark-树皮)、31(bone-骨)、32(grease-脂)、47(knee-膝盖)、63(swim-游)、67(lie-躺)、84(burn-烧)。所缺词中,"树皮""游泳"并不一定是藏缅语的核心词(黄布凡1997:11),调查中未记录这二词或许与此有关。

此外,67(lie)因与60(sleep)同源,将"lie"从词表中剔除;36(feather)和37(hair)合为一个词项用"毛"代替,目前词表规模仍为92条。

三、补充词条

为增加对藏缅语的针对性,我们参考现有研究补充了8条在藏缅语历史和文化上具有重要意义(黄布凡1998)、对理解藏缅语发生学关系具有显著帮助的词项,一共形成100词表。具体来说,新增的8个词项为:

①菌子。菌子在藏缅语地区广泛存在,是重要的区域特征词。马提索夫和黄布凡都将其列入核心词,《藏缅语语音和词汇》编写组(1991:2)指出"菌子"在藏缅语多数语言中具有同源关系。

②绵羊③山羊。"羊"是藏缅语族重要的共同文化特征词,郑张尚芳、江荻的核心词表中都收录有"羊"。但是在藏缅语中,"羊"并不是一个根词:在藏缅语多数语言中,"山羊"和"绵羊"词根不同,而"羊"的统名多为"山羊"和"绵羊"的合称(另有部分语言"羊"与"山羊"或"绵羊"相同,详见表4-3),黄布凡的词表中就将二词均列入核心词中。因此,我们的词表将"山羊"和"绵羊"两个词条均收录其中。

表 4－3：藏缅语中"羊""山羊"和"绵羊"的关系①

	山羊	绵羊	羊
藏文	ra	lug	**ra lug**
藏拉萨	ra¹³	luʔ¹³	**ra¹³ luʔ¹³**
藏德格	ra¹³	luʔ³¹	**ra¹³ luʔ³¹**
藏夏河	ra ma	lək	**ra lək**
藏泽库	ra	lək	**ra lək**
门巴错那	rʌ¹³	jeŋ¹³	**rʌ¹³ jeŋ¹³**
羌麻窝	tsa	ŋ̥u	**tsha ŋ̥u**
普米桃巴	tɕhĩ³⁵ dʐa³⁵	z̃ã⁵⁵	**tshə⁵⁵ z̃ã⁵⁵**
普米箐花	tshɤ⁵⁵	ʒãu⁵⁵	**tshɤ⁵⁵ ʒãu⁵⁵**
嘉戎梭磨	tʃhət	kə jo	<u>kə jo</u>
尔龚	tshɛ	ɣi	**tshɛ ɣi**
木雅	tshɯ⁵³ tɕha⁵³	ʁa³⁵	**tshɯ⁵⁵ʁa³⁵**
扎巴	tshɛ⁵³	ji⁵⁵	**tshɛ⁵³ ji⁵⁵**
尔苏甘洛	tshi⁵⁵	jo⁵⁵	**tshi⁵⁵ jo⁵⁵**
纳木义	tshʅ³⁵	jo⁵⁵	**jo⁵⁵ tshʅ³⁵**
史兴	tshʅ⁵⁵	ɛ̃⁵⁵	<u>tshʅ⁵⁵</u>
彝喜德	tʂʅ⁵⁵	ʐo³³	**tʂʅ⁵⁵ ʐo³³**
彝大方	tshe¹³	ho²¹	<u>tshe¹³</u>
彝南涧	a⁵⁵ tʂʅ²¹	a⁵⁵ zu⁵⁵	<u>a⁵⁵ tʂʅ²¹</u>

① 材料来源：孙宏开等（1991：486）。表中"羊"列中加粗显示的表示"羊"是"山羊"加"绵羊"组合构成的,加下划线的表示与其中一个相同。表中除白语外,大部分语言"山羊"和"绵羊"词根不同。

	山羊	绵羊	羊
彝南华	A³³ tʂhi̱⁵⁵	ʐA³³	A³³ tʂhi̱⁵⁵
彝弥勒	tɕhi²¹	ʐu³³ mɛ²¹	tɕhi²¹；di²¹
彝墨江	A⁵⁵ tɕhi̱²¹	xɒ²¹ mo²¹	A⁵⁵ tɕhi̱²¹
傈僳	ɑ⁵⁵ tʃhŋ⁴¹	ɑ⁴⁴ ʐo³³	ɑ⁵⁵ tʃhŋ⁴¹
纳西丽江	tshɯ⁵⁵	ʐu³¹	**tshɯ⁵⁵ ʐu³¹**
纳西永宁	tshəɹ¹³	ʐu³³	ʐu³¹；tshəɹ⁵⁵ ʐu¹³
哈尼碧卡	tshŋ̱³¹	jʏ⁵⁵	tshŋ̱³¹
哈尼哈雅	a³¹ tsi̱³¹	a³¹ jo⁵⁵	a³¹ tsi̱³¹
哈尼豪白	a³¹ tʃhŋ̱³¹	tʃhŋ̱³¹ ʒ ɣ⁵⁵	a³¹ tʃhŋ̱³¹
拉祜	A³⁵ tshe²¹	zɔ³¹	zɔ³¹
白大理	xɯ⁴⁴ jou²¹	tsi³⁵ jou²¹	jou²¹
白剑川	ko²¹ jõ²¹	tsɛ̃⁵⁵ jõ²¹	jõ²¹
白碧江	qo⁴² n̠o²¹	tʂ̩eˈ⁵⁵ n̠o²¹	n̠o²¹
土家	zo³⁵	zo³⁵	zo³⁵
缅文	hsit	tho³	hsit
缅仰光	hseʔ⁴⁴	tθo⁵⁵	hseʔ⁴⁴
载瓦	pai²¹ nam⁵⁵	sau²¹ mji̱⁵⁵	pai²¹ nam⁵⁵
景颇	pai³¹ nam³³	sǎ⁵⁵ ku⁵¹	sǎ⁵⁵ ku⁵¹

④猪⑤马⑥蛇。均为藏缅语地区重要的共同特征词汇。马提索夫、黄布凡、江荻、郑张尚芳均将其收入核心词表中，在郑张尚芳的词表中，这三个词均被列入"最核心"的百词表中。其中"蛇"被收录于斯瓦迪士200词表中。

⑦风⑧盐。"风"和"盐"虽未被收入斯瓦迪士100词表，但是雅洪托夫35词表和斯瓦迪士200词表都有该词。此外，在藏缅语针对性词表中，马提索夫、黄布凡、江荻、郑张尚芳均将它们定为核心词。

第三节　藏缅语谱系网络研究百词表

根据以上分析，我们确定了本研究将采用的100核心词表。表中91个词项为斯瓦迪士100词表中的词条，9个为新增或替换词条。《藏缅语语音和词汇》所缺词条及新增词条的来源等信息如表4-4、表4-5所示。为检验修改后词表对藏缅语演化历史的适用性，在后面的研究中我们将分别使用91词词表和100词词表重建演化网和演化树，通过二者的比较分析新增词项对网和树的影响，以此检验新增词项的合理性。我们所使用的100核心词表见表4-6。

表4-4：缺词及重复词项处理方案

词　　项	骨	脂	膝盖	游	烧	树皮	羽毛	头发	睡	躺
原书有否	—	—	—	—	—	—	√	√	√	—
处理方案	—	—	—	—	—	—	毛		睡	

表4-5：新增词条及其来源①

GLOSS	词项	S200	Y35	马提索夫	黄布凡	江荻	郑张尚芳
mushroom	菌子			√	√		
sheep	绵羊				√	羊	羊
goat	山羊				√		

① S200代表斯瓦迪士200词表，Y35代表雅洪托夫35词表，马提索夫、郑张尚芳、黄布凡、江荻词表来源见第四章第二节。

续　表

GLOSS	词项	S200	Y35	马提索夫	黄布凡	江荻	郑张尚芳
pig	猪			√	√	√	√
horse	马			√	√	√	√
snake	蛇	√		√	√	√	√
wind	风	√	√	√	√	√	√
salt	盐	√	√	√	√	√	√

表 4-6：藏缅语谱系网络研究百词表①

原书编号	S100	词项	原书编号	S100	词项	原书编号	S100	词项	原书编号	S100	词项
969	1	我	800	13	大	224	25	叶子	242	42	嘴
973	2	你	809	14	长	222	26	根	244	43	牙齿
971	3	我们	801	15	小	266	28	皮肤	245	44	舌头
981	4	这	291	16	女人	399	29	肉	174	45	爪子
983	5	那	290	17	男人	268	30	血	263	46	脚
985	6	谁	289	18	人	170	33	蛋	251	48	手
986	7	什么	151	19	鱼	176	34	角	260	49	肚子
1003	8	不	142	20	鸟	177	35	尾巴	248	50	脖子
999	9	都	119	21	狗	232	38	头	259	51	乳房
819	10	多	162	22	虱子	241	39	耳朵	272	52	心脏
911	11	一	178	23	树	238	40	眼睛	273	53	肝
912	12	二	220	24	种子	240	41	鼻子	534	54	喝

① "原书编号"指《藏缅语语音和词汇》书中的词项编号，"S100"指斯瓦迪士（1971）中100词的编号。新增词汇置于表的最后。

原书编号	S100	词项	原书编号	S100	词项	原书编号	S100	词项	原书编号	S100	词项
533	55	吃	694	70	送	472	83	灰	860	97	好
535	56	咬	545	71	说	474	85	路	807	98	圆
529	57	看见	2	72	太阳	25	86	山	864	99	干
532	58	听	3	73	月亮	837	87	红	517	100	名字
722	59	知道	4	74	星星	842	88	绿	7		风
582	60	睡	10	75	水	838	89	黄	113		马
780	61	死	8	76	雨	840	90	白	115		猪
633	62	杀	42	77	石头	841	91	黑	117		山羊
164	64	飞	43	78	沙子	105	92	晚上	118		绵羊
572	65	走	17	79	地	883	93	热	152		蛇
737	66	来	6	80	云	884	94	冷	172		毛
574	68	坐	46	81	烟	846	95	满	219		菌子
569	69	站	45	82	火	866	96	新	398		盐

第五章　藏缅语语音对应规律和
关系词识别

　　本章讨论演化网生成方法的基本材料的处理方案。如第二、三章所述,目前的定量分类法和演化树、网生成方法都主要是以(核心词)词源统计数据为基本材料的。所谓词源统计则是指在一个确定的词汇集(如核心词表)中,每对语言间"同源词"(cognate)所占的比例。由于目前同源词和借词的区分仍是历史语言学界无法解决的一大难题,本研究暂不尝试对二者进行区分,而是以"关系词"①作为材料基础。当然,不区分借词还与本研究所采用的方法有关,演化网生成方法能同时处理借用信息,在材料中保留借词将能更真实地反映演化的历史。此外,未来在获得可信的关系词集和对语群的演化历史有足够了解后,有望通过一些树状方法(Minett and Wang 2003)和网状方法(Nelson et al. 2011)从关系词中检测出借用的成分,这也将是我们下一步研究的重要方向之一。

第一节　关系词识别研究的方向

　　语音对应规律是识别关系词最重要的标准之一,也是确定语言关系、构拟祖语的基础,因此语音对应规律的识别是关系词识别的前提。历史语言学在进行语音对应规律和关系词研究时,主要采用经验定性式的方法,这种方法在印欧语的演化历史清晰的语系上取得了巨大的成功;而将其引用于藏缅语等演化历史

---

① 由于印欧语言学中同源与借用的区分相对容易,一般都采用"cognate"的表述,本文亦遵循惯例。

复杂的语群上时,经典的定性方法的弱点开始凸显出来:首先,经验性方法缺乏严谨的理论基础支撑,容易造成争议;其次,依赖专家经验人工判断的方法耗时耗力,效率较低。这些不足在藏缅语研究上表现得非常明显:一方面藏缅语演化历史研究进展缓慢,整个语族层面的语音演化研究尚不深入;另一方面,学者在藏缅语谱系分类、白语等语言的系属等问题上一直争议不断。为改变这种面貌,藏缅语研究可以从两个方面进行努力:一是引入新的更科学的定量研究方法,尽可能减少个人因素对研究的干扰,提高研究结果的客观性和可靠性;二是开发更高效的辅助研究工具,提高研究效率,充分发掘学界已经积累的大规模语料中潜在的信息,将从深度和广度上对藏缅语演化历史的认识向前推进。为此,本章将从这两个方面对藏缅语的语音对应规律和关系词识别问题进行探索,试图在科学的定量方法的支撑下,设计一套计算机辅助藏缅语语音对应规律和关系词识别程序,高效、可靠地完成语音对应和关系词识别工作,为藏缅语谱系网络研究提供可靠的材料基础。

第二节　历史语言学中的统计学规律

　　自诞生以来,历史语言学在建立语音对应规律、判定关系词、判定语言亲属关系等问题上,都主要采用经验性的归纳、定性方法。正如梅耶(1957:88)所说的那样,(确定语音对应规律等)"全靠语言学家的机智、判断力和见识"。这种依赖经验的研究方法往往导致语言学家之间的分歧,梅耶用"个人系数"(coefficient personnel)来解释这种分歧,并认为经过练习后"可以对所比较的事实做出正确的判断"。然而,经验主义的方法往往容易受学者个人主观经验和判断的影响,从而降低结论的可靠性。另一方面,缺乏严谨统计理论支撑的语言学判断很容易陷入众说纷纭的猜测陷阱中。

　　事实上,同各种自然现象、社会现象一样,语言的演变也遵循基本的统计学规律。在语言演变规律研究中自觉使用统计学理论可以提高结论的可靠性和科学性,在许多情况下可以消除由"个人系数"所导致的分歧。自 20 世纪中叶以来,已有一些学者将概率理论运用于历史语言学研究之中,阐明了语言关系中存在的统计学规律,并具体将这些规律运用于语言亲属关系确定、语音对应规律识别和关系词判定等相关问题的研究上。

Ross(1950)从理论上探讨了语言间在音类对应上存在的统计学规律,并提出了用于确定两个语言是否存在亲属关系①的统计学算法。Oswalt(1970)提出了确定关系疏远语言间亲属关系的方法及算法程序。Ringe(1992)则具体地将概率算法分别运用于随机生成的词表和真实语言的词表,通过计算词表中词首辅音对应的概率来判断语言亲属关系是否成立。Ringe 的研究引起学界关注,其将统计学和历史语言学结合的具体实践得到许多学者的推崇。然而同时,由于其研究中存在许多数学上和技术上的缺陷而受到白一平等(Baxter and Ramer 2000)及 Zuraw(2003)等人的批评。白一平等(Baxter and Ramer 2000)批评了历史语言学中缺少统计学理论支撑而多经验性猜测的传统,指出将统计学方法应用于语言关系研究中的必要性和重要性。同时他们以英语和现代印地语的33 词表②为例,同样在考察词首辅音音类对应数的基础上,通过概率理论计算出现该对应数目的概率,确立了两语言之间的亲属关系。

以上研究大多以语言亲属关系(多为印欧语)的判定为目的,一般只以词首辅音对应关系为依据即可。词首辅音的对应虽然可从统计学上判定语言亲属关系存在与否,但并不能区分这些对应实例中哪些是对应规律,哪些只是偶然相似。因此这些研究尚只是统计学理论在历史语言学中的初步应用,虽已展示出概率规律的强大作用,却并未将其进一步运用于语音对应规律的判定、关系词判定乃至祖语构拟等问题上。陈保亚(1996)的研究走到了这一步。他首次将统计学规律应用于亚洲语言的实例上,详细阐述了确定语音对应规律的概率基础和判定原则,具体提出了确定关系词的概率算法,并将其应用于侗台语材料,确立了侗台语核心词对应关系,为其研究奠定了坚实可靠的材料基础。黄行

---

① 文中并未指明是否发生学相关,原因是作者从经典历史语言学的立场出发,默认用分化遗传来解释他们所讨论的语言间的关系,并未考虑接触导致语音对应的可能性。许多国外其他学者亦多默认遵循此传统。

② 基于雅洪托夫 35 词表略做修改。

(1999)以苗瑶语材料为例,提出一种通过对两个方言音类间先验随机分布概率和加权对当概率间差异的显著度检验来确定音类对应规律的方法。他的方法通过加权将两语言间音类分布不平衡可能造成的统计误差纳入计算程序中,因此客观性和准确性得到进一步提高。

统计学理论将历史语言学中的相关研究引入可重复、可验证的新阶段,这使得通过定量方法研究语言关系和语言演变规律成为可能,同时也使得利用概率算法进行语言对应规律和关系词自动识别工作具备了相应的理论基础。

第三节　语音对应规律和关系词
自动识别研究概述

一、计算机辅助历史语言学研究的意义

历史语言学中定性的研究方法在专家知识的支撑下,为深入揭示各种语言演变规律起到了举足轻重的作用。但同时,由于定性研究方法依赖于专家的手工分析,使学者将大量时间耗费于排比材料等简单的工作上,在很大程度上限制了研究的效率。另一方面,近几十年来对各种语言的调查工作在深度和广度上都得到了极大提升,语言学界已经积累了大量可靠的语言材料。面对如此巨量的语料,如仍靠人工进行整理、归纳,不仅力不从心,而且难以对其进行整体把握,无法充分发挥语料中所蕴含的丰富的语言学价值。近年来,语言学界在语料库建设、语料的处理和分析上进行了许多新的探索,积累了许多有益的经验,计算机辅助历史比较法的研究已具备相应的基础。可以预见,在信息化工具的辅助下,语料的整理、分析工作的效率将得到极大提高;在统计学理论的支撑下,对语言学演变规律的判定将更加可靠;大规模语料所提供的更高更广的视野也将为新的语言学问题的发现提供更好的启发。计算机辅助历史语言学研究在信息化时代具有重要意义。

具体来说,语音对应规律和关系词识别、祖语构拟的自动化工作是目前有望实现且对历史语言学研究效率大有助益的一项工作。语音对应规律是确定语言关系、构拟祖语的基础,也是识别关系词最重要的标准之一;关系词则是目前进

行语言亲疏、亲属关系计量研究最重要的材料。语音对应规律和关系词的识别既耗时耗力又依赖专家经验,它已成为语言演化历史和规律研究的一个瓶颈,而近年来语言材料中潜藏的统计学规律的发现和应用为突破这个瓶颈提供了可能。通过对不同语言词汇音类分布的分析和音类对应概率的测算,有望高效、可靠地自动抽取出它们之间可能存在的绝大多数语音对应规律;通过对不同语言语义对当词之间音类对应概率的计算,有望通过计算机自动筛选出大部分关系词。语音对应规律和关系词自动识别算法和程序的建立,不但可以极大地提高研究效率,还能为关系词的确立提供更加科学的理论支撑,将是(历史语言学)"由决定论向概率论的规律观"转变的一次重要实践(黄行 1999)。

二、语音对应规律和关系词自动识别研究回顾

(一)准备阶段

计算机辅助历史语言学研究早在 20 世纪六七十年代即已发端。早期的研究多针对印欧语,主要以语音演变历史模拟为主,即试图在计算机程序支撑下通过已确认的语音演变规律,由现代语言(方言)自动回溯、构拟祖语(Hewson 1974,Lowe and Mazaudon 1994),或由词源词典顺推现代语言的词汇形式(Smith 1969,Burton-Hunter 1976,Eastlack 1977),从而验证已发现的语音演变规律、发现不规则变化及辅助历史语言学的教学工作。

另外,此时也有少数以减轻历史语言学研究工作量为目的的研究,如 Frantz (1970)使用 PL／Ⅰ 语言①开发了一个名为 COMPASS 的程序,用于帮助历史语言学家判断语音对应规律,减少研究者的工作量。但是由于时代限制,Frantz 的算法在判断对应规律时并未清晰地使用概率理论,其用来判断对应规律的参数需随词表样本大小进行经验性的调整;同时,受当时程序语言的限制,他的程序未能实现完全的自动化,使用者需要先根据经验对词表进行字母对齐后才能将其输入程序。总的来说,这一阶段的研究还未能很好地实现计算机自动抽取语料、判断语音对应规律和同源词,但是对应规律和关系词识别自动化工作所需的

---

① PL／Ⅰ(Programming Language One)是一种由 IBM 公司在 20 世纪 50 年代开发的编程语言。

语音对齐和概率论基础研究已在发展中,这为后来此类研究的兴起打下了基础。

(二) 兴起阶段

20 世纪 90 年代以来,随着计算机处理能力的发展和历史语言学界对统计学规律认识的提高,语音对应规律和关系词自动识别研究的条件开始成熟,各类自动处理算法和程序相继出现。

Guy(1994)提出了一个基于语音对应规律的双语词表同源词识别算法,该算法通过测算词表中共现字母对出现的频率和概率抽取可能的语音对应规律,并以由此得到的对应规律表计算每对词符合对应规律的概率,进而判断它们是否为"同源词"。由于 Guy 的程序在抽取语音对应时以单个字母为单位,因此无法识别一(字母)对多(字母)和多对多的对应情况,这使其程序的适用性打了折扣。

Oakes(2000)在已有研究的基础上,开发出一个名为 JAKARTA 的语音对应规律与同源词识别程序和名为 PRAGUE 的祖语语音和词汇重建程序,并将其应用于四种印度尼西亚南岛语(爪哇语、马都拉语、马来语和巽他语)材料,完成了这几种语言词汇间的语音对应规律识别和祖语重建工作。

Kondrak(2002)的博士论文对与祖语自动构拟相关的各类理论和技术问题——包括词语音素序列对齐、语音对应规律识别和同源词判定等——做了全面系统的讨论,并在已有研究的基础上,为以上三个问题分别设计了准确率更高的算法。考虑到祖语构拟容易存在个人差异,作者并未在论文中具体实现这一功能,然而即便如此,作者文中所提出的算法亦能为祖语构拟工作提供极大的便利。

List 也对词对语音对齐、语音对应规律和关系词识别等问题做了较系统的研究。不同语言词对间音素对齐是多音节语言中语音对应规律识别的基础,List(2012c)提出了一个以音类相似性为基础的语音对齐算法(Phonetic Alignment Based on Sound Classes)。该算法使用改进的动态规划算法(dynamic programming algorithms)①作为序列对齐的算法基础,并以由语言学家通过对世

---

① 动态规划算法(dynamic programming algorithms)是一种在自然语言处理中常用的算法,该方法将复杂的原问题分解为多个相对简单的子问题,并将子问题的求解结合起来以获得原问题的解。

界语言音类演变类型的经验性的总结(Dolgopolsky 1986)提出的常见的语音演变和对应类型(即其所谓的"音类")为判断不同语言词间音素相似度的依据,将语言学中的经验性成果与统计学方法结合了起来,提高了多音节语言词对间音素对齐的准确性。此外,List(2012a)还开发了一个名为 LexStat 的多语言词表同源词自动识别程序。LexStat 以 List(2012c)中使用的音类作为初始语音对应规律集,并通过词对语音对齐和词对距离打分算法确定初步的同源词集,进而由此同源词集反向验证初始语音对应规律集。LexStat 通过反复进行以上判断、验证过程,达到提高对应规律集和同源词集的准确性的目的。

计算机辅助历史语言学相关的研究正在继续发展,各类算法、程序的准确性也在不断提高。不过即便如此,计算机也并不能完全替代专家完成所有工作,在许多情况下,专家知识和经验判断仍是不可缺少的。比如在关系疏远的亲属语言语音对应研究上,许多深层的对应规律往往实例较少甚至湮灭,以致通过统计学规律仍无法识别,此时就只能依赖专家经验进行决策了。

三、自动识别程序的基本步骤

语音对应规律和关系词的识别在一定程度上是一种相互依赖、互为前提的关系。在历史比较法中,语音对应规律的识别是以疑似同源词集为基础的,而同源成分的确定则又是以语音对应规律为依据的。目前,语音对应规律的获取和关系词识别都分别有两种方法:语音对应规律可以通过概率法计算或者现有语言学知识总结得到;关系词的识别有基于概率理论和基于语音相似性的两种方法。对于语音对应规律的获取而言,无论是采用概率法还是经验法,都不一定需要依赖关系词集:在概率法中通过统计理论可以从含有非对应词对的"不纯净"词表中找出语音对应,关系词集不是必需的;在经验法中,语音对应是直接由现有语言学知识获得的,也无需依赖关系词集。相对而言,在关系词的识别问题上,语音对应则是必要的条件:基于概率的方法需要以包含有权重信息的语音对应规律集为基础;而基于相似性的方法则仍需要以语音对应集作为判断相似性程度的标准。因此,在自动识别程序中,只能以语音对应规律的获取作为起点,识别程序的一般步骤为:语音对应规律获取→

关系词识别。

目前,现有的自动识别程序在进行关系词识别时大多采用的是基于语音相似性的方法①,因此根据其语音对应规律获取方式的不同,可以将它们分为两类:基于语言学知识获取语音对应规律集的和基于概率理论计算语音对应规律集的,这两种方法的总体处理流程如图 5-1 所示。

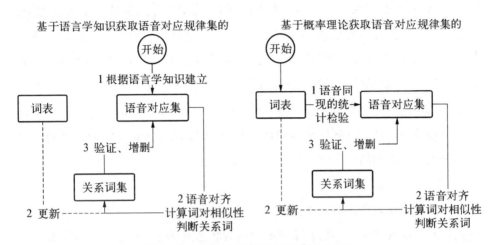

图 5-1:两种不同的自动识别程序流程图

(一)语音对应规律的获取

目前,初始语音对应规律的自动获取方法主要有两种:一是基于概率理论计算判定语音对应规律集;一是基于现有语言学研究成果总结语音对应规律集。基于概率理论的方法直接从双(多)语词表中共现音素②出现的频率计算其为偶然对应的概率,并以此判断、筛选出疑似语音对应。基于语言学知识的方法则是通过总结现有语言学研究成果,设计一个初始的语音对应集,作为程序启动的初始条件。比如 Oakes(2000)根据 Crowley(1992)所总结的典型的语音演变规则建立了一个语音对应规律集;List(2012a)以 Brown et al.(2011)总结的世界语言语音对应表作为初始语音对应集。

---

① 具体原因见下文"关系词识别"。
② 一般而言,共现音素指两个语言的对当词中处于相同音韵位置的音素,如对当词对中的两个词首辅音,汉藏语系语言中的声、韵、调等。

这两类方法各有其优缺点：基于概率的方法不依赖专家经验，识别的语音对应更加客观，但是该方法对词表样本的规模要求较高，小样本词表可能无法提供足够支撑识别对应规律的实例；此外，有些语音对应可能因实例较少、不具备统计学显著性特征而无法识别。基于已知语音演变规则的方法则能较好地利用语言学的现有研究成果，且不依赖大样本，但是此类方法同比较法一样属于经验法，理据性相对概率法较差。另一方面，此类方法对未总结到的音变无法识别，对于藏缅语等演化历史复杂、语音对应隐晦甚至具有尚不为人知的语音对应的语言而言，可能会有较多遗漏。此外，由于关系词识别中的算法依赖于语音对应的权重信息，而总结的语音对应集的权重并不具有特定语言的针对性，因此会影响识别结果的准确性和科学性。鉴于此，我们认为基于严格的概率法获得的语音对应规律是保证关系词识别准确性的基础，基于现有知识总结的语音对应可以作为关系词识别的辅助判断依据。

（二）关系词识别

在获得了初始语音对应规律集后，就可以进行关系词识别了。关系词的自动识别方法也有两类：一类是以词对的语音相似性为依据的；一类是以概率理论为基础的。

1. 基于语音相似性的关系词识别方法

在历史比较法中，关系词集（疑似同源词集）的筛选主要是以词对之间的音义相似性为标准进行判断的。现有的关系词自动识别程序，如 Oakes（2000）的 JAKARTA 程序和 List（2012a）的 LexStat 等，也大多采用了类似的思路，即通过衡量语义相当词对之间语音的相似性程度来判断二者是否为关系词。由于关系词和语音对应规律识别一般都是以语音的国际音标记录或拼音文字文本为材料的，词对的语音相似性问题可以转换为字符串的相似性问题。在自然语言处理中，一般采用字符串编辑距离①作为衡量字符串相似性的标准。同样，在自动识

---

① 编辑距离指通过各种编辑操作（插入、删除、替换等）将一个字符串转换为另一个字符串所需要的操作次数。如将 quite 转换为 quiet，一种最小代价编辑方法是将 t 替换为 e，再将 e 替换为 t，一共进行了两次操作，故二者之间的最小编辑距离为 2。最小编辑距离常用来衡量两个字符串之间的相似程度。

别程序中,编辑距离也成为主要的关系词衡量标准。具体来说,这些自动识别程序一般采用动态规划算法来进行词对的语音对齐:首先以语音对应为依据计算词对之间的编辑距离,获取最小编辑距离并回溯得到词对之间的最小代价对齐①。随后,这些算法一般根据最小编辑距离的大小,结合两个词的音节长度等参数,将最小编辑距离小于某个特定的经验性阈值(即相似性达到一定程度)的词对判定为关系词。

然而,严格来说,关系词的判定是要以较严格的语音对应规律为依据的,即两个语言中语义相当的两个词,必须满足各对当音素符合语音对应规律才能判定为关系词。虽然上述基于语音相似性的自动识别方法在进行语音对齐时也是以语音对应规律为依据的,但是从理论上来讲,最大相似度对齐并不一定总是正确的对齐方式,而由相似性判断得出的关系词在理据方面也因未严格地应用概率理论而存在一定的不足。现有的关系词自动识别程序多不采用严格的语音对应规律为判断依据和其所针对的研究对象有关:印欧语等语言是多音节语素语言,其词对的语音对齐目前只能采用基于相似性理论的最小编辑距离法,似然而非确然使其无法应用语音对应规律判断法。

当然,基于语音相似性的方法在应用于印欧语等多音节语素语言的关系词判定时具有较好的可操作性,也能达到较高的识别率,作为一种辅助识别方法仍具有相当大的参考价值。

2. 基于概率理论的关系词识别方法

相对于基于语音相似性的方法而言,基于概率理论的识别方法更为客观,理据性更强,所得到的结论也更为可靠。但是由于目前主要的关系词自动识别程序都是针对多音节语素语言的,多音节语素语言关系词识别在语音对齐问题上的困难使得基于概率的方法未得到广泛应用。相对而言,汉藏语系诸语言在概率方法的应用上则具有独特的优势:同印欧语等多音节语言不同,汉藏语的语素多是单音节的,一个音节可以清晰地切分为声、韵、调等几个部分,对当音节之间也可以依据声、韵、调实现严整的对齐。因此,汉藏语系诸语言进行关系词识

---

① 具体实例可见冯志伟《自然语言处理简明教程》,上海外语教育出版社,2012年,第76—82页。

别时,音节内的语音对齐问题是不存在的①,我们可以直接根据声、韵、调各部分的对应情况计算音节对应的概率②。当然,汉藏语系的关系词识别问题中也并非不存在语音对齐问题,而是同印欧语系等多音节语素语言相比,语音对齐的层面不一样:由于语音的插入、丢失等语音演变方式的存在及单词内部音节界限的模糊性等原因,多音节语素语言的语音对齐需要在音素层面进行;而汉藏语单词中音节界限清晰,音节内部结构也非常固定,其语音对齐主要是在音节层面进行的。如在进行意大利语和拉丁语单词"穿"的语音对齐时,语音对齐是在整个词的层面以音素为单位进行的,而在对藏语的两种方言中的"耳朵"一词进行对齐时,只需要将音节对齐即可,由于音节结构确定,音节内部的对齐是不言自明的③(见表5-1)。因此,在藏缅语研究中,完成音节对齐之后就可以直接根据各音节声、韵、调的对应情况计算音节对应的概率了(陈保亚 1996:216—228)。此外,在多音节词汇中,还需要解决词根语素的鉴别问题,只有词根语素对应的词

表 5-1:两种不同的语音对齐

穿	意大利语	/vestire/	v	e	s	t	i	r	e
	拉丁语	/vetir/	v	e	-	t	i	r	-

耳朵	藏语(德格)	na⁵⁵ ço⁵³	na⁵⁵	ço⁵³
	藏语(泽库)	hnam dʐok	hnam	dʐok

---

① 汉藏语系中也存在少量的跨音节音素对应的情况。比如,藏缅语古复辅音声母可能存在分化式演变,即原声母位置的复辅音丛中的多个音素独自发展为不同的音节(《藏缅语语音和词汇》编写组 1991:63—66),在这种情况下,发生分化式演变的语言中的一个音节会对应未发生该演变语言中的两个音节。由于此类演变方式较少出现,我们的程序中暂不做处理。

② 陈保亚(1996)已详细阐述了由声、韵、调对应概率计算、判断音节对应的概率理论基础和具体方法。

③ 现有研究中,在对汉藏语系词汇进行计量研究时,一般只切分到声、韵、调层面,更精细的切分也有语音结构上的依据,如复辅音声母的复杂结构为:前置辅音+基本辅音+后置辅音(《藏缅语语音和词汇》),韵母则可细分为介音+韵腹+韵尾。

对才能确定为关系词。由于词根语素的鉴别涉及复杂且相对模糊的语义分析问题,并不适合于使用计算机处理,因此多音节关系词的最终确定仍需要人工检验和分析。从这一点来看,在历史语言学研究中,计算机技术仍只适合作为一种辅助工具,它终究无法代替学者进行真正的研究工作。

四、以辅助历史语言学研究为目的的识别程序

综上所述,由于我们的识别程序是以辅助藏缅语演化历史研究为目的的,保证识别结果的理据性和准确性相对于保证识别结果的数量更为重要。因此,在语音对应规律和关系词的识别上,我们都使用理据性更强的概率法来实现。具体来说,我们认为较科学的辅助识别程序为:首先由计算机程序通过概率法完成语音对应规律识别,进而以获得的语音对应规律集(包括语音对应和其权重信息)为依据进行初步关系词识别,最后由人工对机器识别结果进行检验,并辅以由语言学知识总结的语音对应规律对未识别的疑似关系词进行检查和人工识别。

第四节　计算机辅助藏缅语语音
对应规律和关系词识别

目前,藏缅语演化历史研究仍相对较为薄弱,在藏缅语诸语言间的谱系关系问题上意见尚不统一,白语、土家语等语言的系属地位仍有争议。这些问题研究的不足在很大程度上与藏缅语语音对应规律和关系词研究的滞后有关。通过引入更客观的定量研究方法,在计算机技术的支撑下,更严谨、系统地识别出尽可能多的语音对应规律和关系词,将能为以上问题的解决发挥重要作用。

因为藏缅语语言数量众多、分布地域广泛,历史上操不同语言的人群交错杂居、接触频繁,同时还长期受到汉语的强势影响,所以藏缅语的演化历史非常复杂。具体到语音对应规律和关系词问题上,历史上语言间深刻的接触在很大程

度上改变了语言原本的面貌,各语言自身的演化和借入的成分杂糅在一起,在语音对应上形成一种多历史层次重叠的复杂情况,许多早期的语音对应规律也因此被掩盖而难以通过统计规律发掘出来,这也为关系词的识别带来许多困难。因此,与印欧语等历史相对清晰、简单的语系相比,藏缅语的语音对应规律和关系词识别很难完全依靠统计规律、使用计算机来自动完成。鉴于此,我们希望在充分发挥语言演化中统计学规律的作用、充分利用计算机强大处理能力的前提下,提出一套计算机辅助藏缅语语音对应规律和关系词识别程序,试图达到识别结果的准确性和识别效率的平衡。

根据上文的分析,我们的计算机辅助藏缅语语音对应规律和关系词识别程序分为 6 步: ① 数据规整化;② 词表清洗;③ 音类分布统计;④ 音节对齐(词根鉴别);⑤ 语音对应规律识别;⑥ 关系词识别。

一、数据规整化

原始词表数据需要经过错误矫正和格式化等步骤后才可输入识别程序进行后续的分析。在数字化语料中,一般会存在两类错误: 录入错误和源材料错误。录入错误一般需通过人工校对进行纠正。此外,词汇语音文本中不规范、不统一的音标字符也需要进行规整,其中不规范字符可通过筛选并排列材料中所有不重复字符发现和通过字符替换纠正,如一般而言清鼻音的表示方法为 n 加上下加符号 ̥ 来表示(即n̥,实为两个字符),而 STEDT 数字化的文本中还有一个 ṇ(单个字符,其 unicode 编码为 1E47)的形式,两种形式的混用会造成统计的误差,影响分析结果的准确性,因此需将非标准形式替换为标准形式。此外,对于声调数字,STEDT 数据库中有两种表示方法,一是直接使用常规数字字符(1、2、3、4、5、6、7、8、9,unicode 内码为 u0031—u0039),一是使用专用的音标字符([1,2,3,4,5,6,7,8,9],unicode 内码为 u00B9、u00B2、u00B3、u2074、u2075、u2076、u2077、u2078、u2079),为保证统计的准确性,应统一使用一种表示方法,我们将第一种数字字符全部替换为音标专用数字字符。

《藏缅语语音和词汇》原书中也可能存在一些较明显的错误或内部不统一的个别现象,这些问题可以通过音类整理和音节切分程序发现。由词表整理出每个语言的音系,可以发现一些出现次数极少的音类,如独龙语中ʂ仅出现1次,而s出现120次,ʂ是否独立成音位是值得怀疑的。此外,通过程序切分音节声、韵、调也可以发现一些不规范或错误记音(表5-2),如哈尼语"腰"记为dɔ⁵⁵ts³¹(原书631页),后一个音节缺少主元音。规整化后的词表能尽可能地减少错误信息的干扰,保证结果的可靠性。

表5-2：疑似源材料错误表

页码	编号	词项	语　言	音　标	疑　似　错　误
583	213	水果	46独龙	ɑŋ³¹ ç1⁵⁵	独龙语无155调,根据音系判断1似为ɿ
592	222	根	32哈尼(豪白)	ɔ⁵⁵tɕhj⁵⁵	哈尼语音系中j只做声母,此处缺韵母,似应为i
631	261	腰	31哈尼(哈雅)	dɔ⁵⁵ts³¹	后一音节缺元音,似为ɿ
659	299	客人	4藏(夏河)	ndʂu wa	dʂ应为dʐ
680	310	农民	34基诺	ça³³ mm³¹ tsɔ³³ mɯ³¹ tsha³⁵	第二音节元音位置的m应为ɯ(可参考医生一词)
739	369	头巾	35白(大理)	sɯ³³tɕ³⁵pɯ⁴⁴	第二音节缺元音,应为i为ɯ
825	455	床	6门巴(错那)	tʌn¹³tɕhi⁵³	第二音节中ɛ应为ʂ之误(参考音系及门巴语墨脱方言)
857	487	银行	23彝(南涧)	ʐi̱²¹xŋ²¹	第二音节无元音,存疑
1065	694	送	5藏(泽库)	rɕj	音系中j只做介音
1315	942	亿	31哈尼(哈雅)	mi⁵⁵mt⁵⁵	后一音节t应为i
1333	950	拃	49僜(达让)	km³¹theŋ³⁵ gie³¹	第一音节无元音,m似应为ɯ
1372	997	很	23彝(南涧)	mc¹³	彝语各方言中均无辅音c,此处似为元音e之误

二、词表清洗

为保证识别结果能尽可能真实地反映语音演变的历史,需要对词表进行清洗处理,剔除无用的词条和会影响统计准确性的信息。首先,晚近的借词对于语言演化历史研究而言价值不大,可予剔除。藏缅语中广泛存在的晚近借词可从词表中去除,如"公路""铁路""火车""汽车""飞机""银行""利息""工资""钢笔""铅笔"等。其次,合成词中重复语素需选择性剔除(见表5-3)。此类语素在词表中已出现,加入统计则会增加其中所包含的音素的权重,造成虚假对应出现。如在许多语言中,表示日期的"初一""初三""初五"……"三十日"等词条中,均包含语素"日/天",如重复统计这些语素,可能会将非语音对应和非关系词误识别为对应成分。此外,藏缅语中一些语言存在较系统的词缀音节,如嘉戎语中大量存在的 ta-、tə-、ka-、kə-等前缀,扎巴语中的 lo-前缀等,这些词缀音节一般应从词表中剔除。这是由于词缀音节出现次数多,其涉及的音素数量庞大,在词缀对应的语言中,词缀音素对应实例大量重复,会极大地提高这些对应的权重,从而影响后期关系词识别中概率计算的准确性。

表5-3:词表中可能包含有重复语素的词

词　　　项	词项编号	重　复　语　素
今年、去年、明年、前年、后年	65—69	语素"年"可能重复
正月、二月、三月、四月、五月、六月、七月、八月、九月、十月、十一月、十二月	76—87	语素"月"可能重复
今天、昨天、前天、明天、后天	89—93	语素"天"可能重复
初一、初三、初五、十一日、十五日、十六日、二十日、三十日	94—101	语素"天""日"可能重复
羊、山羊、绵羊	116—118	有些语言中含有重复语素"羊"

续　表

词　　项	词项编号	重　复　语　素
鸡、公鸡、母鸡	135—137	一般含重复语素"鸡",许多语言中"公""母"也在其他词中出现,统计时应予处理
树、松树、青冈树、杉树、柳树	178—182	许多语言包含重复语素"树"
大麦、小麦	187—188	有些语言二词词根相同
荞子、苦荞	190—191	有些语言二词词根相同
瓜、南瓜、黄瓜	202—204	多数语言"南瓜""黄瓜"为汉语借词
眉毛、眼睛、眼泪	237—239	许多语言含重复语素"眼"
父亲、母亲、伯父、伯母、叔父、婶母、姑父、姑母、舅父、舅母、姨夫、姨母、岳父、岳母	319—332	多含重复语素"父""母"等
侄子、侄女、孙子、孙女	343—346	多含重复语素"子""女"等
瘦(人)、瘦(肉)	851—852	许多语言不区分
十一—十九、二十一、三十、四十、五十、六十、七十、八十、九十	921—929、931—938	数字多重复
第一、第五、第八	944—946	许多语言语素"第"重复

三、音类分布统计

音类分布是进行语音对应概率计算的基础材料。由于藏缅语语音结构确定,音类分布统计可通过计算机程序自动完成,其具体步骤包括:

① 词形切分:一个词可能包含多种说法,原书采用冒号分割,可直接切分。

② 音节切分:将多音节词切分为音节,其中有声调语言可用调号作为音节界限标记,无声调语言在 STEDT 数据库中使用空格间隔音节。

③ 音节声、韵、调切分：采用正则表达式切分，如对于常规音节使用模式匹配韵母部分，韵母前的为声母，韵母后的为声调；正常模式匹配失败者，可能为 v 做韵母的或鼻音独立成音节的，分别进行补充匹配处理即可。其中常规音节的韵母匹配模式如下：即一个或多个元音（及元音附加符号，如鼻化符号~、长元音符号：等）后跟 0 个或多个辅音韵尾字符：

[uiʌɒ̪ɐ̪ʉ̪ûy̆ỹũy̆ẽiĩǐaẽeãĩĩ̆ũcɯɔʊoѳ̈ɪ̈εɑɔ̃øǒ̆ẽõεʌã̆ã̆œõ̆ɤ̆ʌɑʌûê̂ʼy̆ˀ] + [pbdhtgskfil mnŋ̥ʔɪrzʑʂʐʒʒɣɕz̩tʂs̩ŋxm̥ŋ̥m̥ʁ]*

④ 对每个语言分别统计起声、韵、调的类别及每个音类所涉的音节数。

我们通过 python 语言开发程序完成以上步骤，统计出每个语言的音类分布情况，存入数据库。如嘉戎语的部分音类及实例音节数：声母 193 个①（1-72、ʃ-55、mb-27、ph-23、zl-12、rʑj-12、st-12、cch-10、ndz-9……）；韵母 74 个（a-164、o-158、i-119、ə-113、u-80、ɐ-78、E-60、ok-41、am-32、ɐk-32……）。

四、音节对齐（词根鉴别）

在藏缅语的语音对应识别中，音素的对齐是以音节为单位进行的，因此不同语言对当词之间的音节对齐是识别工作的基础。目前，音节对齐工作一般有两种解决方案：一是进行词根鉴别，抽取出每个词的词根音节作为语音对应和关系词研究的基础。现有的汉藏语研究多采用此方案，如陈保亚（1996）、黄行（1999）等。以单音节词根语素作为研究的基础可以排除非对应语素和重复对应语素在语音统计上的影响，从而能在最大程度上保证识别结果的准确性。第二种方案是以常见的语音对应规律为基础通过语音相似性由计算机程序自动进行音节对应计算，随后通过人工进行检验、校正。相对而言，第一种方案是较理想的方案，然而在有数十种语言的大规模藏缅语语料库中，仅依靠专家经验人工完成词根语素的鉴别工作，其工作量和难度都非常大。因此，我们采用第二种方案完成音节对齐工作。目前，已有数个以语言学知识和语音相似性为基础的自

---

① 此处的 193 个是由词表统计出来的，《藏缅语语音和词汇》中统计数目为单辅音 38 个、二合复辅音 172 个、三合复辅音 22 个，书中统计的复辅音数量是所有观察到的结合形式，但是由于书中词表规模有限，未能覆盖所有形式。韵母的情况与此一样，词表中嘉戎语未标声调。

动语音对齐程序面世(List 2012b,List 2012c,Kondrak 2002),其中 List(2012b)提出的多序列(即多语言词表)语音对齐程序支持以音节为单位的局部对齐,在藏缅语材料中也具有较好的对齐效果。该程序被集成于 List 使用 python 语言开发的 Lingpy 历史语言学自动化软件包(List and Forkel 2016)中,我们使用该程序进行初始音节对齐,随后进行人工检验、校正并剔除无关音节,形成51 种语言的音节对齐表并存入数据库。音节对齐的基本存储数据结构如下表 5 - 4 所示:

表 5 - 4: 音节对齐表数据结构示例

页码	词项	语言	IPA	彝 喜德	彝 大方	彝 南涧	彝 南华	彝 弥勒	彝 墨江	傈僳
374	星星	彝_喜德	$mu^{33} tc\gamma^{33}$		1-2①	2-1	1-1|2-2	2-1	1-2	1-2|2-3
374	星星	彝_大方	$tca^{33} mo^{33}$			1-1	1-1|2-2	1-1|2-2	1-1|2-2	1-1|2-2
374	星星	彝_南涧	tce^{55}				1-1	1-1	1-1	1-1
374	星星	彝_南华	$ke^{33} zo^{21}$					1-1|2-2	1-1|2-2	1-1|2-3
374	星星	彝_弥勒	$t\d{s}A^{33} zo^{21}$						1-1|2-2	1-2|2-3
374	星星	彝_墨江	$ts\varepsilon^{55} mo^{21}$							1-1|2-2
374	星星	傈僳	$ko^{44} ma^{44} ze^{33}$							

五、语音对应规律识别

在完成音节对齐工作并获得音节对应表后,就可以通过概率方法进行语音对应规律识别了。目前,已有几种不同的概率方法被应用到语音对应规律识别上。陈保亚(1996: 210)使用泊松分布对每对音类的期望分布和观测分布的差

---

① 表中数字代表词形中的音节序号,如"星星"一词中,喜德($mu^{33} tc\gamma^{33}$)和傈僳($ko^{44} ma^{44} ze^{33}$)的对应关系为"1-2\|2-3",表示喜德的第一个音节对应傈僳的第二个音节,喜德的第二音节对应傈僳第三个音节。

异进行显著性检验,将概率小于 0.01 显著性水平的对应视为必然对应,认为它们之间存在语音对应规律。黄行(1999)进一步考虑到音类在词汇中分布的不平衡性对识别准确性的影响,提出一种通过加权抵消音类分布不平衡性影响的办法,即通过 Z 检验计算两个苗瑶语方言音类间先验随机分布概率和加权对当概率之间的差异,作为判断语音对应的标准。

我们以上述两种研究为基础设计了藏缅语的语音对应规律识别算法。对语言 L1、L2,在有 N 个音节的对当词表中,计算音类 s1(L1)和 s2(L2)之间是否存在语音对应的步骤为:

① 统计 s1 和 s2 在各自词表中的出现次数 n1、n2 及二者对当的次数 k。

② 计算 s1 和 s2 偶然对应的期望对当次数:$\lambda = N * \dfrac{n1}{N} * \dfrac{n2}{N} = \dfrac{n1 * n2}{N}$。

③ 通过泊松公式计算出现观测次数(k)对当的概率(预设差异概率的极显著水平为 0.01):$p(k) = \dfrac{e^{-\lambda} \lambda^{k}}{k!}$,当出现 k 次对当的概率小于 0.01 时,表明 s1 和 s2 的对应不是偶然现象,应予承认其为一条语音对应规律(观测次数 k 需大于期望次数 λ)。

具体来说,以藏语拉萨方言和门巴语错那方言为例,在词表中有 1 114 对对当音节(N),在拉萨方言中,p 出现 45 次(n1),错那方言中 p 也出现 45 次(n2),期望出现 p - p 对应的次数为 1 114 * (45/1 114) * (45/1 114) = 1.818 次;实际观测到的 p - p 对当次数为 19 次,通过泊松公式计算得到出现 19 次对当的概率为 0.000 000 1,远小于预设的 0.01 的极显著水平,可以确定 p - p 是一条对应规律。事实上,当 p - p 对当次数为 6 时,概率已为 0.008,即 6 个实例足以支撑此条对应规律成立。通过以上分析可以发现,概率法实际上回答了多少个实例可以支撑一个语音对应规律成立这一历史语言学界一直以来莫衷一是的问题:当确定了期望的随机出现次数后,可以通过泊松分布计算每种观测次数出现的概率,如图 5 - 2 所示。由图中可以看到,随机出现的概率随着观测次数的增加而减小,而概率小于 0.01 的第一个点(图中是 6 次)就是排除偶然对当所需的最少实例数。

期望次数	观测次数	泊松概率
1.818	1	0.295153
1.818	2	0.268294
1.818	3	0.162586
1.818	4	0.073895
1.818	5	0.026868
1.818	6	0.008141
1.818	7	0.002114
1.818	8	0.000480
1.818	9	0.000097
1.818	10	0.000018
1.818	11	0.000003

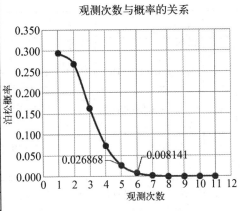

图 5 - 2：期望次数为 1.818 时出现指定次数对当的概率

　　基于以上步骤,由程序自动为 51 种藏缅语两两匹配(共 1 275 对),计算、识别出语音对应规律,形成语音对应规律表。语音对应规律表中存储每对语言词表中所有出现过的音素对当实例的对应情况,包括对应音节数量、出现对应实例数为偶然事件的概率及出现对当的实例编号。语音对应规律存储的数据结构示例见表 5 - 5。

表 5 - 5：语音对应规律存储数据结构示例

实例数	藏文	门巴错那	偶然概率	是否对应	实　例　编　号
13	rgj	c	0.000 000 00	1	[19, 52, 271, 315, 429, 466, 467, 525, 756, 797, 849, 850, 967]
12	zl	l	0.000 000 00	1	[3, 74, 76, 77, 79, 80, 81, 82, 84, 85, 86, 87]
9	ŋ̥	ŋ̥	0.000 000 00	1	[88, 102, 104, 151, 384, 532, 582, 616, 820]
7	gs	s	0.000 000 00	1	[35, 633, 685, 781, 833, 866, 913]
5	btɕ	tɕ	0.000 000 4 2	1	[85, 86, 87, 536, 920]
2	khj	ch	0.008 798 33	1	[11, 119]

续　表

实例数	藏文	门巴错那	偶然概率	是否对应	实　例　编　号
1	çw	ç	0.12353316	0[1]	[129]
20	a	e	0.000 000 00	1	[74, 76, 77, 79, 80, 80, 82, 84, 85, 86, 87, 113, 155, 431, 528, 776, 883, 901, 915, 969]
10	ag	Ak	0.000 000 00	1	[298, 307, 308, 342, 493, 604, 605, 645, 764, 902]
9	on	øn	0.000 000 00	1	[53, 184, 185, 301, 303, 306, 363, 781, 858]
6	al	ɛː	0.000 000 09	1	[150, 270, 525, 582, 797, 833]
5	ugs	uk	0.000 002 58	1	[302, 513, 566, 639, 793]
2	ad	oŋ	0.017 430 46	0	[5, 755]

　　就我们目前的研究来看,藏缅语各语支内部语音对应相对清晰,程序能识别出绝大部分语音对应规律;而跨语支语言间对应较模糊,仅能识别少量对应规律。由于藏缅语演化历史复杂,关系疏远的语言间的语音对应往往被掩盖而难以直接通过概率分析识别出来,因此人工经验判断在语音对应规律的识别中仍不可缺少。但是,为保证关系词识别的客观性,在计算机自动识别的过程中,我们暂不引入通过现有知识总结的普遍性语音演变规律。在计算机识别完成后由人工进行检验和补充识别时,再进行更精细的分析。

六、关系词识别

　　有了初步的语音对应规律集,就可以进行关系词识别工作了。严格来说,汉藏语的关系词的确定需要声、韵、调同时对应。但是事实上,我们还可以根据概率理论确定一些只在部分音类上对应的词对间的对应关系(陈保亚 1996)。由于通过概率法无法识别所有潜在的语音对应规律,仅通过概率法进行关系词识

---

① 此处 çw 和 ç 可能为语音对应,但因实例少未能通过概率法识别出来。

别也容易有遗漏,因此人工经验判断在关系词识别中也不可缺少。为保证识别基础的可靠性和识别效率的最大化,我们提出一种计算机辅助关系词识别方案,具体来说:首先由计算机以概率法得到的严格语音对应规律为依据进行严谨的初步识别,初步识别出的关系词为严式对应关系词,其理据性最强;随后开发面向学者的辅助识别程序,由人工对机器识别结果进行检验,并对未识别出的潜在关系词进行人工识别。

为提高人工检验、识别的效率,我们使用 python2.7 程序设计语言,结合pyqt4 图形用户界面(GUI)开发框架,开发了一个"藏缅语语音对应规律和关系词辅助识别系统",用于辅助人工进行关系词识别工作。该软件的功能主要有:① 展示计算机识别结果和相关的语音对应信息(包括音类对应判断、音类对应实例等),辅助人工判断;② 提供关系词识别结果的操作、修改、存入数据库等功能。具体来说,软件的基本操作逻辑如下(见图 5-3):

① 根据词项编号及上一组、下一组按钮加载该词条下所有语言的词形内容。

② 通过鼠标侧键(可绑定其他按键,包括键盘鼠标组合键)点击语言名单元格可选择对比的源语言。如图中高亮显示的"藏(夏河)"即为对比源语言。

③ 通过"生成对应"按钮可一次性生成所有语言词形与对比源语言词形的对应关系,对应关系以三位数字(0/1)的形式附于词形之后。如"羌(麻窝)"词形中显示的 011 代表麻窝羌语与夏河藏语在"星星"一词上,声母不对应,韵母和声调对应。对于多音节词,其对应情况根据音节对齐结果进行匹配计算。

④ 右键单击非对比源语言词形,弹出对应关系详情提示,具体显示声、韵、调对当实例数,可帮助检查计算机识别结果。

⑤ 在面板右侧有分音节对齐详情表,可通过拖放修改计算机自动识别得到的音节对齐,生成关系词判断结果,可用于检查、分析潜在的错误音节对齐。此外,在详情表中,右键单击任一音节,会弹出声、韵对应实例,可用于辅助检查语音对应规律识别结果。

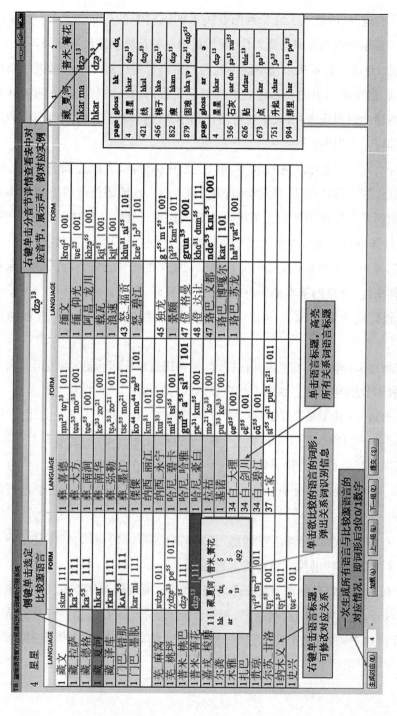

图 5－3：藏缅语语音对应规律和关系词辅助识别系统功能概览

⑥ 如能确定当前词项下，某一语言与对比源语言为关系词，右击该语言名，可将该语言序号修改为与源语言序号一致（如对比源语言序号较大，则修改对比源语言序号为当前语言序号），此外与该语言序号一致的语言（关系词）的序号会联动变化。

⑦ 完成所有语言的关系词识别后，通过"提交"按钮将结果写入数据库。

目前我们的关系词判定程序的核心是以双语为单位进行的，判定程序尚未能将多语言间的关系词联系信息考虑进去。众所周知，藏缅语作为一个整体，其各语言之间在历史上具有错综复杂的遗传和接触关系，这种关系构成了一个巨大的网络，而这个关系网中潜藏着许多两两对比无法发现的信息。鉴于此，参考马提索夫（2003）和其他经验性原则，我们提出了两条用于判定缺乏语音对应规律支持的潜在关系词的补充原则：

① 关系词的可传递性。如果 a∶b/b∶c 是两组关系词，那么 a 和 c 也为关系词。如"羽毛"一词，藏文 sgro、拉萨 tʂo¹³、德格 dz̥o³¹、夏河 hdz̥o 互相之间的声、韵、调对应均有语音对应规律支撑，可确定为关系词；藏文与藏（泽库）rɟjo 因声母不对应而无法确定为关系词，但泽库与拉萨声母有强对应，可确定为关系词；根据关系词的传递性，可以将泽库与藏文及其他 3 种藏语方言都系联起来。

② 多个语言的某一词项整体相似者，可考虑为关系词。比如，对于"石头"一词，它在独龙语（luŋ55）、景颇语（n31 luŋ31）、义都珞巴语（ɑ31 lɑŋ55）、博嘎尔珞巴语（ɯ lɯŋ）中只存在声母对应"l‑l"，这并不足以支撑它们是关系词。但是，这些词在词形上高度相似，我们仍可以将其识别为关系词。虽然严格来说表面相似性不能作为判定关系词的依据，但是整体的相似性往往暗示着这些词之间存在着一定的历史联系，这也是经典的历史语言学进行语音规律判定前选定初始关系词集时的基本假设。事实上，多个语言间词项的整体相似的非偶然性也可以通过概率方法来证明。多语言语音对应和关系词识别的概率方法和识别方法将是未来研究的方向之一。当然，仅依靠表面相似性判定关系词并不严谨。因此，我们在使用这一原则时非常小心：只有符合以下条件，我们才会将一组相似的词识别为关系词：相似的词最少有 3 个，且声母或韵母对当符合语音对应规律。

第五节　关系词识别效果的比较检验

在"藏缅语语音对应规律和关系词辅助识别系统"软件的辅助下,本研究首次将统计学规律系统地应用于藏缅语的语音对应规律和关系词识别研究中,针对客观的第三方大规模藏缅语语音词汇语料,基于基本词汇进行了语音对应规律的识别工作,并进而在语音对应规律的基础上完成了 100 核心关系词(详见第四章)的识别(详细识别结果见《附录二:藏缅语核心关系词表》)。

由于目前尚没有系统深入的藏缅语关系词研究成果,我们尚无法对识别结果进行系统而细致的检验。即便如此,在识别过程中和识别完成后,我们参考了 STEDT 中马提索夫先生等对部分词汇的构拟,参考了邓晓华、王士元(2009)《中国的语言及方言的分类》一书中的关系词识别结果以及吴安其(2002)中对藏缅语 100 核心词的构拟等相关研究,对我们的识别结果进行了初步的检验。

此外,根据词源统计法的基本思想,核心关系词中蕴含了语言演化历史、谱系分类等信息,如由识别的核心关系词所体现出的演化历史与现有研究有较大出入,那么识别的准确性就值得怀疑了。因此,虽有循环论证之嫌,我们仍试图由所识别的核心关系词,通过已被公认较准确的演化树生成方法重建演化树,并与已有的定性、定量分类研究进行比较检验,从总体上评估演化史重建及关系词识别效果的可靠性程度。为此,我们使用 100 核心关系词,通过 Neighbor-Joining 谱系树生成方法,重建了 51 种藏缅语言的演化树(图 5 - 4)。从树图可以看到,由核心关系词材料得到的谱系树与目前对藏缅语谱系分类的认识大体一致;此外,图中的谱系树同邓晓华、王士元(2003a)以由专家经验获得的核心词为材料生成的树图也基本一致,特别是白语、土家语等系属尚有争议的语言的地位相当一致。这些都能从侧面证明我们所识别出的关系词在总体上是准确的。当然,更精确、细致的检验工作还有赖于未来藏缅语演化研究的进一步发展。

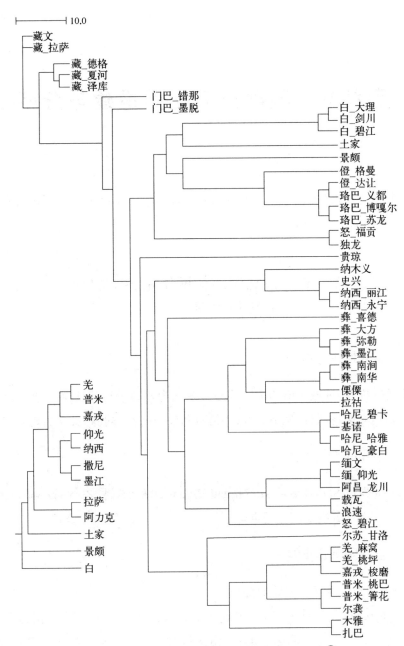

图 5-4：基于 100 核心关系词的藏缅语谱系树图①

---

① 本树形图未定根，为无根树。左下树形图引自邓晓华、王士元（2003a）。

第六章 藏缅语演化网重建与分析

本章以 51 种藏缅语核心关系词为材料,通过 NeighborNet 等演化网生成方法,探索藏缅语的演化历史。

第一节 藏缅语演化网络重建的材料、方法与步骤

一、演化网重建材料

本研究以 51 种藏缅语的 100 核心关系词为材料进行演化网重建。核心关系词的识别方法、步骤详见第五章,各语言间核心词的"同源"关系见附录二。

二、演化网重建方法

本研究通过 SplitsTree4(Huson and Bryant 2006)软件,以 NeighborNet 演化网生成方法进行藏缅语演化网重建。

三、演化网重建步骤

(一)距离计算及生成距离矩阵

NeighborNet 是一种距离类演化网生成方法,其所接受的输入数据为由分类对象之间距离系数组成的距离矩阵。由于目前有多种不同的距离计算方法(见第三章第三节),为检验其对演化网生成的影响,我们将采用多种方法生成距离矩阵,并对由此生成的演化网进行比较评估。

1. 汉明距离

在字符串比较中,汉明距离指两个等长字符串中处于相同位置的不同字符对的数量。本研究中,两个语言的 100 核心词表的关系词汉明距离为词表中非关系词的数量,如夏河藏语(表 6-1 中行列为 4)和德格藏语(表 6-1 中行列为 3)有 13 个词项为非关系词,因此这两个方言间的汉明距离为 13。依此为每对语言计算出它们之间的汉明距离,填入 51 * 51 大小的表中,形成汉明距离矩阵(见表 6-1)。

2. 负对数距离

根据 Minett and Wang(2003)提出的距离计算公式(D = -log C),可以将两个语言的相似性系数 C 计算转换为负对数距离,形成负对数距离矩阵(表略,可由表 6-1 计算得到:设表 6-1 中距离为 d,则相似系数为[100-d]/100,负对数距离 D = -log[(100-d)/100])。

(二) 演化网重建

距离矩阵是各种距离类演化网、种系树(UPGMA、Neighbor-Joining 等)生成方法的基本材料。获得表 6-1 中的距离矩阵之后,还需要将其转换为演化网生成软件所接受的数据格式,如 SplitsTree4 接受 PHYLIP 软件(见第二章第四节)的距离矩阵格式。PHYLIP 距离矩阵格式基本结构如下,其中第一行数字指定类群数,第一列为类群名称(列名中的类群名省略),名称后用多个(10 个)空格隔开距离数据。

```
      6
A     0  32  29  28  20  22
B     32  0  24  23  19  20
C     29  24  0  23  19  23
D     28  23  23  0  29  18
E     20  19  19  29  0  19
F     22  20  23  18  19  0
```

将符合条件的距离矩阵文件输入 SplitsTree4 等演化网(树)生成软件后,即可自动计算、输出演化网。

表 6－1：51 种藏缅语汉明距离矩阵①

	1	2	3	4	5	6	7	8	9	10	11	12	13	14	15	16	17	18	19	20	21	22	23	24	25	26
1																										
2	1																									
3	11	12																								
4	14	15	13																							
5	13	14	14	9																						
6	42	42	42	41	39																					
7	51	52	55	53	53	54																				
8	65	65	67	65	67	67	70																			
9	59	60	60	59	61	62	63	38																		
10	56	57	57	57	57	63	62	60	45																	
11	57	58	58	58	58	62	64	55	42	16																
12	59	60	61	61	60	64	67	63	52	49	51															
13	63	64	63	65	63	63	65	64	52	45	42	53														
14	63	64	65	66	65	67	70	64	54	46	48	58	51													
15	57	58	60	61	58	62	61	64	52	47	48	59	50	49												
16	65	66	65	64	64	65	67	68	56	51	52	57	55	56	57											
17	56	57	60	59	60	60	63	63	54	46	45	53	52	54	54	56										
18	60	61	62	61	61	63	64	61	57	48	48	59	53	57	52	57	53									
19	61	62	62	63	62	63	64	67	59	49	52	58	52	56	52	53	50	44								
20	60	61	60	62	60	63	67	63	54	49	50	55	59	54	53	58	51	47	53							
21	58	58	61	60	59	62	68	62	53	50	52	57	57	53	55	57	52	47	49	39						
22	60	60	61	60	60	63	66	65	58	49	49	57	58	60	59	57	56	48	53	41	36					
23	60	60	61	59	59	64	68	65	54	46	48	56	59	53	56	55	53	50	51	45	34	24				
24	62	63	62	62	61	65	68	70	60	47	49	57	60	55	58	56	55	49	54	40	30	36	30			
25	58	59	59	58	57	62	68	67	57	49	50	55	57	52	56	54	55	48	50	39	24	37	29	22		
26	59	59	60	60	59	64	64	66	56	49	50	53	54	56	54	57	49	47	47	42	29	28	25	32	32	
27	58	58	58	61	60	62	64	63	55	47	48	55	52	55	52	53	52	43	37	52	43	49	46	48	45	43
28	57	58	57	60	59	61	62	64	55	47	47	55	52	49	47	48	50	40	37	42	42	46	46	48	45	43
29	56	57	56	58	57	63	65	68	59	49	50	54	60	56	54	55	54	49	50	44	42	34	35	37	36	35
30	59	59	59	61	60	64	66	62	57	50	52	58	60	59	55	55	53	46	52	47	44	34	37	43	43	34
31	57	57	59	60	59	65	68	66	59	50	58	57	57	58	50	51	51	44	51	44	39	35	38	42	40	36
32	58	58	59	60	59	65	68	68	58	46	47	58	57	57	57	56	52	45	50	45	34	37	37	43	39	29
33	63	63	63	63	62	67	67	66	60	53	54	61	60	59	57	56	59	51	54	48	41	38	34	43	40	35
34	76	76	76	77	77	78	85	79	75	71	71	77	78	77	73	70	77	70	71	75	75	71	73	76	76	69
35	75	75	76	76	76	79	85	80	75	74	75	79	78	77	71	72	79	72	73	75	75	72	72	77	77	71
36	76	76	78	78	78	78	83	78	75	72	72	78	78	75	74	70	79	71	73	76	71	70	74	75	74	69

① 因全表体积较大，为排版需要，本表将原表分为 2 部分展示。右上部分空白内容略去，表的第一部分和第二部分连接处边框使用虚线表示。表中第一行、第一列为语言编号，对应语言名见附录一。

	1	2	3	4	5	6	7	8	9	10	11	12	13	14	15	16	17	18	19	20	21	22	23	24	25	26
37	78	78	78	77	77	81	83	80	78	77	74	82	82	82	80	79	81	79	78	79	80	77	75	78	78	74
38	60	61	60	63	60	62	63	67	55	50	52	56	58	57	60	56	53	57	56	52	49	45	43	50	45	44
39	60	61	60	63	60	62	63	67	55	50	52	56	58	57	60	56	53	57	56	52	49	46	44	50	45	45
40	68	69	68	71	70	71	72	74	64	61	63	66	69	65	67	63	63	64	63	57	51	55	51	55	52	47
41	66	67	66	69	67	68	69	72	62	59	61	65	64	60	63	60	59	58	61	49	50	51	49	52	50	46
42	67	68	67	70	68	68	67	71	60	53	57	62	61	61	63	58	56	56	58	48	46	49	46	48	48	43
43	67	67	67	68	67	70	72	76	68	64	65	67	70	67	67	66	65	67	68	65	64	61	64	65	57	
44	66	67	65	68	67	71	63	67	62	52	54	60	60	59	60	60	55	54	53	47	50	49	48	49	51	41
45	67	68	68	67	67	69	67	76	68	65	64	69	68	67	67	60	68	64	62	65	62	60	59	62	60	55
46	72	72	71	73	74	71	70	74	68	70	69	72	76	71	73	72	73	71	70	67	68	66	65	72	70	64
47	75	75	76	76	75	74	73	79	77	76	76	76	77	76	77	75	75	75	72	77	74	78	72	77	75	73
48	72	73	74	73	74	73	74	73	71	68	68	70	72	72	71	69	70	70	69	74	72	74	72	73	72	70
49	69	70	70	70	71	73	72	73	69	69	70	71	73	72	70	70	70	69	68	70	74	71	73	70	73	71
50	70	70	71	72	71	73	69	79	74	70	70	74	73	75	66	72	73	69	71	74	72	73	70	75	73	66
51	89	90	91	91	91	89	91	92	88	86	85	87	87	86	87	88	88	88	87	91	91	91	88	92	89	89

续	27	28	29	30	31	32	33	34	35	36	37	38	39	40	41	42	43	44	45	46	47	48	49	50	51
28	18																								
29	48	43																							
30	46	44	27																						
31	49	47	29	20																					
32	43	46	36	36	36																				
33	49	48	27	30	31	37																			
34	71	72	72	71	70	70	72																		
35	74	75	72	72	70	72	71	12																	
36	73	73	74	71	70	69	72	23	28																
37	78	79	78	73	75	74	80	75	74	78															
38	52	50	41	46	44	44	45	75	77	74	75														
39	52	50	41	47	45	45	45	75	77	74	76	1													
40	61	59	48	54	50	50	52	76	76	75	82	38	38												
41	60	55	44	47	45	46	44	75	76	74	82	40	40	42											
42	54	53	44	45	41	44	42	76	77	77	84	34	34	40	22										
43	65	65	60	62	61	61	64	77	79	79	79	61	61	64	62	62									
44	53	51	46	46	44	45	42	78	78	78	82	45	45	51	42	41	55								
45	64	59	56	59	59	58	59	73	74	73	75	55	55	64	59	61	49	56							
46	69	67	67	65	64	67	67	77	78	74	80	58	58	57	60	64	65	64	63						
47	70	72	75	74	73	72	72	81	84	82	84	71	71	77	76	76	73	71	68	72					
48	72	69	67	71	71	67	68	78	80	78	80	71	71	78	73	77	71	68	67	70	66				
49	67	66	66	70	70	68	67	74	78	78	79	69	69	76	72	75	70	67	67	69	68	32			
50	68	69	69	67	69	64	68	79	81	81	82	67	67	72	70	71	70	69	67	68	73	64	58		
51	88	88	89	91	92	87	88	94	94	93	92	86	86	91	89	92	92	88	88	88	92	82	83	79	

第二节　藏缅语演化网重建的方法与
材料的变量分析

一、演化网生成方法与藏缅语演化研究

由于演化网生成方法源自演化生物学,生物学中发展出来的方法有其特定的针对对象,因此并不是所有网状方法都适用于语言数据。目前,语言演化研究中已得到应用的网状方法主要有 NeighborNet、Split Decomposition,其中 NeighborNet 应用得最为广泛。为评估、比较二者对藏缅语历史研究的适用性,我们以 100 核心关系词为基础的汉明距离矩阵为材料,分别使用两种方法生成了演化网图(图 6 - 1、图 6 - 2)。

从总体结构上看,两幅网图都呈星状向四周发散,这是由于 NeighborNet 和 Split Decomposition 所生成的都是无根网,网图无法提供各语支演化(特别是分裂)的顺序信息。而同样是无根网,两者所体现出的语支内部的演化分类和演化顺序信息却有极大差别:从分类上看,NeighborNet 对藏缅语下位语群的分类非常清晰、明确,与经典的分类具有相当高的契合度;而 Split Decomposition 网图除了在藏语、白语、羌语、普米语等具有较高内部一致性的子群内部能体现出较清晰的聚类和层次外,其他语群的聚类和距离关系都未得到反映。

此外,作为演化网生成方法,它们所能描述的冲突信号也是评价该方法有效性的一个重要指标。NeighborNet 网图在这方面依然具有极大的优势:它通过盒状信号中的边将不支持主要树状分类的信号都体现在了图中,因此有理由相信该方法所描述的演化图景具有相当程度的客观性和可靠性。相对而言 Split Decomposition 法在藏缅语演化中的冲突信号的描述上则极为有限,图中仅反映出彝(墨江)、彝(弥勒)和彝(大方)之间,珞巴(义都)和僜(达让)之间,白(大理)、白(剑川)之间存在一定的网状信号,这与藏缅语演化历史中接触频繁的认识难以吻合。McMahon and McMahon(2005:158)所指出的 Split Decomposition

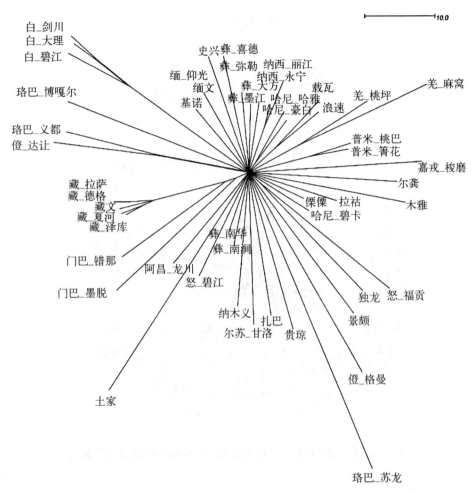

图 6－1：藏缅语 100 核心关系词汉明距离 Split Decomposition 网图

法在处理较大规模数据集时倾向于返回更偏向树状的结构的分析在此得到了体现。

　　总的来说，Split Decomposition 法在应用于藏缅语数据时的表现并不如人意，其对语言材料的适用性也值得怀疑。相反，NeighborNet 法在语言聚类、冲突信号描述等方面都有极佳的表现。目前看来，NeighborNet 对于语言演化研究具有极好的适用性，因此本研究将其作为演化网生成的主要方法。

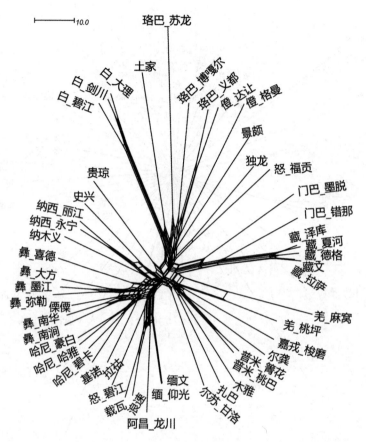

图 6-2: 藏缅语 100 核心关系词汉明距离 NeighborNet 演化网图①

二、距离算法对演化网图生成的影响

　　由于在生成距离矩阵的过程中可以采用不同的距离算法,从而导致输入数据的差异,为评估不同距离算法对网图生成的影响及 NeighborNet 算法的稳定性,我们分别以汉明距离矩阵和负对数距离矩阵为材料生成了藏缅语演化网图(见图 6-2、图 6-3)。

---

① Delta score = 0.307 8 , Q-residual score = 0.004 997.

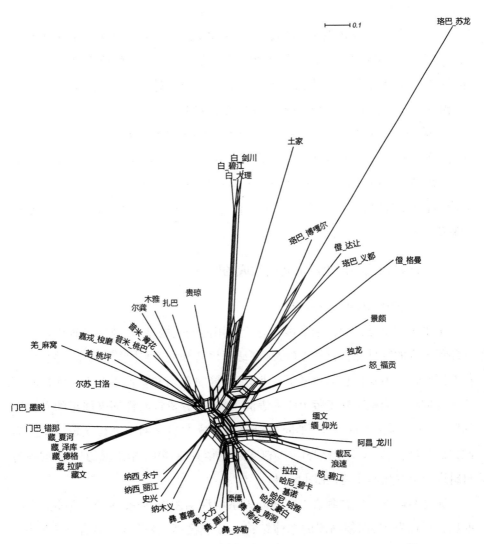

图 6 - 3：藏缅语 100 核心关系词负对数距离 NeighborNet 演化网图①

从总体结构上看,两幅网图都呈现出较明显的聚类分群特征,且它们所形成的聚类基本一致。在网状信号方面,通过对盒状边的分析,可发现二者亦基本一

———————————

① Delta score = 0.355 9 , Q-residual score = 0.017 46.

致,它们所反映出的网状演化信号具有较明显的对应关系。

二者的差异主要体现在边的长度上,这和距离算法的差异有关,这种差异并未在结构上对网图的生成造成太大影响。除边长差异外,两种网图在结构上也存在一些不一致之处,这种区别主要体现在类群的相对位置上,由于网图是无根的,相对位置的差异可能并不反映演化历史的差别。

总的来说,使用不同距离算法对 NeighborNet 网图的生成产生的影响并不显著,这种影响可能只是网图表现形式上的。由于汉明距离差异的增长(减小)是线性的,其网图中长、短枝的差异相对较小,在大部分情况下使得网图较为均衡,方便观察,因此在后面的分析中,我们主要以汉明距离为演化网重建的基础。

三、词表和关系词集对演化网生成的影响

(一)词表修正对网图的影响

本书第四章已详细讨论了本研究所采用的词表的基础、范围和理由。由于藏缅语本身的区域和文化特点以及《藏缅语语音和词汇》中收录词条的限制,我们对斯瓦迪士 100 核心词表做了一些修正,同时新增和替换了 9 个 100 核心词之外的词项。为检验修正版 100 词表的可靠性,分析针对性词表修正的必要性问题,有必要对由不同版本、不同规模词表生成的演化网图进行比较分析。为此,我们以斯瓦迪士 100 核心词中在《藏缅语语音与词汇》中出现的 93 个词项为材料进行了演化网重建(见图 6-4)。

通过与图 6-2(藏缅语 100 核心关系词汉明距离 NeighborNet 演化网图)的比较可以发现,两幅网图的总体结构一致性极高,各类群的分合几无差别。这说明,对 93 词表进行的少量修正及针对性增加的"区域核心词项"对演化网生成的影响很小。同时,这也反映出词源统计法在语言演化历史研究上的稳定性与可靠性——语言演化历史在核心词中沉积下来的证据具有相当程度的系统性,这种系统性并不会很容易地因修改、增删个别词项而被打破。此外,这也进一步验证了 NeighborNet 演化网在语言演化研究中的稳定性与可靠性。

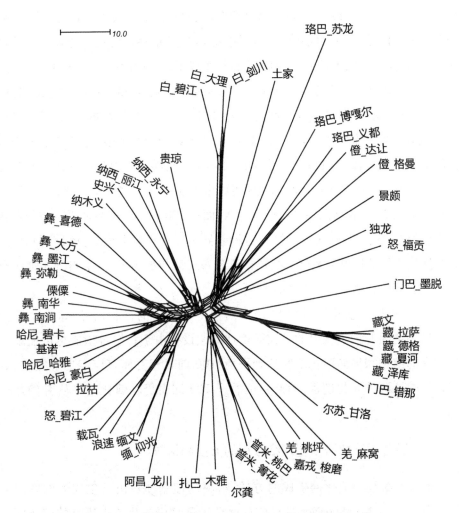

图 6－4：藏缅语 93 核心关系词 NeighborNet 演化网图①

（二）词表规模与演化网的关系

在前面的研究中（第四章第二节），我们从理论上分析了不同规模核心词表对演化历史研究的适用性问题：较小规模的词表（如 35 词表）虽可能在排除借用干扰方面具有一定优势，但由于数据量有限，其对演化历史描述的"分辨率"

① Delta score = 0.319, Q-residual score = 0.004 222.

会随之下降;较大规模的词表(如200、300词表)可能会混入较多借用成分,从而冲淡对纵向传递(极有可能是主要的演化进程)的描述。为在一定程度上验证这一分析,我们以雅洪托夫35词表为材料生成了演化网图(图6-5)①。

通过与图6-2(藏缅语100核心关系词汉明距离NeighborNet演化网图)的比较,可以发现,35核心词所反映的分类与100核心词分类基本一致,都与经典的藏缅语分类整体相合。这表明,即使是35个词项的小词表,也蕴含了相当丰富的演化历史信息,其在纵向传递上的分辨率已足够反映出各语支的主要分类情况。当然,由35词表和100词表所得的分类也存在一些差别,如哈尼(豪白)和拉祜语在35词表网图中被归入缅语组,而在100词表中这两种语言被归在彝语组(哈尼[碧卡]被归入缅语组),这种差异是样本规模造成的,还是这几种语言与周边语群的接触关系(哈尼、拉祜语分布地区与彝语组、缅语组分布地区有重合)的体现,还需要进一步深入地研究。

此外,就网状演化来看,100词表网图中有更多的盒状信号,这也支持接触和借用会随着词表规模的扩大而增加的假设。由于我们希望能尽可能地在描述纵向演化和横向演化之间达到平衡,100词表相对而言应能更加完整、真实地反映这两种演化进程,因此目前看来100词表仍是演化网络研究的最佳选择。

四、适合于藏缅语演化网络分析的方法和材料

通过对藏缅语演化网生成的方法、材料的控制和对由其生成的网图的分析,可以确定:NeighborNet是目前最适合于藏缅语演化历史研究的演化网生成方法;用于生成距离系数的两种算法对于演化网的生成影响不大;不同规模的核心词表在语言聚类分析上能起到较好的效果,而100核心词表在保证发生学分类的前提下能提供更多的细节信息。因此,在藏缅语演化历史分析中,我们

---

① 《藏缅语语音和词汇》中缺"bone(骨头)"一词,因此实际是34词表。网图生成采用的是负对数距离,原因是汉明距离网图树枝长度相对于根部的盒状信号尺寸显得太长,不便观察。同100词表一样,使用不同距离算法的35词表网图在结构上差别不大,不影响分析。

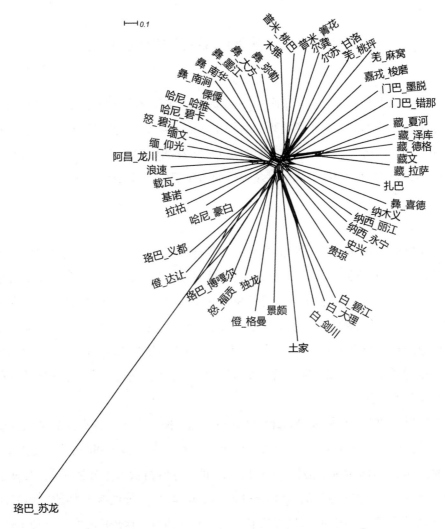

图 6－5：藏缅语 35 核心关系词 NeighborNet 演化网图①

将以修正过的 100 核心关系词为基础材料，通过汉明距离生成距离矩阵，以由
NeighborNet 法生成的演化网为主要依据。

---

① Delta score = 0.399 2, Q-residual score = 0.007 742.

第三节   藏缅语演化网络分析

基于以上分析,我们认为通过 NeighborNet 演化网生成方法,以由 100 核心关系词计算得到的汉明距离矩阵为材料生成的演化网图,能较真实、全面地反映藏缅语演化的历史。因此,下文将以图 6 – 2(藏缅语 100 核心关系词汉明距离 NeighborNet 演化网图)为依据对藏缅语的演化历史进行具体的分析。

一、总体分析

从整体上看,使用不同距离算法、不同规模词表生成的网图都呈现出明显的树状特点,经典分类中各语支的语言明显地聚在一起,同时各语支的下位语群聚类还具有清晰的层次,这些都与树状模型有较高的契合度。此外,网图中也存在明显的网状信号,网状信号主要集中在网图的根部,这表明整个藏缅语层面存在着广泛的网状演化历史;相对而言,各语支内部特别是距离较近的语言间的网状信号相对较少,这可能表明在晚近的历史上,语言(特别是方言)的分化是占据主要地位的演化模式。

除直观的观察分析外,NeighborNet 还可以对网图整体及各类群的网状程度进行量化评估——Delta score 和 Q-residual score 可用于指示网图的树状(网状)程度。其中 Delta score 通过一个 0 到 1 之间的分值衡量每个分类对象(及整个分类群)涉及的冲突信号的程度(Holland et al. 2002),分值越大则冲突信号越多,如果分值为 0 则表示为只有树状信号;Q-residual score 则是为了避免 Delta score 算法使某些信号模糊化而提出的一个更简单、精确的分数(Gray et al. 2010)。具体比如 Gray et al.(2010)为包含了有明显接触历史的苏里南克里奥尔语在内的 12 种印欧语生成的 NeighborNet 网图中,平均 Delta score 和 Q-residual score 分别为 0.23 和 0.03,这个分数表明印欧语在整体上是偏向树状的。而在藏缅语演化网中,整个网图(图 6 – 2)的平均 Delta score 为 0.307 8,Q-residual score 为 0.004 997。这表明网图也是整体偏树状的,也就是说**树状演**

化仍然是藏缅语演化历史中的主流。而另一方面,相对于印欧语而言,藏缅语的 Delta score 要高出不少,这也说明在藏缅语的演化史上,接触、融合等横向传递事件较印欧语多,网状演化事件也是藏缅语历史上不容忽视的一个重要组成部分。

就各个语言的得分而言,单独的 Delta score 也能具体地指示出与它相关的冲突信号的程度(表6-2),如怒(碧江)、景颇、纳木义等语言较高的 Delta score 表明这些语言有着较多的接触历史,这也能为解释这些语言特殊的系属地位(如景颇语的"十字路口"地位和纳木义语的系属争议)提供一些来自演化模式方面的证据。

表6-2: 图6-2所对应的 Delta score 和 Q-residual score

Id	Taxon	Delta score	Q-residual score	Id	Taxon	Delta score	Q-residual score
1	藏文	0.256 81	0.003 726	15	扎巴	0.353 34	0.005 136
2	藏_拉萨	0.260 16	0.004 047	16	贵琼	0.369 29	0.004 71
3	藏_德格	0.258 46	0.003 49	17	尔苏_甘洛	0.357 51	0.005 031
4	藏_夏河	0.260 66	0.004 082	18	纳木义	0.345 95	0.004 944
5	藏_泽库	0.260 3	0.003 812	19	史兴	0.325 88	0.004 146
6	门巴_错那	0.261 94	0.004 112	20	彝_喜德	0.342 99	0.005 566
7	门巴_墨脱	0.306 91	0.006 041	21	彝_大方	0.301 86	0.005 264
8	羌_麻窝	0.344 48	0.005 649	22	彝_南涧	0.292 08	0.004 949
9	羌_桃坪	0.316 63	0.004 628	23	彝_南华	0.278 5	0.004 3
10	普米_桃巴	0.320 19	0.004 729	24	彝_弥勒	0.286 25	0.004 72
11	普米_箐花	0.312 19	0.004 679	25	彝_墨江	0.290 45	0.005 103
12	嘉戎_梭磨	0.344 19	0.004 126	26	傈僳	0.288 78	0.004 99
13	尔龚	0.317 76	0.004 509	27	纳西_丽江	0.319 41	0.004 55
14	木雅	0.343 57	0.004 604	28	纳西_永宁	0.314 6	0.004 578

Id	Taxon	Delta score	Q-residual score	Id	Taxon	Delta score	Q-residual score
29	哈尼_碧卡	0.294 45	0.005 106	41	载瓦	0.311 9	0.005 958
30	哈尼_哈雅	0.292 41	0.004 476	42	浪速	0.290 85	0.005 649
31	哈尼_豪白	0.288 74	0.004 553	43	怒_福贡	0.341 85	0.005 343
32	拉祜	0.311 01	0.004 86	44	怒_碧江	0.359 07	0.007 271
33	基诺	0.293 81	0.004 858	45	独龙	0.351 57	0.006 334
34	白_大理	0.286 98	0.004 649	46	景颇	0.351 53	0.008 156
35	白_剑川	0.297 66	0.005 083	47	僜_格曼	0.301 07	0.005 232
36	白_碧江	0.302 98	0.004 901	48	僜_达让	0.280 95	0.004 886
37	土家	0.287 2	0.004 826	49	珞巴_义都	0.26 827	0.004 638
38	缅文	0.311 28	0.005 178	50	珞巴_博嘎尔	0.306 26	0.005 502
39	缅_仰光	0.312 68	0.005 14	51	珞巴_苏龙	0.302 31	0.005 552
40	阿昌_龙川	0.321	0.006 492				

二、谱系分类分析

鉴于NeighborNet网图表明藏缅语的演化历史主要是树状的,系属分类在藏缅语演化历史的描述上仍具有重要意义。因此,这里将具体分析网图中体现的系属分类和现有的分类之间的同异之处,并试图在网状演化模式下对系属分类的争议进行新的解读。

由于树图对谱系分类的描述更为简洁清晰,除依据网图外,我们还使用目前应用最为广泛(也被证明对语言学数据最为有效)的 Neighbor-joining 法生成了藏缅语演化树图(图6-6)[1],作为聚类分析的参考。

① 为方便与现有研究(邓晓华、王士元 2003a)进行对比,我们使用该研究中相同的距离算法(负对数距离)生成了 Neighbor-joining 树图。

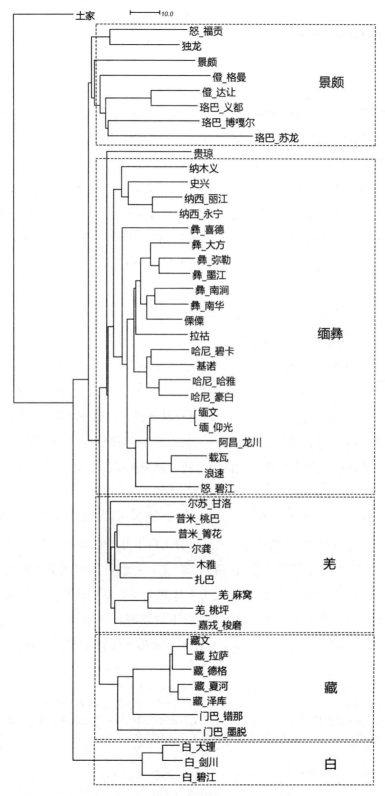

图 6-6：藏缅语 Neighbor-joining 树图

（一）总体分类

无论是图 6－2 中的 NeighborNet 网图还是图 6－6 中的 Neighbor-Joining 树图,都明显地将藏缅语诸语言聚为几个大类:藏、缅、彝、羌、景颇、白、土家。其中藏、缅、彝、景颇、羌五大语群与和以李方桂(Li 1937、1973),罗常培、傅懋勣(1954)的分类为基础的经典分类一致①。这一方面可以证明词源统计法在语言谱系分类上的可靠性,另一方面也反映出经典分类的准确性。除五大语群外,网状图和树状图都将白语和土家语置于与其他语群平行的位置②,显示出二者应是五大语支之外的独立一支(二支),这种结论与戴庆厦等(1989),郑张尚芳(1999),马提索夫(2003),邓晓华、王士元(2003a)等的分类一致,白语和土家语作为藏缅语中独立的"小支"的地位应予承认。

（二）系属分类的层次问题

单纯地将藏缅语划分为几大语支虽能反映出各语言间的亲疏远近关系,但仍略显粗糙,缺乏层次性的分类无法体现出不同语群演化速度的不平衡性(戴庆厦等 1989),因此有必要对各语支之间及其下位语群之间的层次关系进行一些梳理和分析。由于土家语与藏缅语其他语言距离都较远,以土家语为外群定根可以较清晰地呈现出其他几大语群之间的聚类和层次关系,因此图 6－6 是通过土家语定根的。

在图 6－2 的网图和图 6－6 的树图中,根据各语群分裂的时间的早晚和目前距离的远近,可以将藏缅语的系属大致分为以下几个层次(见表 6－3):第一层为白、土家、景颇组和其他组(包括彝、藏、羌),我们认为这几组可能是最早从原始藏缅语中分出的几大支;第二层为上述几大支的下位语群,其中白、土家和景颇的下位语言没有明确的分类(或没有下位语群),而第四支则分裂为彝缅、羌、藏三大组;第三层的子群分类主要体现在彝缅组和藏语组,彝缅组可分为纳

---

① 羌语支是 20 世纪 80 年代左右才确立的,罗、李的分类中没有羌语支。

② 在树图中,根据树根的位置不同,白、土家二者有可能聚为一类,也可能是平行关系。目前一个较好的定根方法是使用与藏缅语距离较远但又有亲属关系的语言作为外群定根,古汉语是一个很好的选择。因此,白、土家在语群中的系属地位还有待藏缅—古汉关系词识别工作完成后方能解决。

西、彝、哈尼和缅四组,而藏语组中门巴语两种方言和藏语(诸方言)形成平行的
两组。

表6-3: 藏缅语的分类层次

白	土家	景颇	其　他					
			藏		羌	缅　彝			
			藏	门巴		缅	彝	哈尼	纳西

上述层次划分与现有分类相比有同有异。首先,在大的层次划分(第一层)
上,本分类与邓晓华、王士元(2003a)的定量划分大体一致。这种划分与经典的
定性分类存在差异,这可能是由于定性分类无法提供足够的量化信息,难以对语
群分裂的时间先后作出精细的描述的缘故。

值得注意的是,在戴庆厦等(1989)的层次分类体系中,他结合语言的地理
分布将藏缅语分为南北两大语群,这在网图中亦能得到一定体现(见图6-7)。
由网图可以看到,景颇、藏、羌及白、土家共同构成一大束,缅彝、纳西构成另一大
束,除白语和土家语外,前者所含语言与戴庆厦的北部语群一致,后者则对应南
部语群,这表明戴庆厦所观察到的藏缅语历史分类与地理上的一致性是确实存
在的,藏缅语的分化、扩散应是伴随着人群的迁徙完成的。在两大语群的下位划
分上,网图与戴庆厦的分类存在一些明显的差异:首先,在北部语群划分上,网
图的分类与经典的藏—羌—景颇分类体系相合,戴庆厦所提出的嘉戎—独龙语
支(包括嘉戎、羌、独龙三个语组)在网图仅得到部分支持,即羌、嘉戎语群可共
同构成一大支,而独龙语则靠近景颇语,并未与羌—嘉戎聚在一起。此外,戴庆
厦将景颇语与僜语分为两大支,而在网图中二者实际难以区分,二者的发生学距
离似并不足以将它们分开。在南部语群的划分上,戴庆厦将白语和土家语都纳
入进去,而在网图中,这两种语言却被归入北部语群中。事实上,我们认为白语
和土家语距其他藏缅语的距离都相对较远,虽然我们的研究尚未将汉语的数据
纳入其中,但研究中已发现白语与土家语同汉语有大量的潜在关系词存在,二者
与汉语的关系应引起足够重视,就目前的观察来看,我们认为白语和土家语似乎
不属于缅彝语群,其与汉语分离的年代可能与藏、缅等从汉藏语原始母语分离出

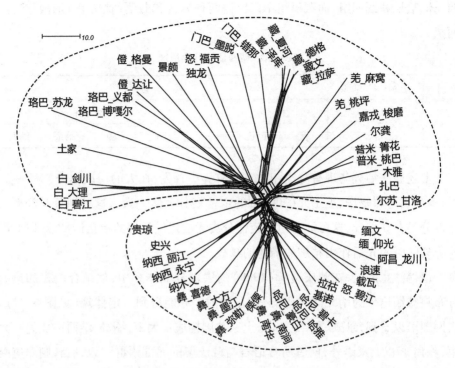

图6-7：网图所显示出的藏缅语南北分群

来的年代相当,因此它们的系属层次应提升至汉藏语的一级子群的层面。

另外一个值得注意的问题是缅彝语支下位语群的划分问题。在经典分类中,缅彝语一般被分为缅语群和彝语群两支,但在我们的分类中,缅彝语可分为纳西组(包括纳西语、纳木义语和史兴语)、缅语组和彝语组三个部分,彝语组中哈尼、拉祜和基诺又独立构成一支与彝、傈僳构成的一支并立①。这暗示着缅彝语的下位语群的划分可能需要重新考量,纳西语、哈尼语的系属地位有必要重新进行评估。事实上,针对纳西语的系属问题,布莱德雷(Bradley 1975：13)就认为它不属于彝语,而应将其与缅、彝并列共同构成缅彝语支。藏缅语分类的层次仍有进一步研究、修正的必要。

---

① 邓晓华、王士元(2003a)同样将缅彝分为缅、彝、哈尼、纳西四支。

（三）"藏缅语"的上位语群问题

在经典的谱系分类中,藏缅语一般被和汉语族一起当作汉藏语的子群。孙宏开等(《藏缅语语音和词汇》编写组 1991)也持这种观点。但是,近年来这一观点正逐步受到挑战。如德里姆(van Driem 1997,2001,2005,2007,2011)的 Sino-Bodic 假说认为汉语与藏语(Bodic)的关系比与其他藏缅语之间的关系要更近,它们一起构成一个新的语群;Sino-Bodic 语群是"大藏缅语"(Great Tibetan-Burman)语系的一个子群。此外,该理论还认为没有足够的同言线和共享创新证据能证明存在一个与汉语平行的藏缅语群(van Driem 1997:462)。德里姆提出的汉蕃同源词和形态对应具有相当的说服力。

受本研究所采用的材料范围的限制,我们并未将汉语囊括进来,因此无法准确地对"汉蕃"假设和"汉藏"假设做出一个准确的评价。但是,从前面的演化网图来看,藏、羌、缅彝、景颇语群都各有其相对独立性,这并不能证明这些"藏缅语"可以共同构成一个独立的"Tibetan-Burman"语群。另外,从邓晓华、王士元(2003)同样使用词源统计法获得的结论来看,汉语似乎并未显著地与藏语聚在一起。因此,在词源统计法的框架下,无论是汉—藏缅二分的"汉藏语系"假设,还是汉—藏合为一支的"Sino-Bodic"假设,都有进一步探索、修正的空间。目前,我们研究的材料范围还比较有限,未来将整个喜马拉雅山脉周边的"汉藏语""藏缅语"或所谓"跨喜马拉雅语(Trans-Himalayan)"语言囊括在一起,或许能得出更加清晰准确的结论。

三、系属有疑问语言的演化分析

藏缅语中还有许多"系属未定"或有争议的语言,如白语、土家语、纳木义语等。造成这些语言系属划分困难的原因是多方面的:分类材料和标准的差异是一个重要原因,对各语言中不同来源成分性质认定的差异是另一个原因。由于词源统计法限定了分类的材料范围,我们对第一个原因不做分析。对于第二个原因,由于在谱系树模型下处理同源和借用是一个难题,而网络模型则能较好地鉴别出横向演化信号,因此相对来说能够对有接触、融合历史的语言的系属地位做出更加客观的判定。下面就几个相关语言进行具体分析。

（一）白语

白语的系属问题聚讼已久，大体来说，学界对此问题大致有三类观点：彝语说、白汉语族说和白汉混合说。近年来，越来越多的证据偏向于支持第二种观点，即白语是藏缅语中单独的一支，白汉关系密切，或可构成"白汉语族"。藏缅语演化网图也支持第二种观点。

无论是邓晓华、王士元（2003a）的谱系树图，还是本研究中采用不同距离算法、不同词表生成的网图、树图，白语都作为单独的一支独立于其他几大语群之外。在词源统计研究框架下，除以上定量研究之外，郑张尚芳（1999）的研究甚至为白语在斯瓦迪士100核心词中的每个词项都找到了汉语关系词。因此，就100核心词所体现出来的信息来看，白语不属于彝语是没有问题的。当然，在我们识别的100核心关系词集中，仍有20—30个左右的白—彝关系词（这其中有相当一部分词在藏缅语大部分语言间都是关系词），这部分词对白语系属地位的影响并不显著，单纯的白—彝接触信号在网图中甚至未能体现，这似乎说明白—彝的接触在核心词层面并未对白语造成明显的影响。此外，由于我们尚未将古汉语纳入比较，白汉之间的关系及它们在藏缅（汉藏）语中的地位尚有待下一步的研究。

（二）土家语

对于土家语的系属，目前学界有属彝语说和自成一支说两种观点。由于土家族长期与其他民族混处杂居，土家语中混入了许多其他语言的成分，学界对它的系属地位问题一直都显得信心不足。在演化网图（图6-2）中，土家语与白语关系较近而独立于其他语群。由于土家语和白语的联系主要集中在网图根部的网状信号上，如排除根部的网状信号，二者可独立为两支，这与土家语自成一支的观点相符。在谱系分类之外，土家语还与许多语言有着冲突信号，这些冲突信号涉及白、景颇、藏等不同语支的语言，在一定程度上反映了土家语与其他语言间的接触历史。

（三）纳木义语

黄布凡（1997）认为纳木义语在语法成分上靠近彝语；孙宏开（2001）认为纳木义语的彝语特征是因其在彝语包围中造成的，它具有许多彝语中没有的羌语特点，因而属于羌语支。在演化网图中，纳木义语处于纳西语组和彝语组之间，应归入缅彝语中的彝语支下。但是纳西语组与其他缅彝语组距离相对较远,且与它们之间存在许多冲突信号。就分布的地理位置来看,纳西语、纳木义语和史兴语等处于羌语和彝语的交界、过渡地带,历史上与羌语的接触可能也深入到了核心词层面,从而将原属彝语的纳木义语等拉离了其主体语群。

（四）怒语

怒族使用几种不同的语言(方言)：独龙语、阿侬语、怒苏语和柔若语(孙宏开等 2007)。对于怒语的系属问题,有几种截然不同的观点：藏语说、景颇语说、彝语说和独立语支说(傅爱兰 1989),这种巨大的分歧实质上是对“怒语”这个名称所指内容的差异所造成的。事实上一般所认为的怒语的两种方言“怒苏语”和“柔若语”可能是两种不同的语言。《藏缅语语音和词汇》中收录的碧江怒语和福贡怒语在网图中被隔离开来,碧江怒语被归入缅语支,与载瓦、浪速等缅语支语言有密切关系;福贡怒语则被归入景颇语支,与独龙语共同构成一支,它实际上应是独龙语的一种方言,傅爱兰(1989)认为罗常培、傅懋勣(1954)所指的怒语就是这种语言。

（五）珞巴语

在《中国的语言》中,珞巴族使用的语言被称为“崩尼—博嘎尔”语,划入景颇语支,而早期的“珞巴语”的称呼则是根据珞巴族的族称命名的。关于珞巴语的系属问题,欧阳觉亚(1979)认为“珞巴语是汉藏语系藏缅语族的一支独立的语言”,孙宏开(1983)也认为“义都珞巴话属汉藏语系藏缅语族,它与达让语、格曼僜语、独龙语、景颇语比较接近,可划为一个语支”,班弨(1995：137)则认为珞巴语属于藏缅语族哪一支尚无定论。根据演化网图,珞巴语的地位与孙宏开的意见相近,即珞巴(博嘎尔)、珞巴(苏龙)、珞巴(义都)三种“珞巴语”与格曼、达让两种僜语关系接近,聚成一束,或可称为“珞巴—僜语群”。除此之外,网图还提供了相较孙宏开观点更加精细的信息——“珞巴—僜语群”与景颇语聚成一大类,二者共同构成经典分类中的景颇语支。

因此,根据以上分析,我们认为珞巴语的系属地位应可确定,即它属于景颇语支的下位语群“珞巴—僜语群”。几种珞巴语和僜语之间的关系非常密切,珞巴与僜的系属区别并不能截然分开,因此珞巴语和僜语这两种“语言”的定义和地位实际上是有待商榷的。

特别值得注意的是,网图中珞巴(苏龙)语的枝长比其他语言长得多,特别是在图6-3的负对数距离网图中,苏龙珞巴语"一枝独秀"引人注目。在树图和网图中,枝长代表演化距离,枝长越长表示该分类对象与其他语言的距离越远。由于对数运算会对原始参数间的差异起到放大作用,因此对数距离网图中珞巴(苏龙)语的枝长也被放大而显著突出于网图中。较长的枝长反映出苏龙珞巴语与其他语言之间具有较少的关系词(见表6-1),这也许是由于它与其他语言分离时间较久造成的,也有可能是由语言接触导致的核心词替换造成的。虽然苏龙珞巴语与其他语言的演化距离较远,但它和其他珞巴语及僜语的关系词仍足以在定量分类方法中确定它们之间的系属关系。目前,珞巴语相关的材料相对较少,相关的研究也比较薄弱,珞巴语独特的地位及其可能存在的深刻的接触历史值得学界进行深入探讨。

四、藏缅语谱系分类与地理分布之间的关系

在以分化为主的语群中,语言演化的历史往往与它们的地理分布有着密切的联系,甚至在很大程度上可以说语言的分布是其演化历史在地理上的投射。因此,将语言的系属分类和地理分布结合起来观察,不仅能直观地反映出语群迁徙、分化的方向,还能对理解语言接触在演化历史中的影响有所助益。

虽然《藏缅语语音和词汇》仅以代表点的形式收录了部分藏缅语语言和方言,但是这些语言点的分布仍具有一定的代表性,因此我们将网图同各语群地理分布对比展示于图6-7中。

总的来看,藏、羌、彝、缅、景颇等几大语支各有其相对独立的主要分布地区,这可能暗示着藏缅语的分化也是随着人群的迁徙逐步在西南地区扩散、分化而逐步形成的。这种相对独立的分布特点与树状分化模式能形成较好的对应,纵向的分化在地理上的投射由此可见。除人群的扩散、语言的分化外,人群、语言的接触、融合也是藏缅语演化历史上的重要一环。在各大语言主要分布区的过渡地带,往往有语言的系属问题难以解决。比如纳西语支处于彝语与羌语的交界处,该语支语言与羌语的接触在一定程度上改变了它们的面貌,从而使得纳木

义语这样的语言的系属问题出现争议。此外,同处该地区的彝语喜德方言,在各种分类中都在彝语中单成一支,或许正是语言接触的原因影响到了核心词层面,从而在网图中将其从彝语组中拉出至新的地位。

目前的演化网图对横向传递的描述尚未精细到词的程度,未来新的方法的诞生有望能够更加精确地反映出接触对语言系属影响的程度乃至方向。

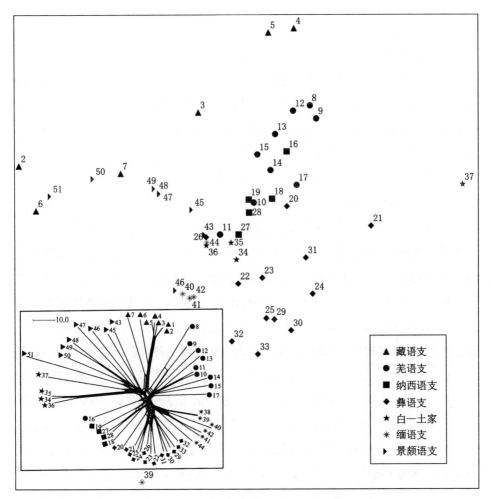

图 6-8:藏缅语演化网与语言分布对照图①

---

① 图中数字编号所对应的语言见本书《附录一:51 种藏缅语编号》。

结　　语

　　本书将演化生物学中新发展出来的演化网络理论和演化网生成方法应用于藏缅语研究中,将定量的演化网(树)生成方法与历史语言学中的词源统计法结合,以通过概率理论在藏缅语基本词汇层面识别出的语音对应规律为依据,以在计算机辅助研究工具的帮助下识别出的核心关系词集为材料,重建了藏缅语演化网,并在演化网络理论下,通过对演化网图的分析确定了藏缅语的主要演化模式,对藏缅语的谱系分类结构和层次进行了重新解读与分析,对白语等系属有争议语言的系属地位进行了新的阐释。

　　具体来说,书中讨论了经典的谱系树模型在藏缅语演化历史研究中的不足,分析了网状演化理论相较于谱系树模型的优势,论证了将来自演化生物学的全新的演化网络理论和演化网生成方法引入藏缅语研究中的必要性与可行性。书中回顾了语言谱系分类方法的演进历史,比较分析了定性、定量两类研究方法的优劣,论证了在藏缅语谱系分类研究中采用定量研究方法的必要性及将词源统计法与生物学定量分类法结合起来引入语言研究中的科学性和适用性。

　　在研究材料问题上,本书论证了以核心词作为语言谱系分类标准的适用性、准确性和科学性,并基于斯瓦迪士100核心词表及诸多藏缅语研究专家的意见提出了适合于藏缅语谱系分类的修正版词表。为获取重建演化网的基础材料,本书首次系统性地将统计学理论应用于藏缅语的语音对应规律识别工作中,科学、严谨地识别了51种藏缅语两两之间共1 275对语言的语音对应规律;随后,我们以语音对应规律为依据,在计算机辅助研究程序的辅助下识别出了藏缅语100核心关系词。

　　最后,我们以由51种藏缅语100核心关系词集通过各种距离算法计算得到的藏缅语核心关系词距离矩阵为材料,运用NeighborNet等演化网生成方法重建了藏缅语演化网。通过对可能影响演化网生成结果的三个参数（演化网生成方法、距离算法和词表规模）的检验分析，我们得出以下结论：NeighborNet 法是目前最适合于语言演化网络重建的演化网生成方法；距离算法的差异对于演化网的重建影响不大；在 100 核心词的范围内，词表的规模对于演化网的重建影响并不显著。通过对演化网图的分析，我们验证了以词源统计法为基础的语言定量谱系分类和演化历史重建方法的可靠性和稳定性；也验证了经典的藏缅语分类的合理性。特别重要的是，演化网研究首次证明了**藏缅语的演化历史主要是树状的，分化仍是藏缅语历史上占主要地位的演化模式**；同时，接触等横向传递模式在藏缅语中也占有不可忽视的地位，在某些语言中，接触可以深入到核心词层面，甚至对其系属地位产生影响。基于分化式演化是藏缅语的主流演化模式这一结论，本书以 100 核心关系词为材料重建了藏缅语谱系树，谱系树图与经典分类有较高的契合度，暗示基于定量方法的谱系分类与基于定性方法的经典分类均能较准确地反映藏缅语的演化历史；定量分类结构与经典分类在结构层次（如缅彝语群的下位语群结构）存在一定差异，提示经典分类在特定语群的划分上有进一步研究的必要。此外，对于白语、土家语等系属有争议语言的地位问题，我们在网络模型下进行了新的解读：白语和土家语与藏缅语其他语群距离相对较远，其系属地位的确定或应在汉藏语系层面定义；纳木义语等语言的系属争议可能是由语言接触所造成的，其系属地位的确定有必要在网络模型下进行进一步的深入探讨；演化网还通过对两种"怒语"的区分展示出其在"系属不明"语言系属地位判定上所具有的重要作用。

演化网络理论和方法无论是在演化生物学还是在历史语言学中都逐渐显示出重要的意义，新的演化模型能克服树状模型的不足，不但能更加客观、真实地描述演化的历史，还能为解决一些有争议的问题提供新的解决方案。目前，语言演化网络的理论研究尚不深入，树状模型根深蒂固的影响难以打破，对发生学意义的认识始终和早期的纵向传递绑在一起，同源关系的层次问题尚未见讨论[1]……演化

① 历史语言学在区分同源和借用时并不考虑同源的层次问题，事实上，在网络模型下，借入的成分随本语言本身的演化规律继续发展，甚至同"固有"成分一样参与语言分化式演变，那么在分化后的子语言中，这个借用成分是否算是同源关系？

网络理论上的探索对于更深入地理解语言演化历史意义重大,语言与生物演化有许多平行相似之处,语言学有必要同生物学一起共同推进这方面的研究。

在演化网生成方法上,目前应用到语言学中的主要是距离类方法,此类方法将语言成分作为一个整体纳入演化分析,因此损失了一些信息,难以提供精确到每个分类特征的具体演化历程描述。未来,特征类演化网生成方法在语言研究上的探索和应用是一个极具诱惑的研究方向,此类方法的发展不但有望能对语言演化历史给出更精细的描述,也许还能为历史语言学中区分同源和借用的大难题提供一个科学的解决方案。

此外,藏缅语与壮侗语、苗瑶语,乃至南岛语在历史上的关系一直是学界关注、争议的焦点。在网络演化模型的视角下,重新审视东亚、东南亚和太平洋语言演化的历史,或许能有新的启发。

附录一：51 种藏缅语编号[①]

ID	语　言	Language	ID	语　言	Language
1	藏文	Tibetan（Written）	13	尔龚	Ergong（Danba）
2	藏（拉萨）	Tibetan（Lhasa）	14	木雅	Muya［Minyak］
3	藏（德格）	Tibetan（Dege）［Khams］	15	扎巴	Queyu（Yajiang）［Zhaba］
4	藏（夏河）	Tibetan（Bla-brang）［Amdo］	16	贵琼	Guiqiong
5	藏（泽库）	Tibetan（Zeku）［Amdo］	17	尔苏（甘洛）	Ersu
6	门巴（错那）	Tshona（Mama）	18	纳木义	Namuyi
7	门巴（墨脱）	Tsangla（Motuo）	19	史兴	Xumi
8	羌（麻窝）	Qiang（Mawo）	20	彝（喜德）	Yi（Xide）
9	羌（桃坪）	Qiang（Taoping）	21	彝（大方）	Yi（Dafang）
10	普米（桃巴）	Pumi（Taoba）	22	彝（南涧）	Yi（Nanjian）
11	普米（菁花）	Pumi（Qinghua）	23	彝（南华）	Yi（Nanhua）
12	嘉戎（梭磨）	rGyalrong	24	彝（弥勒）	Yi（Mile）

---

① 本表展示附录二中所列语言编号（Lid）所对应的原语言名。表中编号与《藏缅语语音与词汇》书中略有差异：因本研究数据库略去了原书的"13 西夏"，因此本表自"13 尔龚"开始，编号加 1 即与原书相同。表中圆括号内是语言（方言）点所在地名，方括号内是语言（方言）点英文名，语言英文名引自 STEDT 数据库。

ID	语　言	Language	ID	语　言	Language
25	彝(墨江)	Yi（Mojiang）	39	缅(仰光)	Burmese（Spoken Rangoon）
26	傈僳	Lisu	40	阿昌(龙川)	Achang（Longchuan）
27	纳西(丽江)	Naxi（Lijiang）	41	载瓦	Atsi［Zaiwa］
28	纳西(永宁)	Naxi（Yongning）	42	浪速	Maru［Langsu］
29	哈尼(碧卡)	Hani（Caiyuan）	43	怒(福贡)	Anong
30	哈尼(哈雅)	Hani（Dazhai）	44	怒(碧江)	Nusu（Bijiang）
31	哈尼(豪白)	Hani（Shuikui）	45	独龙	Trung［Dulong］
32	拉祜	Lahu（Black）	46	景颇	Jingpho
33	基诺	Jinuo	47	僜(格曼)	Kaman［Miju］
34	白(大理)	Bai（Dali）	48	僜(达让)	Darang［Taraon］
35	白(剑川)	Bai（Jianchuan）	49	珞巴(义都)	Idu
36	白(碧江)	Bai（Bijiang）	50	珞巴(博嘎尔)	Bokar Lhoba
37	土家	Tujia	51	珞巴(苏龙)	Sulung［Puroik］
38	缅文	Burmese（Written）			

附录二：藏缅语核心关系词表

    附录二具体收录 51 种藏缅语的 100 核心关系词集。附录二诸表系本研究首次系统性地采用概率法、通过计算机辅助研究程序结合人工检验获得的相对客观、准确的藏缅语核心关系词。核心关系词识别的具体方法和过程详见第五章。表中 COR 列所标数字即为关系词信息：针对于每个词项（对应每张表，如第一个表中词项为"我"），如果两个（或多个）语言的 COR 值相同（如语言 10 和语言 11 的 COR 编号均为 10），则表示这些语言的本词项为关系词；Lid 列指语言编号（language ID），编号所对应语言名见附录一。form 列指该词的国际音标词形，数据来源于《藏缅语语音和词汇》。

    各表标题行项目说明：① "原书编号"指《藏缅语语音与词汇》书中该词项的编号，用于对源材料进行回溯和检查；② S100 指斯瓦迪士（1971）中所收 100 核心词表中该词项的编号；如非斯瓦迪士 100 核心词中的词项，则不标该项，如为雅洪托夫 35 词表中的词，则标 Y35。

原书编号：969   词项：我   S100：1

Lid	COR	form	Lid	COR	form	Lid	COR	form
1	1	ŋa	19	1	ŋɐ⁵⁵	37	1	ŋa³⁵
2	1	ŋa¹³	20	1	ŋa³³	38	1	ŋɑ²
3	1	ŋa¹³	21	1	ŋo²¹	39	1	ŋɑ²²
4	1	ŋa	22	1	ŋa⁵⁵	40	1	ŋɔ⁵⁵
5	1	ŋa	23	1	ŋo³³	41	1	ŋo⁵¹
6	1	ŋe¹³	24	1	ŋo³³	42	1	ŋɔ³¹
7	7	dʐaŋ	25	1	ŋo²¹	43	1	ŋa⁵⁵
8	1	qɑ	26	1	ŋuɑ⁴⁴	44	1	ŋa³⁵
9	1	ŋɑ⁵⁵；qɑ⁵⁵	27	1	ŋə³¹	45	1	ŋa⁵³
10	10	a³⁵	28	1	ŋ̩ɑ³³	46	1	ŋai³³
11	10	ɛ⁵⁵	29	1	ŋa⁵⁵	47	1	ki⁵³
12	1	ŋa	30	1	ŋa⁵⁵	48	1	xɑŋ³⁵
13	1	ŋɛ	31	1	ŋɔ⁵⁵	49	1	ŋɑ³⁵
14	1	ŋɯ⁵⁵	32	1	ŋA³¹	50	1	ŋoː
15	1	ŋa³⁵	33	1	ŋɔ³¹	51	51	goh⁵³
16	1	ŋø³⁵	34	1	ŋo³¹			
17	10	ɑ⁵⁵	35	1	ŋo³¹			
18	1	ŋa⁵⁵	36	1	ŋo⁴²			

原书编号：973　词项：你　S100：2

Lid	COR	form	Lid	COR	form	Lid	COR	form
1	1	khjed raŋ	19	7	n̠i⁵⁵	37	7	n̠i³⁵
2	1	cheʔ⁵³ raŋ¹⁵	20	7	nɯ³³	38	7	maŋ³ ; naŋ²
3	3	tɕhø⁵³	21	7	na²¹	39	7	mĩ⁵⁵ ; nĩ²²
4	3	tɕhol	22	7	n̠(ɻ)⁵⁵	40	7	nuaŋ⁵⁵
5	3	cçho	23	7	n̠i³³	41	7	naŋ⁵¹
6	6	ʔi⁵³	24	7	ni³³	42	7	nɔ̃³¹
7	7	nan	25	7	nA²¹	43	7	ŋɑ³¹
8	8	kuə	26	7	nu³³	44	7	n̠o⁵⁵
9	7	no⁵⁵ ; kuə⁵⁵	27	7	nv³¹	45	7	nɑ⁵³
10	7	n̠i³⁵	28	7	no³³	46	7	naŋ³³
11	7	nɛ¹³	29	7	nv̩⁵⁵	47	7	n̠o⁵³
12	7	no	30	7	no⁵⁵	48	7	n̠oŋ³⁵
13	7	n̠i	31	7	nv̩⁵⁵	49	7	n̠o³⁵
14	7	nɛ⁵³	32	7	nɔ³¹	50	7	noː
15	7	n̠e³⁵	33	7	nʁ³¹	51	7	nah⁵³
16	7	nũ³⁵	34	7	nõ³¹			
17	7	nɛ⁵⁵	35	7	no³¹			
18	7	no³³	36	7	nɑ⁵⁵			

原书编号：971　　词项：我们　　S100：3

Lid	COR	form	Lid	COR	form	Lid	COR	form
1	1	ŋa tsho	19	1	ŋɐ^{55} rɛ̃^{55}	37	12	a^{35} n̠i^{55}
2	1	ŋã^{13} tsho^{53}	20	1	ŋo^{21} ɣo^{44}	38	31	ŋa^{2} to^{1}
3	3	ŋa^{13} riʔ^{53} naŋ^{13}	21	1	ŋo^{21} xɯ^{33}	39	31	ŋa^{22} to^{53}
4	1	ŋə zo	22	22	o^{21}	40	31	ŋɔ^{55} tuʔ^{31}
5	1	ŋə zo	23	23	ɣuA^{33} kɯ^{33} ; ŋo^{21}	41	31	ŋa^{55} moʔ^{55}
6	3	ŋA^{13} rAʔ^{53}	24	24	ŋo^{33} çi^{21} ; ŋo^{33} bo^{33}	42	12	ŋɔ̃^{31} n̪auŋ^{55}
7	7	ʔai ; ʔai te	25	24	ŋo^{33} bɯ^{21}	43	43	a^{31} iɯŋ^{55}
8	8	tsə χa	26	12	ŋua^{33} nu^{31}	44	31	ŋa^{35} dɯ^{31}
9	9	qɑ^{31} thyɑ^{55}	27	27	ŋə^{33} ŋgɯ^{31}	45	43	ĩŋ^{35}
10	1	a^{35} rə^{53}	28	1	n̠a^{55} z̠a^{33}	46	31	an^{55} the^{33}
11	1	ɛ^{55} z̠ə^{55}	29	29	ŋɔ^{31} ɣ̩^{33}	47	23	kin^{55}
12	12	ŋə n̠E	30	30	ŋa^{55} ja^{33}	48	1	ŋ̍^{55} tɕu^{31}
13	12	ŋɛ n̠ɯ	31	31	ŋɔ^{33} thi^{55}	49	49	ŋa^{35} a^{31} loŋ^{35}
14	12	ŋɯ^{55} nɯ^{53}	32	1	ŋA^{31} xɯ^{33}	50	49	ŋoː lu
15	1	ŋa^{35} tsho^{53}	33	30	ŋa^{33} jo^{31}	51	27	gə^{33} ɣən̠^{33}
16	1	ŋɔ^{33} zi^{55}	34	34	ŋa^{55}			
17	1	a^{55} r̩^{55}	35	34	ŋa^{55}			
18	1	ŋa^{55} χo^{33}	36	1	ŋa^{55} ɣo^{55}			

原书编号：981　　词项：这　S100：4

Lid	COR	form	Lid	COR	form	Lid	COR	form
1	1	ɦdi	19	19	hɛ⁵⁵	37	37	kai³⁵
2	1	ti¹³	20	6	tshŋ⁴⁴	38	6	thaɳ²
3	1	ʔin⁵⁵ de⁵³	21	6	tshɔ¹³	39	6	tθi²²；di²²
4	1	ndə	22	6	t ʂa⁵⁵ tʂhŋ⁵⁵ ma⁵⁵	40	29	xai⁵⁵
5	1	ndə	23	23	i³³	41	29	xji⁵¹
6	6	tso¹³	24	6	tɕi³³	42	6	tʃhɛ³¹
7	6	ʔu-thi；ʔu hu	25	23	e⁵⁵	43	43	ia⁵⁵
8	6	tsa:	26	6	the⁴⁴(ma⁴⁴)	44	44	ɕi³¹ du³⁵
9	6	tsa³³	27	6	t ʂhɯ³³	45	45	ʝa⁵⁵
10	6	u⁵⁵ ti⁵³	28	6	tʂhŋ³³	46	46	ṇ³³ tai³³
11	6	di¹³	29	29	xe³⁵	47	47	an⁵⁵
12	6	ʃtə	30	30	ɕi⁵⁵	48	48	e⁵⁵
13	6	je thɯ	31	31	jɛ⁵⁵	49	48	i⁵⁵ he⁵⁵
14	14	a⁵⁵ khɔ⁵³	32	6	tshi³³	50	30	ɕi:
15	15	u⁵⁵	33	30	ɕi³³	51	51	həŋ³³
16	6	ti⁵⁵ ki⁵⁵	34	6	tɯ³¹			
17	6	thɛ⁵⁵	35	35	lɯ³¹			
18	6	tɛ⁵⁵	36	6	no⁴² tʂheˈ⁴²			

原书编号：983   词项：那   S100：5

Lid	COR	form	Lid	COR	form	Lid	COR	form
1	1	de	19	19	tɕi⁵⁵ thi³³	37	37	ai⁵⁵
2	1	the¹³	20	1	a³³ di⁵⁵	38	1	hto²
3	1	phen⁵⁵ de⁵³	21	21	ɯ⁵⁵	39	1	hto²²
4	4	kan	22	22	nɑ⁵⁵ tʂhʅ⁵⁵ mɑ⁵⁵	40	1	the⁵⁵
5	4	ka	23	4	khɯ³³	41	41	xje⁵¹
6	6	mo¹³	24	4	kɯ³³	42	1	thø³¹
7	7	ʔu n̠i	25	4	kɯ⁵⁵	43	43	nɑ⁵⁵
8	1	thaː	26	4	ɡɯ³³(mɑ¹¹)	44	44	tɕhu⁵⁵
9	1	tha³³	27	1	thɯ³³	45	4	kɔ⁵⁵
10	1	ti³⁵	28	1	thv³³	46	1	tai³³
11	1	tə¹³	29	29	ai⁵⁵	47	12	wǎn³⁵
12	12	wu tə	30	1	thø⁵⁵ ; ø⁵⁵	48	12	we⁵⁵
13	13	ɛ lɯ	31	1	thɔ⁵⁵	49	49	ɑ⁵⁵ he⁵⁵
14	14	a⁵⁵ khɔ⁵³	32	32	o⁵³	50	49	aː
15	13	a³⁵	33	4	khɯ⁵⁵	51	51	ɹeh⁵³(la⁵³)
16	4	ji⁵⁵ ki⁵⁵	34	34	pɯ⁵⁵			
17	1	ɑ³³ thɛ⁵⁵	35	6	mɯ⁵⁵			
18	4	χɛ³³	36	34	po⁴² tʂheɹ⁴²			

原书编号：985　　词项：谁　　S100：6

Lid	COR	form	Lid	COR	form	Lid	COR	form
1	1	su	19	19	ŋi⁵⁵	37	1	a⁵⁵ sie²¹
2	1	su⁵³	20	18	kha⁴⁴ di³³	38	38	maŋ² thu²
3	1	shu⁵³	21	1	a³³ çe³³	39	38	mji²² tθu²²
4	1	shə	22	1	ɑ²¹ sɑ²¹	40	18	xau⁵⁵
5	1	shə	23	1	A³³ se²¹	41	18	o⁵⁵；kha⁵¹ juʔ²¹
6	1	su⁵³	24	1	A²¹ si³³	42	18	khǎ³¹ jauk⁵⁵；khak⁵⁵
7	7	ʔi bi	25	1	A²¹ su³³	43	18	khɑ³¹ lu⁵⁵
8	1	sə	26	26	ɑ³¹ mɑ³³	44	18	khe³¹
9	1	sʅ⁵⁵	27	19	ə³³ ne³¹	45	26	ɑ³¹ mi⁵⁵
10	1	xɛ⁵³	28	19	ni³¹ na⁵⁵	46	18	kǎ³¹ tai³³
11	1	xɛ⁵⁵	29	1	ɔ³¹ sγ̩⁵⁵	47	19	ȵɑ⁵⁵
12	1	sə	30	1	a³¹ so⁵⁵	48	1	çɑ⁵⁵
13	1	sɯ	31	1	ɔ³¹ sγ̩⁵⁵	49	1	ʔi⁵⁵ si⁵⁵
14	1	ɦɛ³⁵ nɯ³³	32	1	A³³ su³³	50	50	hɯː
15	15	li³⁵	33	1	khɔ³³ so³³	51	50	ha³³
16	1	sø⁵⁵	34	19	a⁵⁵ na⁴⁴ ȵi²¹			
17	1	sɛ⁵⁵	35	35	ɑ³¹ to²¹			
18	18	khi⁵⁵	36	26	a⁵⁵ ma⁴⁴ ȵi²¹			

原书编号：986　　词项：什么　　S100：7

Lid	COR	form	Lid	COR	form	Lid	COR	form
1	1	ɡa re	19	3	tɕhi³³ pɛi⁵³	37	3	tɕhie⁵³ ɕi²¹
2	1	kha¹³ re¹³	20	20	ɕi⁴⁴	38	38	ɑ¹ bhɑj²
3	3	tɕi⁵³	21	10	mɯ³³ lɯ³³	39	38	ɑ bɛ²²
4	3	tɕhə zək	22	22	ɑ⁵⁵ tsɑ⁵⁵	40	38	pi³¹ si⁵⁵
5	3	tɕhə zək	23	10	A³³ tsA³³ mo³³	41	25	xai⁵¹
6	3	tsi¹³	24	10	A²¹ mi⁵⁵	42	38	pɛ⁵⁵
7	7	haŋ	25	25	A²¹ xɯ³³	43	43	khɑ⁵⁵ tʂ̩³¹
8	8	ȵi ka	26	25	ɑ⁵⁵ ʃ̩³¹	44	10	tɕho⁵⁵ mɑ⁵⁵
9	8	na⁵⁵	27	3	ə³¹ tsɯ³³	45	12	tắŋ⁵³
10	10	me⁵³	28	3	ɑ³³ tsɹ³³	46	38	pha³³
11	10	mi⁵⁵	29	25	xa⁵⁵ tse³¹	47	47	ɕɑn⁵⁵
12	12	thə	30	25	xa⁵⁵ dʐʅ³¹	48	48	ɕim⁵⁵
13	3	a tɕhɯ	31	31	ɔ³¹ tʃhɛ³³	49	49	kɑ⁵⁵ di⁵⁵ he⁵⁵
14	14	ɦɛ³³ zɯ⁵³	32	10	A³¹ tho²¹ mA³³	50	49	ɦɛː ko
15	15	dʐ⁳⁵	33	33	khuɛ³³	51	49	hi⁵³ ɻeh⁵³
16	3	tɕø⁵⁵	34	25	xe³¹ le³¹			
17	17	ɑ³³ ntɛ⁵⁵	35	35	ɑ⁵⁵ sɛ̃³¹			
18	18	fu⁵⁵	36	25	ɑ⁵⁵ xɑ̃⁴²			

原书编号：1003　　词项：不　　S100：8

Lid	COR	form	Lid	COR	form	Lid	COR	form
1	1	mi	19	1	mu⁵⁵	37	37	tha⁵⁵
2	1	ma¹³	20	20	a²¹	38	1	mɑ¹···bhu³
3	1	ma¹³	21	1	ma²¹	39	1	mɑ⁵³···bu⁵⁵
4	1	mə	22	1	mɑ²¹	40	1	ma³¹
5	1	mi	23	14	ni²¹	41	20	a²¹
6	1	mA¹³	24	20	A²¹	42	1	mə̃³¹
7	1	ma	25	1	mA²¹	43	1	m̩³¹
8	1	ma	26	1	ma³¹	44	1	ma³³
9	1	mi⁵⁵	27	1	mə³³	45	1	mɯ³¹
10	1	ma³⁵	28	1	mə³³；mɑ³³	46	14	ŋ̍⁵⁵
11	1	mɑ¹³	29	1	mɔ³¹（ma³¹）	47	1	mɑi⁵³
12	1	ma	30	1	ma⁵³	48	1	m̩⁵⁵
13	1	mi	31	1	mɔ³¹	49	1	mi⁵⁵
14	14	ȵi³⁵	32	1	mA⁵³	50	1	moŋ
15	1	ma³⁵	33	1	mɔ³³	51	51	ba³³
16	1	me³⁵	34	1	mu³³			
17	1	ma³³	35	35	jɑ³⁵；ɑ²¹			
18	1	mɛ³³	36	35	ɑ⁴²			

原书编号：999　　词项：都　　S100：9

Lid	COR	form	Lid	COR	form	Lid	COR	form
1	1	ɡaŋ ɡa	19	10	la³³ wa⁵⁵	37	37	xu³⁵ n̠i⁵⁵
2	1	kaŋ¹⁵ ka⁵³	20	20	dʐ̩³³ kɯ⁴⁴	38	10	a³ lum³
3	3	tshaŋ⁵⁵ ma⁵³	21	20	kho²¹	39	10	a⁵⁵ lõ⁵⁵
4	3	tshaŋ ma	22	10	li⁵⁵	40	40	pẓa³¹ pẓa³¹
5	3	tshaŋ ma	23	10	le⁵⁵	41	41	tʃat⁵⁵
6	3	tshAŋ mA⁵³	24	24	fu⁵⁵	42	10	lɔ̃⁵⁵
7	0		25	20	ʑi⁵⁵ tsõ²¹ ; kho⁵⁵ dzA²¹	43	43	a³¹ ʔɖaŋ⁵⁵
8	8	kin di	26	26	a³¹ dʒʅ³¹	44	44	a³¹ dʑi³¹
9	9	za²⁴¹	27	27	be³³	45	30	sɯ³¹ nǎʔ⁵⁵
10	10	liɛ³⁵ wa⁵³	28	28	dʅ³³ ta³³ ʑi³³	46	46	joŋ³¹
11	11	põ¹³ ni⁵⁵	29	20	kha⁵⁵ ŋɤ⁵⁵ kɤ⁵⁵	47	47	kɯm⁵⁵ blui⁵⁵
12	12	kə tʃEt	30	30	sa³¹ ne³³	48	48	ka³¹ diɯ³⁵
13	13	ɛ ʁe lɔ	31	31	tɕi⁵⁵	49	47	ke⁵⁵ ba⁵⁵
14	14	me³³ me⁵⁵	32	20	kA³¹	50	50	mɯ liŋ
15	15	rĩ³⁵ pa⁵⁵	33	33	tu⁴⁴	51	10	mə³³ ləŋ³³
16	16	ɡiɛ̃³³ dz̩⁵⁵	34	34	ji³⁵ sou³¹			
17	17	ɳo³³ kua³³	35	35	tsa³⁵ kɛ̃²¹ tsi³³			
18	18	a³³ kɛ³³ mu⁵⁵	36	36	ɣo²¹			

原书编号：819　　词项：多　　S100：10

Lid	COR	form	Lid	COR	form	Lid	COR	form
1	1	maŋ po	19	18	bɛ̃³⁵	37	13	zi²¹
2	1	maŋ¹⁵ ko⁵³	20	1	a⁴⁴ n̠i³	38	1	mjɑ³
3	1	muŋ¹³ bo⁵³	21	1	ŋɒ³³	39	1	mjɑ⁵⁵
4	1	maŋ wo	22	22	khu⁵⁵	40	1	n̠ɔ³¹
5	1	maŋ	23	1	puɯ³³；no²¹	41	1	mjo²¹
6	1	mʌŋ¹³ po⁵³	24	1	no²¹	42	1	mjɔ³⁵
7	7	zak po；ça ma	25	1	no³³	43	18	buɯm³¹
8	8	quə ɣli	26	1	n̠ɛ³¹；miɛ³¹	44	44	dʐuɯ³¹
9	9	dio²⁴¹	27	18	buɯ³¹	45	18	bŭɯm⁵³
10	1	ʑɨ⁵⁵ mə⁵³	28	28	tɕi¹³	46	46	loʔ⁵⁵
11	11	ʒə⁵⁵	29	1	mɔ³¹	47	47	juŋ⁵⁵
12	12	kə mcça	30	1	mjɑ³¹	48	48	duɯ³⁵
13	13	wʐe	31	1	mɔ³¹	49	18	pɑ⁵⁵ tsɑ⁵⁵
14	14	kɛ³³ ji⁵³	32	1	mʌ⁵³	50	50	əɯ
15	13	ʑi⁵⁵ ʑi⁵³	33	33	a³³ to⁴⁴	51	44	a³³ dʐɛ³³
16	16	tø³³ nbu⁵³	34	13	tɕi³⁵			
17	1	jɑ³³ mi⁵⁵	35	13	tɕi⁵⁵			
18	18	da⁵⁵ bə˩³³	36	13	ti⁵⁵			

原书编号：911　　词项：一　　S100：11

Lid	COR	form	Lid	COR	form	Lid	COR	form
1	1	gtɕig	19	19	dʐĩ³⁵	37	37	la³⁵
2	1	tɕiʔ⁵³	20	20	tshɳ²¹	38	10	tɑs
3	1	tɕi⁵³	21	10	tha²¹	39	10	tiʔ⁴⁴
4	1	htɕək	22	10	tʂhɳ²¹; ti²¹	40	10	ta³¹
5	1	ɣtɕek	23	10	thi²¹	41	37	ʒa²¹; lă²¹
6	6	theʔ⁵³	24	10	thi²¹	42	10	ta³¹
7	7	thor	25	10	thi²¹	43	10	thi⁵⁵
8	8	a; tɕi	26	10	thi³¹	44	10	thi⁵³
9	8	a³¹; tʃɻ³³	27	10	duɯ³¹	45	10	tiʔ⁵⁵
10	10	ti³⁵	28	10	dɳ¹³	46	37	lă⁵⁵ ŋai⁵¹
11	10	ti¹³	29	10	thɤ³¹	47	47	kɯ³¹ mu⁵³
12	10	kə tɛk	30	30	tɕhi³¹	48	47	khɯɯn⁵⁵
13	13	ʐau	31	10	thi³¹	49	47	khɯɯn⁵⁵ ge⁵⁵
14	10	tɐ³⁵	32	10	te⁵³	50	47	a ko; a ken
15	15	tə³⁵ tɕã⁵³	33	10	thi³³	51	51	ɦui³³
16	10	tɑ³³	34	34	ji⁴⁴ ɑ³¹			
17	17	tɛ⁵⁵	35	34	ji⁴⁴; ɑ³¹			
18	8	tɕi³³	36	34	e⁴⁴ ɑ³¹			

原书编号：912　　词项：二　　S100：12

Lid	COR	form	Lid	COR	form	Lid	COR	form
1	1	gn̻is	19	1	n̻ɛ^{33}（ko^{35}）	37	1	n̻ie^{55}
2	1	n̻i^{55}	20	1	n̻i^{21}	38	1	hnɑs
3	1	n̻i^{55}	21	1	n̻i^{55}	39	1	ni?^{44}
4	1	hn̻i	22	1	n̩（ɻ）^{21}	40	40	sək^{55}
5	1	ɣn̻i	23	1	ni^{21}	41	1	i^{55}
6	1	nʌi^{13}	24	1	ni^{21}	42	42	ʃik^{55}
7	1	n̻ik tsiŋ	25	1	ni^{21}	43	1	ɑ^{31} n̩^{55}
8	1	ɣnə	26	1	n̻i^{31}	44	1	m̩^{55}
9	1	n̻i^{55}	27	1	n̻i^{31}	45	1	ɑ^{31} ni^{55}
10	1	nə^{35}	28	1	n̻i^{13}	46	46	lă^{55} khoŋ^{51}
11	1	ni^{13}	29	1	ne̠^{31}	47	47	kɯ^{31} jin^{53}
12	1	kə nɛs	30	1	n̻i^{31}	48	1	kɑ^{31} n̩^{55}
13	1	wne	31	1	n̻i̠^{31}	49	1	kɑ^{31} ni^{55}
14	1	nɯ^{35}	32	1	ni^{53}	50	1	a n̻i
15	1	na^{35} tɕã^{53}	33	1	ni^{55}	51	1	n̻i^{33}
16	1	n̻i^{33}	34	34	kou^{33}			
17	1	nɛ^{55}	35	34	kõ^{33}；ne^{44}			
18	1	n̻i^{53}	36	34	kv^{33}			

原书编号：800　　词项：大　　S100：13

Lid	COR	form	Lid	COR	form	Lid	COR	form
1	1	tɕhen po	19	6	duɐ³⁵	37	37	tshi⁵³
2	1	tɕhẽ⁵⁵ po⁵³	20	20	a⁴⁴ zɻ³³	38	38	kri³
3	1	tɕhe⁵³ bo⁵³	21	21	ɣə³³	39	38	tɕi⁵⁵
4	1	tɕhe po	22	20	ʐe²¹	40	38	kʐə³¹
5	1	tɕhe	23	20	ʐɛ²¹	41	41	ko̱²¹
6	6	then⁵⁵ po⁵³	24	21	ɣA²¹	42	29	ɣə³⁵
7	1	tɕhi lo	25	21	ɣɛ³³	43	43	ua⁵⁵ dɯŋ³¹
8	8	baɹ	26	21	vu³¹	44	44	z̩i⁵⁵ a³¹
9	8	bʐɑ³³	27	6	dɯ³¹	45	6	tăi⁵³
10	10	çə⁵⁵ mə⁵³	28	6	dɻ¹³	46	46	kă³¹ pa³¹
11	6	ta⁵⁵	29	29	xɣ³¹	47	6	kɯ³¹ tai³⁵
12	12	kə ktE	30	29	xɯ³¹	48	43	dɯ³¹ ɹɯŋ⁵⁵
13	6	tɕhɛ	31	29	xɯ³¹	49	1	kɑ⁵⁵ tɕhi⁵⁵
14	14	ki³³ kɔ⁵³	32	32	ə¹¹	50	50	tə: pə
15	15	kɐ³³ kɐ⁵⁵	33	29	la³³ xɯ³³	51	51	a³³ bua³³
16	6	dɑ³³ dɑ³³	34	6	to⁵³			
17	17	ȵi⁵⁵ ȵi⁵⁵	35	6	to⁴²			
18	6	da⁵⁵ dzɻ³³	36	6	do⁴²			

原书编号：809　　词项：长　　S100：14

Lid	COR	form	Lid	COR	form	Lid	COR	form
1	1	riŋ po	19	8	ʂɛ̃⁵⁵	37	37	ɣɯe²¹ pa²¹
2	1	riŋ¹⁵ ku⁵³	20	8	a³³ ʂo³³	38	8	hraŋ̍²
3	1	rin¹³ bo⁵³	21	8	çe³³	39	8	çe²²
4	1	raŋ wo	22	8	ʂɿ⁵⁵	40	8	səŋ⁵⁵
5	1	raŋ	23	8	ʂi³³	41	8	xiŋ⁵¹
6	1	riŋ¹³ po⁵³	24	24	ŋA²¹；xɛ³³	42	8	xaŋ³¹
7	1	riŋ mo	25	8	se⁵⁵	43	43	ua⁵⁵ ȵa³¹
8	8	dʐi	26	8	ʃʅ⁴⁴	44	8	xɹɯ³¹
9	8	dʐe³³	27	8	ʂəɹ³¹	45	45	mɹɑ̌ŋ⁵³
10	8	ʂɑ̃⁵⁵ mə⁵³	28	8	ʂa³³	46	46	kɑ̌³¹ lu³¹
11	8	ʂɑ̃⁵⁵	29	29	mu⁵⁵	47	47	khɹɑ̌ŋ⁵⁵
12	12	kə skhEn	30	29	mo⁵⁵	48	46	kɑ³¹ lɯŋ⁵⁵
13	8	dʑi	31	29	mu⁵⁵	49	46	kɑ⁵⁵ loŋ⁵⁵
14	8	ʐɯ³³ ʐɯ⁵⁵	32	8	zɿ³¹	50	50	ja: ro
15	8	se³³ se⁵⁵	33	8	la³³ çɯ⁵⁵	51	51	a³³ pɹaŋ⁵³
16	16	xĩ⁵⁵	34	34	tsou²¹			
17	8	ja³³ ʂɛ⁵⁵	35	34	tsõ²¹			
18	8	da⁵⁵ ʂa³³	36	34	ʈõ²¹			

原书编号：801   词项：小   S100：15

Lid	COR	form	Lid	COR	form	Lid	COR	form
1	1	tɕhuŋ tɕhuŋ	19	8	e^{33} tsi^{33} tsi^{55}	37	37	$suan^{53}$
2	1	$tɕhuŋ^{55}$ $tɕhuŋ^{55}$	20	8	e^{55} $tsʅ^{33}$	38	16	$ŋɑj^{2}$
3	1	$tɕhuŋ^{53}$ $tɕhuŋ^{53}$	21	21	ba^{21}	39	16	$ŋɛ^{22}$
4	1	tɕhoŋ tɕhoŋ	22	22	u^{55} ; nu^{21}	40	22	$ɳi^{55}$
5	1	tɕhoŋ tɕhoŋ	23	23	$ʐe^{33}$	41	41	$tiʔ^{55}$
6	6	$priu^{53}$	24	22	nA^{33}	42	16	$ŋai^{31}$
7	7	ze mo	25	16	$ŋɛ^{55}$	43	27	$tɕi^{55}$ la^{55}
8	8	χtʂɑ	26	26	$ʑo^{44}$	44	44	a^{31} $ʔmɛ^{53}$ (tha^{35})
9	8	$pə^{31}$ $tʂhe^{55}$	27	27	$tɕi^{55}$	45	27	$tɕi^{55}$ $tɕăl^{53}$
10	8	ka^{35} tse^{35} $mə^{53}$	28	27	$tɕi^{13}$	46	27	$kă^{31}$ $tʃi^{31}$
11	8	qa^{13} $tsɛ^{35}$	29	22	ni^{55} ; $nɤ^{55}$	47	47	$kɯ^{31}$ $juŋ^{55}$
12	8	kə ktsi	30	22	$ɳi^{55}$	48	41	$kɯ^{31}$ tie^{53}
13	13	dau dau	31	22	$mɯ^{55}$	49	27	i^{55} $tɕi^{55}$ a^{55}
14	8	$tsɯ^{33}$ $tsɛ^{35}$	32	32	i^{33}	50	27	ɛː tɕop
15	8	tsi^{35} ka^{55}	33	22	a^{33} ne^{55}	51	27	$ciaŋ^{33}$
16	16	$ŋɛ̃^{55}$ $ŋɛ̃^{55}$ tsi^{33}	34	34	se^{31}			
17	17	$ma^{ˌ55}$ $ma^{ˌ55}$	35	34	se^{31}			
18	8	$ɛ^{33}$ $tsʅ^{55}$	36	34	$sɛ̃^{42}$			

原书编号：291　　词项：女人　　S100：16

Lid	COR	form	Lid	COR	form	Lid	COR	form
1	1	skje dman	19	1	a^{33} mi^{55} ə^{155} mi^{55}	37	1	ma^{21} ma^{21} tie^{55}
2	1	ce^{53} mɛ̃^{55}	20	1	a^{21} m̩(ɹ)^{33} zɯ^{33}	38	1	min^{3} ma^{1}
3	1	na^{13} mo^{53}	21	21	ȵi^{55} nɯ^{33}	39	1	mɛ̃^{55} ma^{53}
4	1	mo	22	21	ma^{21} ny^{55} yu^{21}	40	21	i^{31} ŋɔ^{31}
5	1	wo mo	23	1	tshA^{33} mo^{33}	41	1	mji^{21} ve^{21}
6	6	pom^{13}	24	1	mA^{21} tʂɛ^{33} mo^{33}	42	1	mji^{35} ɣɛ^{35}
7	1	mo jak tsa	25	1	mɛ^{21} dʑe^{21}	43	1	tɕha^{31} ma^{55} za^{55}
8	8	tsəm	26	1	za^{41} mɯ^{41} za^{41}	44	1	mi^{31} a^{31}
9	9	tɕi^{33}	27	1	mi^{55} tɕhy^{33}	45	1	pɯ^{31} ma^{55}
10	1	mø̃^{35} ba^{35}	28	1	mv^{13}	46	21	num^{33}
11	1	mi^{13} by^{55} ba^{13}	29	1	jɔ^{31} mi^{31}	47	1	kɯ^{31} mai^{35} sa^{53}
12	1	tə mi	30	1	za^{31} mi^{31}	48	1	me^{35} ja^{53} a^{31}
13	1	smɛ ŋa	31	1	zɔ^{31} mi^{31}	49	1	mi^{55} juŋ^{55}
14	1	mo^{55} ȵo^{53}	32	1	zA^{53} mi^{53} mA^{35}	50	1	ȵe mə:
15	15	zõ^{35}	33	1	khɔ^{33} mɔ^{44}	51	1	a^{33} mui^{53}
16	1	tshɹ^{33} me^{55} ȵa^{33}	34	21	ȵv^{33} ȵi^{21}			
17	1	xi^{55} ma^{55} ndza^{55} ma^{55}	35	21	jṽ^{33} jĩ^{21}			
18	1	zɻ^{33} mi^{55}	36	21	ȵu^{33} ȵi^{21}			

原书编号：290　　词项：男人　　S100：17

Lid	COR	form	Lid	COR	form	Lid	COR	form
1	1	khjo ka	19	9	$z\tilde{o}^{35}$ $ə^{155}$ mi^{55}	37	37	lo^{55} pa^{55} tie^{55}
2	1	cho^{53} ka^{53}	20	4	za^{21} bu^{33} $zɯ^{33}$	38	38	$jɔk$ kja^{3}
3	3	$çe^{55}$ pa^{53}	21	9	zu^{33} $ʐɔ^{33}$	39	38	$jɑuʔ^{44}$ $tɕa^{55}$
4	4	ho	22	4	$ʐu^{33}$ pa^{33}	40	40	i^{31} $tɕi^{55}$
5	4	ho rçi	23	4	$tshʌ^{33}$ pho^{21}	41	38	$juʔ^{21}$ ke^{51}
6	4	pu^{13}	24	4	zo^{21} pho^{21}	42	38	$jauk^{31}$ kai^{31}
7	4	pho jak tsa	25	4	$tshɒ^{21}$ $ç\underline{e}^{21}$	43	43	$ɡuɑ^{31}$ $tʂhɑ^{35}$
8	8	tɕim	26	9	$za\underline{u}^{31}$	44	44	$ʔi\underline{u}^{53}$ $ɑ^{31}$
9	9	$tʃ\eta^{33}$	27	9	zo^{33} $tɕhy^{33}$	45	45	$lɑŋ^{55}$ la^{53}
10	4	$pʉ^{35}$ $tshɛ^{35}$	28	9	zo^{33}	46	45	la^{33}
11	4	by^{13} $tshie^{13}$	29	29	$j\underline{a}^{31}$ $j\underline{v}^{33}$	47	47	$ɑ^{31}$ $wɑi^{53}$ $sɑ^{55}$
12	9	tə tsa	30	9	za^{31} jo^{33}	48	47	$mɑ^{31}$ wa^{53} $ɑ^{31}$
13	9	bʐɯ	31	9	za^{31} $z\underline{v}^{33}$	49	49	me^{55} ja^{55}
14	14	$thɯ^{55}$ $tshe^{53}$	32	32	$hɔ^{35}$ $qhʌ^{54}$	50	49	mi tur
15	9	zi^{35}	33	4	$khɔ^{33}$ $phɔ^{33}$	51	51	a^{33} fu^{11}
16	9	tsi^{55} $ȵɑ^{33}$	34	9	tsi^{44} $ȵi^{21}$			
17	17	lio^{55} lio^{55} $z\eta^{33}$	35	9	tsi^{33} $j\bar{i}^{21}$			
18	18	$phɛ^{33}$ $tʂ\eta^{55}$	36	9	tsi^{44} $ȵi^{21}$			

原书编号：289　　　词项：人　　S100：18

Lid	COR	form	Lid	COR	form	Lid	COR	form
1	1	mi	19	19	$h\tilde{i}^{55}$	37	37	lo^{53}
2	1	mi^{13}	20	18	$tsho^{33}$	38	37	lu^{2}
3	1	ηi^{53}	21	18	$tsh\mathfrak{o}^{21}$	39	37	lu^{22}
4	1	$\eta\vartheta$	22	18	$tshu^{55}$	40	18	$t\mathcal{s}o^{55}$
5	1	$m\eta\vartheta$	23	18	$tsh\Lambda^{33}$	41	41	pju^{51}
6	1	mi^{13}	24	18	$tshu^{33}$	42	41	pju^{31}
7	7	so ŋo	25	18	$tsh\mathfrak{p}^{21}$	43	43	$a^{31}\ tshaŋ^{35}$
8	1	$n\vartheta$	26	18	$tsho^{44}\ za^{31}$	44	7	su^{35}
9	1	$m\vartheta^{33}$	27	27	φi^{33}	45	43	$a^{31}\ ts\breve{a}ŋ^{35}$
10	1	$m\vartheta^{53}$	28	28	$x\tilde{i}^{33}$	46	18	$m\breve{a}^{31}\ \int a^{31}$
11	1	mi^{55}	29	18	$tshu^{55}$	47	43	$tsoŋ^{35}$
12	1	tə ɾmi	30	18	$tsho^{55}$	48	1	me^{35}
13	13	vdzi	31	18	$tsh\gamma\!_{\,}^{55}\mathfrak{o}^{31}$	49	1	$ci^{55}\ me^{55}$
14	1	$m\mathbf{e}^{35}\ ni^{35}$	32	18	$tsh\mathfrak{o}^{33}$	50	1	mi
15	1	$m\mathrm{uu}^{53}$	33	18	$tsh\mathbf{e}^{35}$	51	1	bi^{33}
16	1	$m\tilde{u}^{35}$	34	1	$\eta i^{21}\ ke^{\mathsf{J}35}$			
17	7	su^{55}	35	1	$j\tilde{i}^{21}\ k\tilde{\varepsilon}^{55}$			
18	18	$tsho^{33}$	36	1	$\eta i^{21}\ qo^{55}$			

原书编号：151　　词项：鱼　　S100：19

Lid	COR	form	Lid	COR	form	Lid	COR	form
1	1	ȵa	19	1	o^{55}	37	37	soŋ^{35}
2	1	ȵa^{13}	20	20	huɯ^{33}	38	1	ŋa^{3}
3	1	ȵa^{13}	21	1	ŋɔ^{33}	39	1	ŋa^{55}
4	1	ȵa	22	1	a^{21}	40	1	kǎ^{31} ʂua^{31} ; ŋa^{31} ʂua^{31}
5	1	ȵa	23	1	ŋo^{55}	41	1	ŋö^{21} tso^{21}
6	1	ȵA^{13}	24	1	A^{33} ŋo^{21}	42	1	ŋə̌^{55} tsɔ^{31}
7	1	ŋa	25	1	ŋo^{33} zo^{33}	43	1	ŋua^{55}
8	8	ʁdzə	26	1	ŋua^{55}	44	1	ŋa^{55}
9	8	dzɻ^{33}	27	1	ȵi^{33}	45	1	ŋa^{55} pȵǎʔ^{55}
10	8	dʐɨ^{53}	28	1	ȵi^{33} zo^{33}	46	1	ŋa^{55}
11	8	dʒə^{55}	29	1	ŋɔ^{31} sɔ^{31}	47	1	a^{31} ŋa^{55}
12	8	tʃu jo	30	1	ŋa^{31} de^{55}	48	1	ta^{31} ŋaŋ^{53}
13	8	ʁa jɯ	31	1	ŋɔ^{31} sɔ^{31}	49	1	a^{55} ŋa^{55}
14	8	ʁuɯ^{53}	32	1	ŋA^{54}	50	1	o ŋo:
15	8	z̻ũ^{35}	33	1	ŋɔ^{33}	51	51	ka^{33} fuaŋ^{53}
16	1	tʃɻ^{53} ȵi^{53}	34	1	ŋv^{35}			
17	8	zu^{55}	35	1	ŋv^{55}			
18	8	zu^{55}	36	1	ŋu^{55}			

原书编号：142　　词项：鸟　　S100：20

Lid	COR	form	Lid	COR	form	Lid	COR	form
1	1	bja	19	13	dʑyɛ^{33} mi^{55}	37	26	ȵie^{35} pi^{55}
2	1	tɕha^{13}	20	20	he^{33} tsɻ^{33}	38	21	hŋak
3	1	ça^{13} di^{53}	21	21	ŋa^{33}	39	21	ŋ̇ɛʔ^{44}
4	1	ndap tɕhak	22	21	a^{55} ŋ̍ɻ^{33}	40	40	mɔʔ^{55}
5	1	wça	23	21	ŋA̱^{33}；ȵɛ^{33}	41	21	ŋo̱ʔ^{55}
6	1	tɕA^{13}	24	20	xe̱^{33}	42	21	ŋo̱ʔ^{55}
7	7	kha	25	20	xe̱^{33}	43	1	tɕha^{55}
8	8	wə	26	26	ȵɛ^{35}	44	20	hã^{53}
9	9	dʑe^{241} ye^{55} mə^{33}	27	8	vu^{55} zi^{33}	45	15	pɯ^{31} tɕi^{55}①
10	10	guɛ^{35} tɕi^{35}	28	8	v^{31} ze^{13}	46	8	u̱^{31}
11	10	gue^{13} tsi^{55}	29	21	ŋa^{33} jɔ^{31}	47	8	wa^{35}
12	1	kə bjam	30	30	a^{55} dzi^{55}	48	15	pia^{55}
13	13	z̩dʐo vdʐo	31	20	xɔ^{31} tʃɻ^{55}	49	15	pɹa^{55} a^{55}
14	8	dʑe^{35} wu^{33}	32	21	ŋA^{53}	50	15	pə taŋ
15	15	pu^{55} tsi^{53}	33	21	ŋa^{33} zɔ^{33}	51	15	pə^{33} tu^{33}
16	13	tshɻ^{55} tshɻ^{33}	34	30	tso^{44}			
17	17	xuɑi^{55}	35	30	tso^{44} tsi^{33}			
18	18	giə^{55} zɻ^{55}	36	30	tso^{55}			

① 原书为 pm^{31} tɕi^{55}，现根据音系将 m 改为 ɯ。

原书编号：119   词项：狗   S100：21

Lid	COR	form	Lid	COR	form	Lid	COR	form
1	1	khji	19	1	khuɐ⁵⁵ ȵi³³	37	37	xa⁵⁵ lie²¹
2	1	chi⁵³	20	1	khɯ³³	38	1	khwe³
3	1	tɕhi⁵³	21	1	tɕhy³³	39	1	khwe⁵⁵
4	1	tɕhə	22	1	a⁵⁵ khɯ²¹	40	1	xui³¹
5	1	cçhə	23	23	A³³ nu̠⁵⁵	41	1	khui²¹
6	1	chi⁵³	24	1	tɕhi²¹	42	1	lə³¹ kha³⁵
7	1	khu	25	1	tɕhi³³	43	1	dɛ³¹ gȵ⁵⁵
8	1	khuə	26	1	a⁵⁵ na³¹ ; khɯ³¹	44	1	khui⁵⁵
9	1	khuə⁵⁵	27	1	khɯ³³	45	1	dɯ³¹ gɯi⁵⁵
10	1	khɯ³⁵ dʐa³⁵	28	1	khv³¹ mi¹³	46	1	kui³¹
11	1	tʂhə¹³	29	1	khɤ³¹	47	1	kui⁵⁵
12	1	khə na	30	1	a³¹ khɯ³¹	48	1	kuaɯ⁵³
13	1	kɯ ta	31	1	ɔ³¹ khɯ³¹	49	1	mi⁵⁵ ku⁵⁵
14	1	khuɯ⁵³	32	32	phɯ⁵³	50	1	i kiː
15	1	tɕhɯ⁵³	33	1	khɯ³³ jo³³	51	51	boh⁵³
16	1	khu⁵³	34	1	khua³³			
17	1	tʂho⁵⁵	35	1	khuã³³			
18	1	tʂhȵ³³	36	1	qhõ³³			

原书编号：162　　词项：虱子　　S100：22

Lid	COR	form	Lid	COR	form	Lid	COR	form
1	1	çig	19	1	$çɛ^{55}$	37	1	$si^{55}\,si^{55}$
2	1	$çiʔ^{53}$	20	1	$tʂho^{44}\,ʂɯ^{33}$	38	1	$thɑn^{3}$
3	1	$xhiʔ^{53}$	21	1	$çi^{33}\,mo^{55}$	39	1	$tθ\tilde{ɑ}^{55}$
4	1	çək	22	1	$çi^{55}$	40	1	$ʂan^{31}$
5	1	çək	23	1	$çi^{33}$	41	1	$ʃin^{21}$
6	1	$çeʔ^{53}$	24	1	$çi^{33}\,mo^{33}$	42	1	$ʃiŋ^{35}$
7	1	çiŋ	25	1	$çe^{21}$	43	43	$ʂɯŋ^{55}$
8	1	xtʂə	26	1	$xɯ^{44}$	44	1	$ʂɑ^{ˈ55}$
9	1	$χtʂi^{33}$	27	1	$ʂu^{33}$	45	1	$çïʔ^{55}$
10	1	$çi^{53}$	28	1	$ʂe^{33}\,mi^{33}$	46	1	$ʃä^{55}\,kʒat^{55}$
11	1	$ʃi^{55}$	29	1	$se^{55}\,phɣ̩^{55}$	47	1	$s\tilde{a}l^{53}$
12	1	sor	30	1	se^{55}	48	48	$tshɑɯ^{53}$
13	1	wçau	31	1	$ʃɛ^{55}\,fɣ̩^{55}$	49	48	$tshu^{53}$
14	1	$tshɐ^{55}\,mɐ^{55}$	32	1	se^{33}	50	1	ta jik
15	1	$çi^{55}$	33	1	$çɛ^{33}\,phɹo^{33}$	51	51	$pə^{33}\,ɣæ^{53}$
16	1	$ʃ̍^{53}$	34	1	$çe^{44}$			
17	1	$ʂɛ^{33}$	35	1	$çi^{44}$			
18	1	$ʂu^{55}$	36	1	$ʂi^{44}$			

原书编号：178　　词项：树　　S100：23

Lid	COR	form	Lid	COR	form	Lid	COR	form
1	1	ɕiŋ sdoŋ	19	1	sɑ⁵⁵ zə̃⁵⁵	37	37	kha²¹ moŋ²¹
2	1	ɕiŋ⁵⁵	20	1	sɻ̩³³ bo³³	38	1	thɑs pɑŋ
3	1	ɕhin⁵⁵ phu⁵³	21	1	se³³	39	1	tθiʔ⁴⁴ pĩ²²
4	4	hdoŋ wo	22	1	sɻ̩³³ dzɻ̩⁵⁵	40	1	sɑŋ³¹ tseŋ⁵⁵
5	1	xhəŋ rdoŋ	23	1	se³³ dzɯ³³	41	1	sik⁵⁵
6	1	ɕeŋ⁵⁵ mA⁵³	24	1	si̠³³ tsɛ³³	42	1	sa̠k⁵⁵
7	1	ɕiŋ	25	1	ɕi̠³³ dzɛ²¹	43	1	sɻ̩⁵⁵ dzɯn³¹
8	8	phəq	26	1	e⁵⁵ dzɻ̩³³	44	1	si⁵³ dzə̃˩³⁵
9	8	pho⁵⁵	27	1	ndzəɻ³¹	45	1	ɕiŋ⁵⁵
10	1	sẽ³⁵ bõ³⁵	28	1	sɻ̩³³ dzɻ̩³³	46	8	phun⁵⁵
11	1	siɛ̃¹³ sbõ⁵⁵	29	1	sɻ̩³³ tsɻ̩⁵⁵	47	1	sãŋ³⁵
12	8	ʃək phu	30	8	a⁵⁵ bo⁵⁵	48	1	mɑ³¹ sɯŋ⁵⁵
13	1	sɻ̩ pho	31	1	ɔ⁵⁵ tsɻ̩⁵⁵	49	1	mɑ⁵⁵ seŋ⁵⁵ boŋ³⁵
14	1	tshɯ⁵⁵ pho³⁵	32	1	sɻ̩⁵⁴	50	1	ɯ ɕɯŋ
15	1	se⁵⁵	33	1	a³³ tsɯ³³	51	51	he¹n³³
16	1	sɛ̃³³ po⁵³	34	1	tsɯ³¹			
17	1	si⁵⁵ pu⁵⁵	35	1	tsɯ³¹			
18	1	sɻ̩³³ po⁵⁵	36	1	ɖɯ⁴²			

原书编号：220　　词项：种子　　S100：24

Lid	COR	form	Lid	COR	form	Lid	COR	form
1	1	son	19	7	hɑ⁵⁵ lye³³	37	7	ȵie⁵⁵ lan⁵⁵
2	1	sø̃⁵⁵	20	7	l̩(ɿ)	38	38	mjo³ se¹
3	1	shen⁵⁵	21	21	sɿ⁵⁵ mo²¹	39	38	mjo⁵⁵ si⁵³
4	1	sha won	22	21	hɑ⁵⁵ ʂɿ²¹	40	38	a³¹ ȵau³¹
5	1	soŋ wən	23	21	ʂi⁵⁵ mo³³	41	38	a²¹ mji²¹
6	6	tɕu¹³	24	21	ʂi⁵⁵ tʂho³³	42	38	mjuk⁵⁵
7	7	li	25	21	si²¹	43	43	ŋ̩³⁵ im³¹
8	8	tʃhaz	26	21	e⁵⁵ ʃɿ⁵⁵	44	21	viɯ⁵⁵；çi⁵⁵
9	9	zuə³¹ zɑ²⁴¹	27	7	ləɹ⁵⁵	45	43	ɑŋ³¹ çi⁵⁵；ɑŋ³¹ ɟɯ⁵³
10	7	le³⁵	28	7	la¹³	46	7	li³³
11	7	la⁵⁵	29	18	a³¹ tsɿ³³	47	7	xɑ³¹ lɯi³⁵
12	12	tə rpi	30	18	a⁵⁵ zø³¹	48	48	tɑ³¹ piɑi⁵⁵
13	13	z̩ɕɯ	31	14	ɔ⁵⁵ ji³¹	49	48	ɑ⁵⁵ pɹe⁵⁵
14	14	ɣɯ³⁵	32	18	ɔ³¹ zɔ⁵³	50	7	um liː
15	7	lø⁵³	33	18	a³³ tsi⁴⁴	51	18	mə³³ θæ⁵³
16	16	tɕhyi⁵⁵	34	18	tsv³³			
17	17	gɛ⁵⁵	35	18	tsv̄³³			
18	18	z̩ɿ⁵⁵	36	18	po⁵⁵ tɕõ³³			

原书编号：224　　　词项：叶子　　　S100：25

Lid	COR	form	Lid	COR	form	Lid	COR	form
1	1	lo ma	19	16	sã⁵⁵ yɛ³³	37	21	ɣɯe⁵⁵ tha⁵⁵
2	1	lo¹³ ma¹³	20	9	tɕhi⁴⁴ tɕhi³³	38	38	ɑ¹ rwɑk
3	1	lo¹³ ma⁵³	21	21	se³³ ʈhu³³	39	38	ɑ jwɛʔ⁴⁴
4	1	lo ma	22	10	sɻ̩³³ phi̠²¹	40	40	a³¹ xz̺oʔ⁵⁵
5	1	lo ma	23	10	phe⁵⁵	41	40	a²¹ xaʔ⁵⁵
6	1	lɔ¹³ mA⁵³	24	10	i³³ ʈho²¹ ; no⁵⁵ phe̠²¹ ʈho²¹	42	10	phɔʔ⁵⁵ ; fɔʔ⁵⁵
7	1	ça ba	25	10	phe̠²¹ ɕi³³ ~	43	43	dʑi³¹ ɕɛm⁵⁵
8	8	khçaq	26	10	e⁵⁵ phiɛ³¹ ; e⁵⁵ tʃhe³¹	44	10	si⁵³ pha̠⁵³ ɬa⁵⁵
9	9	tɕha⁵⁵ qə³³	27	10	phiə⁵⁵	45	45	ɕiŋ⁵⁵ lǎp⁵⁵
10	10	pa³⁵	28	17	tshe³¹ tshe¹³	46	1	lap³¹
11	10	sɛ¹³ spa⁵⁵	29	10	a³¹ pha̠³¹	47	1	lɑp⁵³
12	12	tɐ jwɐk	30	10	a⁵⁵ pa̠³¹	48	48	naŋ³⁵
13	10	lba la	31	10	a⁵⁵ pha³¹	49	48	naŋ³⁵
14	1	lo³⁵ mɑ⁵³	32	10	ɔ³¹ phA²¹	50	48	a nə
15	1	lo³⁵ ma⁵³	33	10	a³³ pha³³	51	1	heʳn³³ lɯk³³
16	16	je⁵⁵ je⁵⁵	34	34	se⁴⁴			
17	17	si⁵⁵ tsha⁵⁵	35	34	se⁴⁴			
18	18	tshɻ̩³³ tshɻ̩⁵⁵	36	34	ʂeˠ⁴⁴			

原书编号：222　　词项：根　　S100：26

Lid	COR	form	Lid	COR	form	Lid	COR	form
1	1	rtsa ba	19	19	khɯ³⁵	37	1	tɕi⁵⁵ la²¹
2	1	tsa⁵⁵	20	20	ndʑi²¹ pa³³	38	6	ɑ¹ mrɑs
3	3	den⁵⁵ pa⁵³	21	1	tshɯ²¹	39	6	ɑ mjiʔ⁴⁴
4	1	htsa pa	22	1	tɕi³³	40	6	a³¹ mʐat⁵⁵
5	1	rtsa wa	23	1	tɕe³³	41	18	a²¹ pun⁵¹
6	6	rA¹³	24	18	i³³ bu̠³³	42	18	pa̠n³¹；a³¹ pa̠n³¹
7	1	tsa	25	18	pA̠²¹	43	6	ɕɯŋ⁵⁵ ɻɯ³¹
8	1	kɑ pɑ	26	1	e⁵⁵ tʃe³³	44	19	gɯ⁵⁵
9	1	kie³³	27	19	khɯ³³	45	6	aŋ³¹ ɻɯ⁵⁵
10	10	bʐɛ̃³⁵	28	6	mv³³ tsʅ¹³	46	6	ʒu³¹
11	10	bʐã¹³	29	1	ɔ³¹ tshɤ⁵⁵	47	6	kɻɑ⁵³
12	12	tɐ srɐm	30	1	a⁵⁵ tɕhi⁵⁵	48	6	xɑ³¹ ɻɑi⁵⁵
13	13	sqha	31	1	ɔ⁵⁵ tɕhi⁵⁵①	49	6	hɑ⁵⁵ ɻo⁵⁵
14	13	qa³³ ndʐe⁵⁵	32	19	ɔ³¹ gə³³	50	18	pa pɯɯ
15	1	tsa⁵⁵ la⁵⁵	33	1	a³³ tɕhe⁴⁴	51	51	heˀh³³ kuŋ³³
16	16	nɛ³⁵	34	6	mi⁴⁴			
17	17	nbaˀ⁵⁵	35	1	te⁴⁴			
18	18	pɛˀ³³	36	6	meˀ⁴²			

① 原书为 ɔ⁵⁵ tɕhj⁵⁵，现参考哈尼语音系改为 ɔ⁵⁵ tɕhi⁵⁵。

原书编号：266　　词项：皮肤　　S100：28

Lid	COR	form	Lid	COR	form	Lid	COR	form
1	1	paɡs pa	19	19	ɣɐ³⁵	37	1	tha⁵⁵ pha²¹
2	1	pak⁵³ pa⁵³	20	8	ndʐɻ⁴⁴ ʂɯ³³	38	8	a¹ tha³ a¹ re²
3	1	pa⁵⁵ pa⁵³	21	8	ndʐi²¹	39	8	a tθa⁵⁵ a je²²
4	1	wak kwa	22	22|8	ɡɯ⁵⁵ tʂu̞²¹	40	8	a³¹ z̩ɻ⁵⁵
5	1	wok kwa	23	23|8	xo²¹ dʑi³³	41	26	ʃö²¹ ku̠ʔ⁵⁵
6	6	phe⁵⁵ khu⁵³	24	23|8	xo²¹ tɕi³³	42	42	sö³⁵ jam⁵⁵
7	7	moŋ naŋ	25	8|1	dʑi⁵⁵ phi⁵⁵	43	1	sa⁵⁵ pho³¹
8	8|1	nə ɹə pi	26	26	ko³⁵ dʒi³³	44	26|8	khu³¹ ɹi³⁵
9	8|1	tʃhŋ̍³¹ pa³³	27	22|1	ɣɯ³³ phi³¹	45	43	aŋ³¹ pům⁵⁵
10	8	rə⁵³	28	22	ɣɯ¹³	46	43	phjiʔ³¹
11	8	z̩ɤ¹³	29	29	ɔ³¹ tsi⁵⁵	47	47	uŋ³⁵
12	8	tə ndʐi	30	22	sa³¹ ɡɯ⁵⁵	48	26	ko⁵⁵
13	8	dʑi dʑa	31	8	ʃɔ³¹ tshɯ⁵⁵	49	26|1	ko⁵⁵ pɹa⁵⁵
14	8	z̩ɯ³⁵ mbɐ⁵³	32	22	ɔ³¹ ɡɯ³¹	50	43	a pin
15	10	ri³¹	33	26	a⁴⁴ kho⁴²	51	26	a³³ kə⁵³
16	8	çi⁵³	34	1	pe²¹			
17	8|1	ndz̩o⁵⁵ pi⁵⁵	35	1	pe²¹			
18	16	ə˩⁵⁵ ʂɻ³³	36	8	tɕui³³ qa⁵⁵			

原书编号：399　　词项：肉　　S100：29

Lid	COR	form	Lid	COR	form	Lid	COR	form
1	1	ça	19	1	biɛ³³ tshɛ⁵⁵	37	1	si²¹
2	1	ça⁵³	20	1	ʂɯ³³	38	1	a¹ tha³
3	1	xha⁵³	21	1	fu³³	39	1	a tθɑ⁵⁵
4	1	xha	22	1	xɑ²¹	40	1	ʂua³¹
5	1	xha	23	1	xo²¹	41	1	ʃo²¹
6	1	çA⁵³	24	1	pA³³ xo²¹	42	1	ʃɔ³⁵
7	1	ça	25	1	xo³³	43	1	çɑ⁵⁵
8	8	pis	26	1	xuɑ³¹	44	1	çɑ⁵⁵
9	1	tʃhɳ⁵⁵	27	1	ʂɯ³³	45	1	çɑ⁵⁵
10	1	ʂə⁵³	28	1	ʂe³³	46	1	ʃan³¹
11	1	ʃɤ⁵⁵	29	1	sɔ³¹	47	47	çin⁵³
12	1	ʃa	30	1	sa³¹	48	48	tɑ³¹ bɹeŋ⁵³
13	13	nthu	31	1	ʃɔ³¹；ja³¹ ʃɔ³¹	49	48	jaŋ⁵⁵ bɹeŋ⁵⁵
14	13	ndo⁵⁵	32	1	sA¹¹	50	13	i din
15	13	thõ⁵⁵	33	33	ke³⁵	51	51	mə³³ rik³³
16	1	çi⁵³	34	33	ke˩²¹			
17	1	ʂɿ⁵⁵	35	33	kɛ²¹			
18	1	ʂɿ³³	36	33	qɑ²¹			

原书编号：268　　词项：血　　S100：30

Lid	COR	form	Lid	COR	form	Lid	COR	form
1	1	khraɡ	19	6	sɛ⁵⁵	37	37	mie⁵³
2	1	tʂhaʔ⁵³	20	6	sɿ³³	38	6	thwe³
3	1	tʂhɑʔ⁵³	21	6	çi³³	39	6	tθwe⁵⁵
4	1	tɕhak	22	6	sɿ²¹	40	6	sui³¹
5	1	cçhak	23	6	si²¹	41	6	sui²¹
6	6	ceʔ⁵³	24	6	si²¹	42	6	sa³⁵
7	7	ji	25	6	si³³	43	6	ʂɯ⁵³
8	6	sɑ	26	6	sɿ³¹	44	6	sui⁵⁵
9	6	sɑ³³	27	6	sa³³	45	6	çɯi⁵⁵
10	6	se³⁵	28	6	se³³	46	6	sai³¹
11	6	sa¹³	29	6	ɔ³¹ si³¹	47	6	ɑ³¹ ɹui³⁵
12	6	ta ʃi	30	6	si̠³¹	48	6	xɑ³¹ ɹuɑi⁵³
13	6	she	31	6	ʃɿ³¹	49	6	i⁵⁵ ɹu⁵⁵
14	6	sa⁵³	32	6	ɔ³¹ sɿ¹¹	50	7	u ji:
15	6	sai⁵³	33	6	a³³ çi⁴⁴	51	51	hue⁵³
16	6	tsɿ⁵³	34	6	suɑ⁴⁴			
17	6	ʂo⁵⁵	35	6	suɑ⁴⁴			
18	6	sɛ³³	36	6	suɑ⁴⁴			

原书编号：170　　词项：蛋　　S100：33

Lid	COR	form	Lid	COR	form	Lid	COR	form
1	1	sgo ŋa	19	16	rɛ³³ ʁo³⁵	37	6	a⁵⁵ lie⁵⁵
2	1	ko¹³ ŋa¹³	20	20	tɕhi²¹	38	22	û¹
3	1	go¹³ ŋa⁵³	21	21	ndo⁵⁵	39	22	u⁵³
4	1	hgoŋ wa	22	22	fu³³	40	22	uʔ³¹
5	1	rgoŋ ŋwa	23	22	xu̲³³；fu̲³³	41	22	a²¹ u⁵⁵
6	6	khAʔ⁵³ lum⁵³	24	21	i³³ ʈho³³	42	22	a̲u⁵⁵
7	1	go tham	25	22	fu²¹(ʐe̲~)	43	6	lim⁵⁵
8	8	tɕi wəst	26	22	e⁵⁵ fu⁴⁴	44	44	ɹɑ³¹ ʔu³¹
9	9	χtə⁵⁵	27	1	kv³³	45	6	kɑ⁵⁵ lǔm⁵³
10	1	rɛ³⁵ ku⁵⁵	28	1	ko⁵⁵	46	46	ti³¹
11	9	skhi⁵⁵ tsə⁵⁵	29	22	v̩³³	47	47	kɹai⁵⁵ sit⁵⁵
12	1	ta gam	30	22	a⁵⁵ u̲³³	48	48	mɑ³¹ nɑ⁵³
13	9	ʐa stu	31	22	a⁵⁵ v̲³³	49	49	tɕɑ⁵⁵
14	14	va³³ vɑ⁵⁵	32	22	u³³	50	50	pɯ pɯː
15	1	gõ³⁵ ŋa⁵³	33	22	ɑ³³ vu³³	51	16	mə³³ ri³³
16	16	nɑ³³ ʃʅ⁵³	34	16	se⁴²			
17	9	tsɛ⁵⁵	35	16	sẽ⁴²			
18	18	ɦiɛ⁵⁵ yo⁵⁵	36	16	sẽ⁴²			

原书编号：176   词项：角   S100：34

Lid	COR	form	Lid	COR	form	Lid	COR	form
1	1|3	rwa tço	19	3	qhuɐ^{55}	37	3	khɯe^{55}
2	1|3	ra^{53} ko$ʔ^{53}$	20	20	o^{33} fu^{33}	38	38	khjo^2
3	3	tçhu^{53}	21	3	o^{33} tçhi^{33}	39	38	khjo^{22}
4	1|3	ra tço	22	3	khu̠^{55}	40	38	khzౢau^{55}
5	1|3	ra cço	23	3	tçho^{33}	41	38	khjui^{51}
6	1	ruː^{13}	24	3	o^{55} tʂhi^{33}	42	38	khjuk^{31}
7	1	wa roŋ	25	3	tshi^{21}(ni^{33} ~)	43	43	ʔi^{55} ku^{31}
8	1	ɹəɹ	26	3	o^{55} tʃhi^{44}	44	38	khɹɯ^{35} ɑ^{55}
9	9	ʐɑ^{33} qə^{55}	27	3	kho^{33}	45	3	tçi^{31} xɹɯ^{55}
10	3	tʂhu̠^{53}	28	3	khər^{33}	46	46	n̩^{31} ʒuŋ^{33}
11	3	tʂhy^{55}	29	3	ɣ^{31} tshi^{55}	47	1	kɹǎŋ^{35}
12	1	tə ru	30	3	khø^{55}	48	1	ɹɑu^{55}
13	13	qlɛm bɛ la	31	3	ɣ^{31} tçhi^{55}	49	1	ɹu^{55}
14	3	tʂhɯ^{55} mbɐ^{53}	32	3	khɔ^{53}	50	1	a raŋ
15	1|3	ʐa^{35} tço^{53}	33	3	vu^{33} khi^{33}	51	51	a^{33} kə^{33} vuaŋ^{33}
16	16	we^{53}	34	3	kv^{44}			
17	1	ru^{55}	35	3	kv^{44}			
18	3	qhuə^{ɹ53}	36	3	qõ^{44}			

原书编号：177　　词项：尾巴　　S100：35

Lid	COR	form	Lid	COR	form	Lid	COR	form
1	1	rŋa ma	19	10	mie³³ tsɯ̄⁵⁵	37	37	lie²¹ phoŋ³⁵
2	1	ŋa⁵³ ma¹³	20	8	phu²¹ ʂu³³	38	10	ɑ¹ mri³
3	1	ŋa⁵⁵ ma⁵³	21	10	mo²¹ so³³	39	10	ɑ⁵³ mji⁵⁵
4	1	hŋa ma	22	10	me²¹ phe²¹	40	40	tɕhi³¹ ȵaŋ³⁵
5	1	rŋa ma	23	10	mɛ⁵⁵ tɛ³³	41	10	ʃŏ²¹ mji²¹
6	6	khlɛʔ⁵³	24	10	mʌ⁵⁵ dʐi²¹	42	10	ʃɔ̃³⁵ mji³¹
7	7	ɕam pi	25	10	mɛ³³	43	10	ni³¹ tɕhuŋ⁵⁵
8	8	su ka	26	10	e⁵⁵ mɯ⁵⁵	44	10	ṃi³¹ pɔ⁵⁵
9	8	suɑ⁵⁵ kie³³	27	10	ma³³	45	10	mi⁵⁵ tɕɔ̃ʔ⁵⁵
10	10|37	mɛ̃³⁵ ɬio⁵³	28	10	ma³³ ko³¹	46	10	mai³¹
11	10|37	mɛ¹³ ɬiɛ⁵⁵	29	10	tɔ³¹ me³¹	47	10	ɑ³¹ mɑ̆i⁵⁵
12	10	tɕi jmi	30	10	dɔ³¹ mi³¹	48	10	lɯ³¹ mɯn⁵⁵
13	1	ʐŋɛ ma	31	10	tu³¹ me³¹	49	10	lɯ³¹ mum⁵³
14	10	mɯ³⁵	32	10	me³¹ tu³³	50	50	ɛm ȵo
15	1	ŋa⁵⁵ ma⁵³	33	10	tɔ⁴⁴ smi³³	51	51	a³³ ȵuk³³ kuaŋ³³
16	10	mi³³ kue⁵³	34	10	mi⁴² tu³⁵			
17	10	mɛ³³ ntʃhɛ⁵⁵	35	1	ŋv³³ tṽ⁵⁵			
18	10	mɛ³³ qu⁵⁵	36	10	me⌐³³ quɑ⁵⁵			

原书编号：232　　词项：头　　S100：38

Lid	COR	form	Lid	COR	form	Lid	COR	form
1	1	mŋo	19	13	ʁo³³ ɬo³⁵	37	1	kho⁵⁵ pa⁵⁵
2	1	ko¹³	20	16	i³³ tɕhi³³	38	1	khɔŋ³
3	1	ngo³¹	21	16|1	o³³ gu⁵⁵	39	1	khãũ⁵⁵
4	1	ngo	22	16|34	u²¹ dy⁵⁵	40	1	nă³¹ kuaŋ³¹
5	1	ngo	23	16|1	u⁵⁵ kɯ³³	41	16	u²¹ lum²¹
6	1	kɔk¹³ theʔ⁵³	24	16|1	o⁵⁵ ko³³	42	16	au³³ lam³⁵
7	7	ça raŋ	25	25|1	ŋu³³ kɯ³³	43	43	la³¹ phuŋ⁵⁵
8	1	qə patʂ	26	16|34	o⁵⁵ du³³	44	16|43	u³¹ phu⁵⁵
9	1	qə³³ po⁵⁵ tʂʅ³³	27	1	kv³³ ly³³	45	16	u⁵⁵
10	1	khu⁵³	28	16	ɣo⁵⁵ khuɑ³³	46	43	po³³
11	1	qho⁵⁵	29	29|1	ɣ³¹ khe³¹	47	1	kɯɯ⁵³
12	1	ta ko	30	16|34	u³¹ du³¹	48	1	kɹu⁵³
13	13	ʁuə	31	16|34	ɣ̩³¹ tv̩³¹	49	1	e⁵⁵ ko⁵⁵ ɹɑ
14	13	ʁɐ³⁵ lø³³	32	16|1	o³⁵ qo¹¹	50	43	tum pɯɯ
15	13	xo⁵³	33	16|1	vu³³ khɛ³³	51	1	kɔ⁵³
16	16	wɛ³³ jɛ̃⁵³	34	34	tɯ³¹ po²¹			
17	13	vi³³ li⁵⁵	35	34	tɯ²¹ po²¹			
18	13	ʁo⁵⁵ əʲ⁵⁵ ly³³	36	34	to³³ qɑ⁴⁴			

原书编号：241　　　词项：耳朵　　　S100：39

Lid	COR	form	Lid	COR	form	Lid	COR	form
1	1	rna	19	18	ɬɛ⁵⁵ yi⁵⁵	37	37	ən²¹ tɕhie³⁵
2	1	am⁵⁵ tɕoʔ⁵³	20	1	nu̥ɯ²¹ po³³	38	1	naˀ³ rwɑk
3	1	na⁵⁵ ço⁵³	21	18	lɔ²¹ pɔ²¹	39	1	na⁵⁵ jwɛʔ⁴⁴
4	1	hnam dʐok	22	1	nɑ²¹ pu⁵⁵	40	1	ni³¹ tʂhua³¹
5	1	hnam dʐok	23	1	no⁵⁵ pʌ³³	41	1	nǒ²¹ phjo²¹
6	1	nem¹³ nɛʔ⁵³	24	1	no³³ pʌ³³	42	1	nə̌³¹ khjɛʔ⁵⁵
7	1	rna	25	18	lo⁵⁵ pɒ⁵⁵	43	1	a⁵⁵ nɑ³¹
8	1	nə ku	26	1	na⁴⁴ po⁴⁴	44	1	nɑ⁵⁵ sh ə̯̥ɹ³⁵
9	1	ȵi³¹ kie³³	27	18ǀ36	xe⁵⁵ tsɯ³¹	45	1	a³¹ nɑ⁵³
10	1	nɐ⁵⁵ pɐ⁵³	28	18	ɬe³³ pi³¹	46	1	na³³
11	1	na⁵⁵ dʒo⁵⁵	29	1	nɔ³¹ pu⁵⁵	47	47	iŋ⁵⁵
12	1	tə rna	30	1	na³¹ bo⁵⁵	48	1ǀ51	kɹu⁵³ nɑŋ³⁵
13	1	ȵaŋ	31	1	nɔ³¹ pɣ̩⁵⁵	49	1ǀ51	a³¹ kɹu⁵⁵ na⁵⁵
14	1	ȵyi³⁵	32	1	nʌ³¹ pɔ³³	50	1	ȵa ruŋ
15	1	ne⁵⁵ po⁵⁵ to⁵⁵	33	1	na³³ kho⁵⁵	51	51	a³³ kut̠³³
16	1	nɔ³⁵	34	1	ȵv³³ to⁴²			
17	1	nɑ⁵⁵ ku⁵⁵	35	1	jũ³³ tɯ²¹ kuã⁵⁵			
18	18	hĩ³³ pa³³	36	36	ẽ³³ tɕui²¹			

原书编号：238　　词项：眼睛　　S100：40

Lid	COR	form	Lid	COR	form	Lid	COR	form
1	1	miɡ	19	1	ȵɛ³³ ji⁵⁵	37	37	lo³⁵ pu⁵⁵
2	1	miʔ⁵³	20	1	ȵɔ³³ dzɻ²¹	38	1	mjɑk se¹
3	1	ȵiʔ⁵³	21	1	na³³ du³³	39	1	mjɛʔ⁴⁴ si⁵³
4	1	hȵək	22	1	mi̠³³ ɕe²¹	40	1	ȵɔʔ⁵⁵ tsiʔ³¹
5	1	ɣȵək	23	1	me̠³³ du²¹	41	1	mjoʔ²¹ tʃi⁵⁵
6	1	meʔ⁵³	24	1	ne³³ sA²¹	42	1	mjɔʔ³¹ tʃik⁵⁵
7	1	miŋ	25	1	ne³³ sɛ³³	43	1	ȵi⁵⁵ luŋ⁵⁵
8	8	qən	26	1	miɛ⁴⁴ sɯ³¹	44	1	miɑ⁵³ dʑi³¹
9	1	mi⁵⁵	27	1|37	miə³¹ ly³³	45	1	mĕʔ⁵⁵
10	1	ȵɛ⁵³	28	1|37	ȵɑ³¹ lɻ³³	46	1	mjiʔ³¹
11	1	miɑ⁵⁵	29	1	ma̠³³ tsɻ³³	47	1	min⁵⁵
12	1	tə mȵak	30	1	mja̠³³	48	37	bɯ³¹ lɯm⁵⁵
13	1	mau	31	1	ma³³ tsi̠³³	49	37	e⁵⁵ lo⁵⁵ bɹɑ⁵⁵
14	1	mi⁵³	32	1	mɛ⁵⁴ si¹¹	50	1	mik
15	1	ȵe⁵⁵	33	1	mja⁴² tsi⁴⁴	51	51	kək³³
16	1	ȵɑ³⁵	34	34	ui³³ sv⁵⁵			
17	1	miɑ⁵⁵；do⁵⁵ ku⁵⁵	35	34	ŋui³³			
18	1	miɛ⁵⁵	36	34	ṽi³³			

原书编号：240　　词项：鼻子　　S100：41

Lid	COR	form	Lid	COR	form	Lid	COR	form
1	1	sna	19	1	ŋ̊a⁵⁵ qũ³³	37	37	ən³⁵ tɕhi⁵⁵
2	1	na⁵³ khuʔ⁵³	20	1|34	na²¹ bi⁵⁵	38	1	hnɑ² khɔŋ³
3	1	nḁ⁵³	21	1	nɔ³³ mo⁵⁵	39	1	nɑ̥²² khɑũ⁵⁵
4	1	hna	22	1	na⁵⁵ khṵ³³	40	1	ŋ̊ɔŋ⁵⁵; ni³¹ ŋ̊ɔŋ⁵⁵
5	1	r̩na	23	1|34	no³³ bḛ³³	41	1	no̰⁵¹
6	1	nA⁵³	24	1|34	no³³ bo̰²¹	42	1	nɔ̰³¹
7	1	na wuŋ	25	1	no⁵⁵ ko̰²¹	43	1	sʅ³¹ na⁵⁵
8	8	stɤq	26	1|34	na⁴⁴ khu⁴⁴；na⁴⁴ bi³³	44	1	nḁ⁵⁵ kɑ̃³⁵
9	1	χȵi³¹ qo⁵⁵ pə³³	27	1	ȵi⁵⁵ məɻ³¹	45	1	ʂɯ³¹ na⁵⁵
10	1	nə̥³⁵ ɣiã⁵³	28	1	ȵi³³ gə³³	46	36	lã⁵⁵ ti⁵¹
11	11	xiɛ̃¹³ dʒõ⁵⁵	29	1	na⁵⁵ mẽ⁵⁵	47	1	min⁵⁵ nioŋ³⁵
12	1	tə ʃna	30	1	na⁵⁵ me⁵⁵	48	1|50	xɑ³¹ niɑ⁵³ pɯm⁵⁵
13	1	sni	31	1	nɔ⁵⁵ mɛ⁵⁵	49	1|34	e⁵⁵ ȵɑŋ⁵⁵ bo⁵⁵
14	1	sɯ⁵³	32	1	nA³¹ qhɔ⁵³	50	50	ʐa pɯm
15	1	nḁ³⁵ ko⁵³	33	1|36	nɔ³³ to⁴⁴	51	50	pɔk³³
16	1	ȵo̥⁵⁵ kũ⁵³	34	34	pi³¹ fv⁴⁴ tsi⁴⁴			
17	1	sʅ⁵⁵ nbu⁵⁵	35	1|36	ŋv²¹ khv³³ tɯ²¹			
18	1	ȵi³³ nga⁵⁵	36	36	qhuɛ̃ʴ⁴² ʈɯ²¹			

原书编号：242　　词项：嘴　　S100：42

Lid	COR	form	Lid	COR	form	Lid	COR	form
1	1	kha	19	7	ȵi^{55} çã^{33}	37	34	tsa^{35} tɕhi^{55}
2	1	kha^{53}	20	1	kha^{21} phi^{55}	38	16	pɑ^{3} sɑp
3	1	kha^{53}	21	7	mi^{13} pu^{21}	39	16	pɑ^{55} sɑʔ^{44}
4	1	kha	22	1	khɑ^{21} phy^{21}	40	7	ȵot^{55}
5	1	kha	23	7 l 1	mɛ^{21} khu̠^{33}	41	7	nu̠t^{55}
6	1	khʌ^{53}	24	7	ni^{21} phe̠^{21}	42	7	nᴀt^{55}
7	7	no waŋ	25	7	ne^{21} pho^{21}	43	15 l 10	lo^{55} mo^{31}
8	8	dzə kuə	26	7 l 15	mɯ^{31} lɯ^{35}	44	7	nɑ^{55} khɔ̃^{35}
9	1	χqɑ^{55}	27	7	nv^{55}	45	7	nɯi^{55}
10	7	ŋ̍õ^{35}	28	7	ȵe^{31} to^{31}	46	1	n̩^{31} kup^{31}
11	11	xiõ^{13}	29	7	ɔ^{31} me^{31}	47	34	ȵtɕhɯɯ^{53}
12	1	tə kha	30	7	me^{31} bɔ^{31}	48	48	thɯ^{31} ɻɯm^{53} bɯm^{35}
13	11 l 10	fia mo	31	11 l 10	xɔ^{31} me^{33}	49	1	e^{55} ko^{55} be^{53}
14	7	ŋɯ^{35} tsø^{35}	32	7	mɔ^{21} qɔ^{33}	50	7 l 16	nap paŋ
15	15	la^{53}	33	7	mø^{33} mø^{33}	51	51	çək^{33}
16	16	ũ^{55} pɑ^{53}	34	34 l 1	tɕui^{33} kɑ^{35}			
17	17 l 16	sɿ^{55} nphɑ^{55}	35	34 l 1	tɕv^{33} kɛ^{55}			
18	7	mi^{33} mphsɿ^{55}	36	34 l 1	tɕo^{33} qo^{55}			

原书编号：244　　　词项：牙齿　　　S100：43

Lid	COR	form	Lid	COR	form	Lid	COR	form
1	1	so	19	19	βɛ⁵⁵	37	1	si⁵⁵ si⁵⁵
2	1	so⁵³	20	20	dzʐ̩³³	38	1	thwɑ³
3	1	sho⁵³	21	20	dzə²¹ mo²¹	39	1	tθwɑ⁵⁵
4	1	sho	22	1	çy²¹	40	20	tçoi⁵⁵
5	1	sho	23	1	si²¹；sɯ²¹	41	20	tsui⁵¹
6	6	wA⁵³	24	20	tʂA³³ ɣɯ²¹	42	20	tsɔi³¹
7	1	ça	25	20	dzɛ²¹	43	1	ɑ⁵⁵ sɑ⁵⁵
8	1	ʂə	26	1|20	sɿ³¹ tʃhi⁴⁴	44	1	shua⁵⁵
9	1	suə⁵⁵	27	14	xɯ³³	45	1	sɑ⁵³
10	1	ʂʉ⁵³	28	14	xi⁵⁵	46	46	wa³³
11	1	ʂy⁵⁵	29	20	ɔ³¹ tsɿ⁵⁵	47	1	si⁵⁵
12	1	tə swa	30	1	sɤ³¹	48	48	laŋ³⁵
13	1	çɯ	31	20	ɔ³¹ tʃɯ⁵⁵	49	49	tia³⁵ pɹɑ³⁵
14	14	xɯ³⁵	32	20	tsi³¹	50	50	jiː tçuŋ
15	14	ku⁵³	33	20	a³³ tʃɯ³³	51	50	kə³³ tuaŋ³³
16	14	xui⁵³	34	20	tsi³³ pɑ⁴⁴			
17	1	ʂɿ⁵⁵ ma⁵⁵	35	20	tsi³³ pɑ⁴⁴			
18	14	xə³³	36	20	tço³³ pɑ⁴⁴			

原书编号：245　　词项：舌头　　S100：44

Lid	COR	form	Lid	COR	form	Lid	COR	form
1	1	ltɕe	19	1	ʂɻ⁵⁵	37	1	ji³⁵ la⁵⁵
2	1	tɕe⁵³	20	20	ha³³ ne³³	38	1	hljɑ²
3	1	tɕe⁵³	21	1	ɬo³³	39	1	ɕɑ²²
4	1	htɕe	22	1	lɑ⁵⁵	40	1	ɕɔ⁵⁵
5	1	rtɕi	23	1	lo³³	41	1	ʃo⁵¹
6	1	le⁵³	24	1	lo³³	42	1	ʃɔ³¹
7	1	le	25	1	so⁵⁵ phɛ²¹	43	1	phɯ³¹ lɛ³¹
8	8	zəq	26	1	lɑ⁴⁴ tʃhɯ⁴⁴	44	44	fɹɑ³⁵
9	8	zɻ³¹ qə⁵⁵	27	1	ɕi⁵⁵	45	1	pɯ³¹ lɑ̌i⁵³
10	1	ɬie⁵³	28	1	ɕi³¹ mi¹³	46	1	ʃiŋ³¹ let³¹
11	1	ɬie⁵⁵ qho⁵⁵	29	1	a³¹ la⁵⁵	47	47	blɑi⁵³
12	12	tə ʃmE	30	1	la⁵⁵ ma³³	48	48	thɯ³¹ liɯ⁵³ nɑ³⁵
13	1	vʐɛ	31	1	ɔ³¹ lɔ̥⁵⁵	49	1	e⁵⁵ li⁵⁵ nɑ⁵⁵
14	1	ʐʁ³⁵	32	1	xA³³ tɛ³¹	50	1	a jo
15	1	ɬo⁵³	33	33	mø³³ khɹa³³	51	51	rye³³
16	1	dʐɻ³⁵	34	1	tse⁴² phi³¹			
17	1	htsɻ³³ psɻ⁵⁵	35	1	tse⁴² phĩ³¹			
18	1	ji³³ ɬɛ⁵⁵	36	1	te˧⁴²			

原书编号：174　　词项：爪　　S100：45

Lid	COR	form	Lid	COR	form	Lid	COR	form
1	1	sder mo	19	17	tʂɛ^{55}	37	9	tsau^{55} tsi^{21}
2	1	ter^{15} mo^{13}	20	3	çŋ^{44} si^{33}	38	9	khre^{2}
3	3	she^{55} mo^{53}	21	1	da^{13}	39	9	tɕhe^{22}
4	1	hder mo	22	22	khɯ^{55} tɕi̠^{33} li̠^{33}	40	9	tɕhi^{55} phʐ̩ai^{55}
5	1	rder mo	23	0		41	3	san^{21}
6	1	der^{13} mo^{53}	24	9	tɕhi^{33} si^{21}	42	9	khjik^{55} saŋ^{35}
7	7	tshiŋ naŋ	25	1	de̠^{21}	43	43	ŋ̩^{31} n̠in^{55}
8	8	pa˩ xə˩	26	9	e^{55} tʃhi^{44} phɛ^{35}	44	3	shɤ̃^{ˌ55}
9	9	i^{31} tshie^{55} dʑi^{55}	27	9	tʂɯ^{31}；tʂə^{31}	45	1	de^{ˌ55} mu^{55}
10	9	ʐɛ̃^{35}	28	3	tʂŋ^{33}	46	3	lă^{31} mjin^{33}
11	9	sdʒã^{13}	29	3	sŋ^{31}	47	47	ntshăn^{53}
12	12	pka tʃu wa mE	30	3	se^{31}	48	3	çi^{55}
13	13	ʐko	31	1	xa^{33} ta^{31}	49	3	ʔi^{55} çu^{55}
14	14	u^{55} ɣi^{55} ŋgɐ^{35}	32	9	khɯ^{33} pɛ^{33}	50	50	lə lam
15	3	khø^{53} sa^{53}	33	3	phɹ^{44} sɤ^{44}	51	50	a^{33} læ^{33}
16	16	ŋɪ̃^{33} ntɕo^{53}	34	9	tso^{31} tsi^{44}			
17	9	dzŋ^{55} dzŋ^{55}	35	9	tɕui^{21}			
18	0		36	9	tɕĩ^{42}			

原书编号：263   词项：脚   S100：46

Lid	COR	form	Lid	COR	form	Lid	COR	form
1	1	rkaŋ pa	19	8	khɐ⁵⁵	37	8	tɕi²¹
2	1	kaŋ⁵⁵ pa⁵³	20	8	tɕi³³ ɕɹ̩³³	38	8	khre²
3	1	kuŋ⁵⁵ ba⁵³	21	8	tɕhi³³ pha³³	39	8	tɕhe²²
4	1	hkaŋ wa	22	8	khɯ⁵⁵ pi̠³³	40	8	tɕhi⁵⁵
5	1	rkoŋ ŋwa	23	8	tɕhi³³ ɣɯ²¹	41	8	khji⁵¹
6	6	le¹³ mɛʔ⁵³	24	8	tɕhi³³ ɣɯ²¹	42	8	khjik³¹
7	7	bi	25	8	gɯ²¹	43	43	a³¹ xɛ³⁵
8	8	dʒɑ qu	26	8	tʃhi⁴⁴ phɛ³⁵	44	8	khɹi³⁵
9	8	dʐi⁵⁵	27	8	khɯ³³	45	45	xɹɑi⁵⁵
10	8	tʂhə⁵³	28	8	khɯ³³ tshe¹³	46	8	lä³¹ ko³³
11	8	tʂhə⁵⁵	29	8	ɔ³¹ tshi⁵⁵	47	47	plɑ⁵⁵
12	12	ta mE	30	8	a³¹ khɯ⁵⁵	48	8	gɹoŋ⁵³
13	13	ʐko	31	8	ɔ³¹ khɯ⁵⁵	49	8	a⁵⁵ ge⁵⁵ ɕɑ⁵³
14	8	ngɐ³⁵	32	8	khɯ³³ sɛ³³	50	6	ləp jo
15	8	khɵ⁵³	33	8	ʃɔ³³ khi³³	51	6	læ³³
16	8	gɑ³⁵	34	8	ko⁴⁴ le³¹			
17	17	əˈ⁵⁵ phɛ⁵⁵	35	8	ko⁴⁴			
18	8	ʂɹ̩³³ kɛ³³	36	8	ko⁴⁴			

原书编号：251　　词项：手　　S100：48

Lid	COR	form	Lid	COR	form	Lid	COR	form
1	1	laŋ pa	19	1	lie³⁵	37	8	tɕie³⁵
2	1	lak¹³ pa⁵³	20	1	lo⁵⁵	38	1	lɑk
3	1	la¹³ pa⁵³	21	1	la¹³	39	1	lɛʔ⁴⁴
4	1	lak kwa	22	1	li̠²¹ phi̠³³	40	1	lɔʔ⁵⁵
5	1	lok kwa	23	1	le̠²¹ ɣɯ²¹	41	1	loʔ²¹
6	1	lʌʔ⁵³	24	1	le̠²¹ pu⁵⁵	42	1	lɔʔ³¹
7	7	ga daŋ	25	1	le̠²¹	43	43	ɑ³¹ vu³⁵
8	8	dʒə pɑ	26	1	lɛ³¹ phɛ³⁵	44	1	ʔlɑ⁵³
9	9	i⁵⁵	27	1	lɑ³¹	45	45	ŭ˩⁵⁵
10	10	ʐɛ³⁵	28	1	lo³¹ khuɑ¹³	46	46	ta̠ʔ⁵⁵；lă³¹ ta̠ʔ⁵⁵
11	10	ʒɛ¹³	29	1	a³¹ la̠³¹	47	47	ɹău⁵³
12	12	tɐ jɐk	30	1	a³¹ la̠³¹	48	46	ɑ³¹ tio⁵⁵
13	10	ʐa	31	1	a³¹ la³¹	49	46	kɑ³¹ tio⁵³
14	10	ɣi⁵⁵	32	1	lʌ²¹ sɛ³³	50	1	a lok
15	1	le⁵⁵	33	1	la³³ pu³³	51	16	geʈ³³
16	16	ko⁵³	34	34	sɯ³³			
17	1	lɛ³³ phɛ⁵⁵	35	34	sɯ³³			
18	1	lɛ³³	36	34	ʂi³³			

原书编号：260　　词项：肚子　　S100：49

Lid	COR	form	Lid	COR	form	Lid	COR	form
1	1	ɋrod khoɡ	19	19	ɸui^{55}	37	37	mɯe^{21} ko^{21}
2	1	tʂho^{13} koʔ^{53}	20	7	i^{21} mo^{21}	38	7	pok
3	1	tʂø^{13} pa^{53}	21	21	ɣɔ^{13} mo^{55}	39	7	pɑiʔ^{44}
4	4	ho	22	7	ɕi^{21} py^{55}	40	40	ɔm^{31} tau^{31}
5	4	hɔ	23	7	xɛ^{55} pɯ^{33}	41	21	vam^{21}
6	6	cɛː^{55} pA^{53}	24	7	o^{21} po^{33}	42	21	vɛ̃^{35} tuk^{31}
7	7	pho laŋ	25	7	A^{21} pe^{55}	43	7	phɑ^{53}
8	8	si kua	26	26	he^{31} khi^{31}	44	44	uɑ^{31} lɔ^{53}
9	7	pu^{33}	27	27	dv^{31} me^{33}	45	7	pɑ^{55}
10	7	pi^{35}	28	7	bi^{33} mi^{33}	46	46	ka̱n^{33}
11	7	spi^{55}	29	7	ɔ^{31} phu^{31}	47	47	dɑ̆k^{53}
12	7	tə pok	30	30	u^{31} de^{31}	48	48	kɯ^{31} jɯŋ^{55}
13	7	vɛu	31	21	ɣu^{31} mɔ^{33}	49	49	khɹɑ^{31} poŋ^{35}
14	7	vu^{35} lø^{53}	32	21	ɣu^{53} pe^{31}	50	49	kiː poŋ
15	7	bu^{55}	33	33	o^{33} phu^{33}	51	51	θui^{33}
16	7	pɑ^{55}	34	34	fv^{44} khuo^{44}			
17	17	ji^{33} phɑ^{55}	35	34	fv^{44}			
18	18	hĩ^{33} mbi^{55}	36	36	z̩e^{142} qho^{33}			

原书编号：248　　词项：脖子　　S100：50

Lid	COR	form	Lid	COR	form	Lid	COR	form
1	1	ske	19	18	ɣɛ̃³⁵	37	1	khoŋ⁵⁵ ti⁵⁵
2	1	ke⁵³	20	1|14	ku²¹ li³³	38	14	laŋ² paŋ³
3	1	ke⁵³	21	14|21	lie²¹ ba²¹	39	14	lɛ²² pĩ⁵⁵
4	1	hke	22	14|1	lu⁵⁵ ka²¹ tsʅ³³	40	14|16	laŋ³¹ tsəŋ³¹
5	1	rke tə	23	14	lɛ³³ ɣɯ²¹	41	14|16	liŋ⁵¹ tsiŋ²¹
6	6	tAk⁵⁵ pA⁵³	24	14	lɛ³³ ɣɯ²¹	42	14|16	laŋ³¹ tsaŋ³⁵
7	7	ŋaŋ	25	14|21	le̠²¹ be̠²¹	43	43	go³¹ ɹo⁵⁵
8	1	tʃə ka	26	14|21	li⁴⁴ be³³	44	14	le³¹ dɔ³⁵
9	1	ʂʅ³¹ kie³³	27	27	tɕəɹ³³ pəɹ³¹	45	14	liŋ⁵⁵ ɡɹɯ⁵³
10	1	kɛ̃⁵³	28	14	ɣa³³ tuəɹ⁵⁵	46	6	tuʔ³¹
11	1	qã⁵⁵	29	7|14	ŋɤ³¹ lɤ⁵⁵	47	47	xuŋ⁵⁵
12	1	tə mki	30	1|14	khɔ³¹ lɔ⁵⁵	48	7	pa³¹ ŋ̊ŋ⁵⁵
13	13	ʐqua	31	1|14	khɯ³¹ l̥ɯ⁵⁵	49	49	çeŋ⁵⁵ bɹɑ⁵⁵
14	14|16	ʁɯ³⁵ tsa⁵⁵	32	1|21	qɔ³¹ pe³¹	50	1	lɯŋ poŋ
15	1	qɛi⁵³	33	14|16	lɯ³³ tshɯ⁵⁵	51	6	kə³³ tuoŋ³³
16	16	tɑ⁵⁵ tshʅ⁵³	34	1	po³⁵ tsi³³ ku⁴⁴			
17	6	htuɑ³³ rɑ⁵⁵	35	1|14	kv⁴² lv⁴² mi⁴²			
18	18|1	ɣɛ⁵⁵ kɛ³³	36	1	qõ⁴² te⁴⁴ meɹ⁴²			

原书编号：259   词项：乳房   S100：51

Lid	COR	form	Lid	COR	form	Lid	COR	form
1	1	nu ma	19	1	ȵu^{55} ȵu^{33}	37	33	man^{21}
2	2	o^{13} ma^{13}	20	1	a^{44} ne^{33}	38	1	no^{1} uṁ^{2}
3	1	nu^{13} ma^{53}	21	21∣33	tsɒ^{13} mo^{21}	39	1	no^{53} õ^{22}
4	1	nə ma	22	21	a^{55} tʂɿ̠^{33} pi^{33}	40	1∣21	nau^{35} tʂu^{35}
5	1	nə ma	23	8∣21	bɯ^{33} dzi̠^{33}	41	1	nau^{55}
6	6	jɔ^{13}	24	1	A^{33} nɯ^{33} pi^{55}	42	1	nuk^{55}
7	1	nu	25	1	A^{55} nɛ^{21}	43	21	a^{31} tʂhu^{55}
8	8	pa pa	26	21	a^{55} tʃʅ^{35}	44	1	nɯ^{55} nɯ^{31}
9	1	ȵy^{55} ȵy^{55}	27	8	ə^{55} po^{31}	45	1	nuŋ^{55}
10	1	ȵõ^{35}	28	1	ȵu^{31} bi^{33}	46	21	tʃu̠^{2}^{55}
11	1	niɑ̃u^{13} po^{13}	29	1	na^{55} nɣ̩^{33}	47	26	tɕin^{55} mphɑuŋ^{53}
12	1	tə nu	30	21	a^{31} tɕhu^{55}	48	1	ȵi^{55} khɑ^{31} bi^{35}
13	1	nu nu	31	21	a^{55} tʃɣ̠^{33}	49	1	ȵo^{55} bi^{35}
14	1	nɯ^{33} nø^{53}	32	21	tsu^{35} fu^{33}	50	21	a tɕuː
15	1	nu^{53}	33	33∣8	mɛ^{44} po^{42}	51	1	a^{33} niɛ^{11}
16	1	ni^{55} ni^{55}	34	8	pɑ^{42}			
17	1	ȵo^{55} ȵo^{55}	35	8	pɑ^{42}			
18	1	ȵy^{33} ȵy^{55}	36	8	pɑ^{42}			

原书编号：272　　词项：心脏　　S100：52

Lid	COR	form	Lid	COR	form	Lid	COR	form
1	1	sn̩iŋ	19	1	ŋ̍ɛ⁵⁵ mi³³	37	37	li⁵⁵ khu⁵⁵ li⁵⁵
2	1	ŋ̍iŋ⁵⁵	20	1	he³³ ma⁵⁵	38	1∣45	hna¹ lum̍³
3	1	ŋ̍in⁵⁵	21	1	ne³³ mo²¹	39	1∣45	na̍⁵³ lõ⁵⁵
4	1	hn̩aŋ	22	1	m̩(u)³³ mɑ³³	40	1∣45	ŋ̍a⁵⁵ lum³¹
5	1	rn̩aŋ	23	1	n̩i³³ mo³³	41	1∣45	nik⁵⁵ lum²¹
6	1	niŋ⁵³	24	1	ni̩³³ mo³³	42	1∣45	na̱k⁵⁵ lam³⁵
7	7∣46	thiŋ lom	25	1	ni̩³³ mo²¹	43	1	ŋ̍i⁵⁵ ɹɯm³¹
8	8	sti: mi	26	1	ni³⁵ ma³³	44	44∣45	ʔĩ³¹ lɔ⁵⁵
9	8	χtie⁵⁵ mə⁵⁵	27	1	nv⁵⁵ me³³	45	45	ɹɯ³¹ mɔ̌ʔ⁵⁵
10	8	xuɐ⁵³	28	1	mv³¹ mi³³	46	45	sǎ³³ lum³³
11	8	skhyɛ⁵⁵	29	1	nɣ³³ mɔ³³	47	45	lɯm³⁵
12	1	tə ʃnE	30	1	nɯ³³ ma³³	48	48	xɑ³¹ po⁵⁵ tiɑi⁵³
13	8	zɣia¹	31	1	nɯ³³ mɔ³³	49	49	a⁵⁵ po⁵⁵ bɹɑ³⁵
14	14	jɐ⁵³ phø⁵⁵ sɯ⁵³ ɣø³⁵	32	1	ɔ³¹ ni³³ mA³³	50	50	ɦiuŋ puk
15	15	xe⁵⁵ mø⁵³	33	33	pe³³ sɯ³³	51	45	lok³³
16	16	tɔ̃³³ jɔ̃⁵³	34	33	çi³⁵ o⁴⁴			
17	1	sʅ⁵⁵ n̩i⁵⁵	35	33	çĩ⁵⁵			
18	1	ŋ̍i³³ mi⁵⁵	36	33	sẽ⁵⁵			

原书编号：273　　词项：肝　　S100：53

Lid	COR	form	Lid	COR	form	Lid	COR	form
1	1	mtɕhin pa	19	1	suə̃^{55}	37	37	a^{55} ŋan^{55}
2	1	tɕhī^{55} pa^{53}	20	1	si^{21}	38	1	a^{1} thaŋ^{3}
3	1	tɕhin^{55} ba^{53}	21	1	sə^{33}	39	1	a tθε^{55}
4	1	tɕhəm ba	22	1	dzɿ^{21} sɿ^{21}	40	1	a^{31} ʂəŋ^{31}
5	1	mtɕhən mba	23	1	sε^{21}	41	1	siŋ^{21}
6	1	tsi^{55} mo^{53}	24	1	i^{33} si^{55}；i^{33} kε^{33}	42	1	saŋ^{35}
7	1	tɕhiŋ pa	25	1	sε^{21}	43	1	bɯ^{31} ɕin^{55}
8	1	si	26	1	sɿ^{31}	44	1	tsə̃ˈ^{55}
9	1	sie^{55}	27	1	səɹ^{55}	45	1	pɯ^{31} ɕin^{55}
10	1	tsuε̃^{53}	28	1	sɿ^{13}	46	1	sīn^{31} tʃaʔ^{31}
11	1	tsyε̃^{55}	29	1	ɔ^{31} tshɿ^{31}	47	47	blai^{31} blai^{53}
12	12	tə phʃu	30	1	tshɔ^{31}	48	48	ɹu^{55} xa^{31} tiɑi^{53}
13	1	she	31	1	ɔ^{31} tshu^{31}	49	49	huŋ^{53}
14	1	zɯ^{53}	32	1	ɔ^{31} sε^{31}	50	50	jin
15	1	zε^{35}	33	1	a^{33} tshɯ^{33}	51	51	a^{33} pie^{53}
16	12	phu^{53}	34	34	ka^{35} khv^{31}			
17	1	ntsha^{55}	35	34	kã^{55}			
18	1	sɿ^{55} ly^{55}	36	34	qã^{55}			

原书编号：534   词项：喝   S100：54

Lid	COR	form	Lid	COR	form	Lid	COR	form
1	1	ɦithuŋ	19	1	tɕhĩ³⁵	37	37	xu²¹
2	1	thuŋ⁵⁵	20	1	ndo³³	38	38	thɔk
3	1	thuŋ⁵³	21	1	ndɔ²¹	39	38	tθɑuʔ⁴⁴
4	1	thoŋ	22	1	du⁵⁵	40	38	ʂoʔ⁵⁵
5	1	nthoŋ	23	1	dʌ³³	41	38	ʃuʔ⁵⁵
6	1	toŋ⁵⁵	24	1	tu³³	42	38	ʃauk⁵⁵
7	7	dʑam	25	1	dɒ²¹;tʌ³¹	43	43	ʔɑŋ⁵⁵
8	1	thi	26	1	do³³	44	38	ɕhu⁵⁵
9	1	thie³³	27	1	thɯ³¹	45	45	ŋɑʔ⁵⁵
10	1	thiẽ⁵³	28	1	thɯ³³	46	46	luʔ³¹
11	1	thiẽ⁵⁵	29	1	tu⁵⁵	47	1	tɑuŋ⁵⁵
12	12	ka mot	30	1	do⁵⁵	48	1	tim³⁵
13	1	wthi	31	1	tɣ̩⁵⁵	49	1	tioŋ⁵⁵
14	1	tɕhyɯ⁵³	32	1	dɔ³¹	50	1	tɯŋ
15	1	kə³⁵ thũ⁵⁵	33	1	tʈ⁴²	51	51	rin³³
16	1	tɕhɑ³⁵	34	34	ɣɯ³³			
17	1	tshɛ⁵⁵	35	34	ɯ̃³³			
18	1	ndʐʅ³⁵	36	34	ɯ̃³³			

原书编号：533　　词项：吃　　S100：55

Lid	COR	form	Lid	COR	form	Lid	COR	form
1	1	za	19	1	dzε^{53}	37	13	ka^{35}
2	1	sa^{13}	20	1	dzɯ^{33}	38	1	sɑ^{3}
3	1	sa^{13}	21	1	dzu^{33}	39	1	sa^{55}
4	1	sa	22	1	dzɑ^{21}；du^{55}	40	1	tɕɔ^{31}
5	1	sa	23	1	dzo^{21}	41	1	tso^{21}
6	1	zA^{13}	24	1	dzo^{21}	42	1	tsɔ^{35}
7	1	za	25	1	dzo^{33}；tso^{33}	43	43	ɑm^{53}
8	1	dzə	26	1	dzɑ^{31}	44	1	dzɑ^{55}
9	1	dʒɿ^{33}	27	1	ndzɯ^{33}	45	13	kɑi^{55}
10	1	dzə^{53}	28	1	dzɿ^{55}；dzɿ^{13}	46	1	ʃa^{55}
11	1	dzə^{55}	29	1	tsɔ^{31}	47	1	ça^{53}；tɕɑ^{53}
12	1	ka za	30	1	dza^{31}	48	48	thɑ^{53}
13	13	ɣu ŋgi	31	1	tsɔ^{31}	49	49	hɑ^{53}
14	1	ndzɯ^{35}	32	1	tsA^{53}	50	48	do:
15	15	kə^{35} tʑ^{53}	33	1	tsɔ^{33}	51	51	tɕhi^{53}①
16	13	kø^{35}	34	34	jɯ^{44}			
17	1	dzɿ^{33}	35	34	jɯ^{44}			
18	1	dzɿ^{53}	36	34	ji^{55}			

---

① 原文为 tɕih^{53}，应为误录，改为 tɕhi^{53}。

原书编号：535　　　词项：咬　　　S100：56

Lid	COR	form	Lid	COR	form	Lid	COR	form
1	1	so brgjab	19	19	pu⁵⁵	37	22	ka³⁵
2	1	so⁵³ cap¹³	20	20	çi⁵⁵	38	22	kok
3	3	ndzʐe³¹	21	20	tɕhi¹³	39	38	kɑiʔ⁴⁴
4	1	sho tap	22	22|18	tho³³ ; kho²¹	40	19	pan³¹
5	1	sho ndep	23	22	khɯ⁵⁵	41	34	ŋat²¹
6	6	ʔoː⁵⁵ te¹³ chʌʔ⁵³	24	24	dzʌ²¹	42	19	pəŋ³⁵
7	0		25	20	tshɯ²¹	43	24	dzɯ⁵⁵ ŋu³¹
8	8	dzi dzi	26	22	kho⁴¹	44	24	tshuɔˀ⁵³
9	9	χbe³³	27	24	tshɑ⁵⁵	45	34	ŋɑp⁵⁵
10	10	xa³⁵	28	18	tha¹³	46	46	kǎ³¹ wa⁵⁵
11	11	xə¹³ squɑ¹³	29	18	thɔ̠³¹	47	47	sǎk⁵⁵
12	12	kha mtʃik khɐ lɐt	30	22	ko̠³¹	48	18	tie⁵⁵
13	13	zʐtɕɛ	31	22	kho³¹	49	18	thu⁵⁵
14	14	khɯ⁵⁵ vɐ⁵³	32	22	gə²¹	50	50	gam
15	15	ko³⁵ ŋua⁵³	33	18	thɐ⁵⁵	51	18	tua⁵³
16	16	tsɔ̃⁵³ di³³	34	34	ŋa⁴⁴			
17	16	tʂʅ⁵⁵	35	34	ŋa⁴⁴			
18	18	nthɛ³⁵	36	34	ŋɑ⁴⁴			

原书编号：529   词项：看见   S100：57

Lid	COR	form	Lid	COR	form	Lid	COR	form
1	1	mthoŋ	19	1	dɔ̃³³	37	37	ji²¹
2	1	thoŋ⁵⁵	20	20	ɣɯ²¹ mo³³	38	20	mraŋ²
3	3	ri³¹	21	20	mɔ²¹	39	20	mjī²²
4	3	rək	22	20	mu⁵⁵	40	20	en³¹ mẓaŋ⁵⁵
5	3	rək	23	23	ȵi³³ ko²¹	41	20	mjaŋ⁵¹
6	1	thoŋ⁵³	24	23|25	ne̱³³ ŋu³³	42	20	mjɔ̃³¹
7	1	thoŋ	25	25	ŋɒ²¹	43	43	zaŋ³¹ dʑaŋ⁵³
8	8	kuə tiu	26	20	mo³³	44	43	ɻu³¹ thɑ⁵⁵
9	9	tɕy³³	27	1	ly³¹ do³¹	45	20	ɟaŋ⁵³
10	9	tɕyẽ⁵⁵	28	1	do³¹	46	20	mu³¹
11	9	tsua⁵⁵	29	20	mu⁵⁵ sɤ̩³³	47	23	ŋuŋ⁵⁵
12	1	ka mto	30	20	xu³³ mo⁵⁵	48	1	kɑ³¹ tiɯŋ⁵³
13	1	dɛ vdo	31	20	fɤ̩³³ mɤ̩⁵⁵	49	1	ɑ⁵⁵ thuŋ⁵³
14	1	tø⁵⁵ rɔ⁵⁵	32	20	ɣA³³ mɔ³¹	50	50	koŋ poŋ
15	1	dã³⁵ do⁵⁵	33	20	mjɐ⁴²	51	1	daʈ³³
16	9	tɕi⁵⁵ tɕɔ̃⁵⁵	34	34	xɑ⁵⁵ tɯ⁴⁴			
17	1	ndo⁵⁵	35	34	xã⁵⁵ kẽ⁴²			
18	1	ndo⁵³	36	1	e³³ tɯ⁴²			

原书编号：532　　词项：听　　S100：58

Lid	COR	form	Lid	COR	form	Lid	COR	form
1	1	ŋˌan	19	1	mɛ̃³³	37	37	zu²¹
2	1	ŋˌɛ̃¹⁵	20	1	nḁ³³	38	1	na³ htɔŋ²
3	1	ŋˌen¹³	21	21	dʐu³³	39	1	na⁵⁵ htɑ̃ɯ²²
4	1	ŋˌan	22	1	ne⁵⁵；pɑ³³ gɑ³¹	40	21	kʐua³¹
5	1	ŋˌan	23	1	nɯ³³ ŋˌi³³	41	21	kjo²¹
6	1	ŋˌAn¹³	24	1	no³³	42	21	kjɔ³⁵
7	1	ŋˌan	25	1	no⁵⁵	43	43	tho⁵³
8	8	khçust	26	1	na⁴⁴ na³⁵；na⁴⁴ lo³⁵	44	1	nḁ³⁵
9	1	tçhy⁵⁵ ŋˌy⁵⁵	27	27｜1	kho³³ mi³³	45	43	tɔ⁵⁵
10	1	sɛ³⁵ ŋˌi⁵³	28	1	ŋˌi⁵⁵；nv⁵⁵	46	43	mä³¹ tat³¹
11	1	thə¹³ ni¹³	29	1	na⁵⁵ te³¹	47	47	tɑ⁵⁵ giat⁵⁵
12	1	ka rəŋ na	30	1	na³¹ xa³¹	48	43	thɑ³¹ ɹɯŋ⁵⁵
13	1	wu sŋˌi	31	1	nɔ⁵⁵ ɔ³¹	49	49	ɑ⁵⁵ hɹoŋ⁵⁵
14	1	sɯ⁵⁵ ŋa³³	32	1	nA³³	50	43	ta:
15	1	kə³⁵ ŋˌu⁵³	33	1	nɔ³⁵	51	51	ɣɔŋ
16	16	ji⁵⁵ tʃɻ̍⁵⁵	34	34	tçheˈ⁵⁵			
17	1	ba³³ ŋˌi⁵⁵	35	34	tçhɛ̃⁵⁵			
18	1	bɛ⁵⁵ hĩ⁵⁵	36	34	tçhã⁵⁵			

原书编号：722　　词项：知道　　S100：59

Lid	COR	form	Lid	COR	form	Lid	COR	form
1	1	çes	19	1	sɛ^{53}	37	30	xa^{55} zi^{21}
2	1	çẽ^{53}	20	20	dɯ^{33} dʑi^{33}	38	1	thi^{1}
3	1	çhe^{55}	21	1	sə^{55}	39	1	tθi^{53}
4	1	çi	22	1	sa^{21}	40	1	sa^{35}
5	5	ha ko	23	1	sɛ^{55}	41	1	se^{55}
6	6	khʌn^{55} ni^{53}	24	1	sʌ^{55}	42	1	sɛ^{55}
7	1	se	25	1	tshɛ^{33} ; sʌ^{21}	43	43	ɑ^{31} ŋɯ^{31}
8	1	sə	26	1	sɯ^{55}	44	1	tçɑ^{55} du^{55}
9	1	sɿ^{55}	27	1	sɯ^{33} ; no^{33}	45	1	sɔ^{55}
10	1	mã^{35} sẽ^{55}	28	1	sɿ^{33} ze^{31}	46	1	tʃɛ^{33}
11	1	ma^{13} sə^{55}	29	1	sɿ^{31} lɑ^{31}	47	47	ŋit^{35}
12	1	ka ʃə	30	30	xɣ^{33}	48	1	kɑ^{31} sɑ^{53}
13	1	shau	31	1	çi^{31} tʃhu^{55}	49	1	kɑ^{31} sɯ^{53}
14	14	khu^{33} kuø^{55}	32	1	si^{11}	50	1	tçen
15	15	xa^{55} ko^{35}	33	1	tçɛ^{44}	51	51	daʈ^{33}
16	1	mɑ^{55} sɿ^{55}	34	1	tsi^{31} tɯ^{44}			
17	1	hɑ^{33} sɛ^{55}	35	1	sẽ^{33}			
18	1	sɿ^{35}	36	1	tɑ^{44} tɯ^{44}			

原书编号：582　　词项：睡　　S100：60

Lid	COR	form	Lid	COR	form	Lid	COR	form
1	1	ɲal	19	10	$ʐɻ^{35}$	37	1	$ɲie^{35}$
2	1	$ɲɛ^{15}$	20	20	i^{55}	38	7	ip
3	1	$ɲe^{13}$	21	10	$ʐi^{13}$	39	7	$eʔ^{44}$
4	1	ɲal	22	10	$ʐɻ^{21}\ da^{21}$	40	7	e^{31}
5	1	ɲa	23	10	$ʐi̠^{21}$	41	7	jup^{55}
6	1	$ɲɛː^{13}$	24	10	$ʐi̠^{21}$	42	7	jap^{31}
7	7	jip	25	10	$ʐi̠^{21}$	43	1	$ɲim^{53}$
8	1	nɤ	26	20	$e^{31}\ ta^{55}$	44	20	$i̠^{53}\ ɔ^{31}$
9	1	ne^{55}	27	10	$ʐi^{55}$	45	7	ip^{55}
10	10	$khə^{35}\ ʐi^{35}$	28	10	$ʐi^{13}$; $ʐi^{33}$	46	7	jup^{55}
11	10|1	$nə^{13}\ ʒə^{13}$	29	10	$ji̠^{33}\ tsa̠^{33}$	47	47	$ŋui^{55}$
12	12	ka rma	30	10	$ju̠^{31}$	48	1	$n̩^{53}$
13	13	ʐgin	31	10	$ʒɣ̠^{31}\ tʃa^{33}$	49	34	$dʐi^{55}$
14	14	khi^{53}	32	10	$zɻ^{21}$	50	7	jup
15	10	$kə^{35}\ ʐe^{55}$	33	10	ji^{44}	51	51	$ɣəŋ^{33}$
16	10	$jø^{35}$	34	34	$tshe^{ˡ33}$			
17	12	$ma^{ˡ55}$	35	34	$tshɛ̃^{33}$			
18	10	jy^{33}	36	36	$vũ^{42}\ ti^{42}$			

原书编号：780　　词项：死　　S100：61

Lid	COR	form	Lid	COR	form	Lid	COR	form
1	1	ɦiçi	19	1	çɛ⁵³	37	1	sie³⁵
2	1	çi⁵³	20	1	sʅ³³	38	1	the²
3	1	xhe⁵³	21	1	çi³³	39	1	tθe²²
4	1	xhə	22	1	xɯ⁵⁵	40	1	ʂʅ⁵⁵
5	1	xhə	23	1	çi³³	41	1	ʃi⁵¹
6	1	çi⁵³	24	1	ʂi³³	42	1	ʃik³¹
7	1	çi	25	1	çi²¹	43	1	sʅ³¹
8	1	çi	26	1	ʃʅ⁴⁴	44	1	ʂi³⁵
9	1	ʃe⁵⁵	27	1	ʂɯ³³	45	1	çi⁵³
10	1	nə³⁵ sə³⁵	28	1	ʂʅ³³	46	1	si³³
11	1	nə¹³ sɤ¹³	29	1	sʅ⁵⁵	47	1	si⁵³
12	1	ka ʃi	30	1	si⁵⁵	48	1	çi⁵⁵
13	1	sɛ	31	1	ʃʅ⁵⁵	49	1	çi⁵⁵
14	1	sɯ⁵³	32	1	sʅ³³	50	50	ŋiː; keː
15	1	tə³⁵ si⁵⁵	33	1	çi³¹	51	51	ji³³
16	1	sʅ⁵⁵	34	1	çi³³			
17	1	ʂo⁵⁵	35	1	çi³³			
18	1	ʂʅ³³ qo⁵⁵	36	1	çi³³			

原书编号：633　　词项：杀　　S100：62

Lid	COR	form	Lid	COR	form	Lid	COR	form
1	1	gsod	19	1	si^{55}	37	37	pu^{35}
2	1	sɛʔ^{53}	20	1	tɕhɿ^{33}；si^{55}	38	37	phjɑk；thɑt
3	1	sɛ^{53}	21	1	se^{13}	39	37	phjɛʔ^{44}
4	1	sal	22	1	ɕi^{21}	40	37	pat^{55}
5	1	ɣsal	23	1	se̠^{55}	41	1	sat^{55}
6	1	sɔt^{53}	24	1	xo^{21}	42	1	sɛʔ^{55}
7	1	ɕe	25	1	ɕi̠^{21}	43	1	sɑn^{55}
8	1	tʃə	26	1	se^{41}	44	1	shɑ^{ı53}
9	1	tʃɿ^{33}	27	27	kho^{55}	45	1	sɑt^{55}
10	1	nə^{35} sɛ^{35}	28	27	kho^{13}	46	1	sat^{31}
11	1	thə^{13} sɛ^{13}	29	1	sɿ̠^{31}	47	1	sɑt^{55}
12	1	ka ntʃha	30	1	se̠^{31}	48	1	se^{55}
13	1	ntɕi	31	1	si^{31}	49	49	mu^{55}
14	1	sɐ^{55}	32	18	ti^{53}	50	49	men
15	1	lə^{35} sɛ^{55}	33	1	se^{55}	51	51	wa^{ı}t^{33}
16	1	se^{55}	34	1	ɕɑ^{44}			
17	1	sɿ^{55}	35	1	ɕɑ^{44}			
18	18	tu^{35}	36	1	ɕɑ^{44}			

原书编号：782　　词项：飞　　S100：64

Lid	COR	form	Lid	COR	form	Lid	COR	form
1	1	fiphur	19	10	bu^{33}ʐĩ^{55}	37	37	za^{55}
2	1	phir^{55}	20	8	dʑi^{33}；vo^{33}	38	10	pjɑm̂^{2}
3	1	phi^{53}	21	8	ɖʐ^{21}	39	10	pjɑ̃^{22}
4	1	phər	22	10	by^{55}	40	10	tʂam^{55}
5	1	mphər	23	10|24	biu^{33}；dɯ^{33}	41	24	taŋ^{21}
6	1	phir^{55}	24	24	ʈi^{33}	42	24	tɔ̃^{35}
7	1	phen	25	10	be^{21}	43	24	dɛm^{55}
8	8	gzi	26	8|10	dʒe^{33}；bi^{33}	44	10	biɑ^{55}
9	8	dʑe^{241}	27	10	mbi^{31}	45	10	bĕ^{ɹ53}
10	10	khə^{35} bẽ^{35}	28	8	dze^{13}	46	10	pjeɲ^{33}
11	10	khə^{13} bʒɛ̃^{13}	29	10	pe^{55}	47	10	phiuŋ^{55}
12	10	ka bjam	30	10	bjɔ^{55}	48	10	jim^{35}
13	10	bʐo la	31	10	pu^{55}	49	49	li^{55}
14	8	ndʑye^{35}	32	10	po^{31}	50	10	bjar
15	15	tə^{35} de^{55}	33	10	pɻɛ^{33}	51	10	pie^{33}
16	10	phɯ^{55}	34	18	fv^{35}			
17	17	gua^{ɹ55}	35	18	fv^{55}			
18	18	fɛ^{53}ha^{35}	36	18	fe^{ɹ55}			

原书编号：572　　词项：走　　S100：65

Lid	COR	form	Lid	COR	form	Lid	COR	form
1	1	ɦgro	19	18	bi³⁵	37	24	ɣɯ³⁵
2	1	tʂo¹³	20	1	ga⁴⁴ ʂu³³	38	1	hljɔk
3	1	ndʐo¹³	21	1	sɯ³³	39	1	ɕɑuʔ⁴⁴
4	1	ndʐo	22	1	ɕy²¹	40	1	so³¹
5	1	ndʐo	23	8ǀ1	ko³³；sɯ²¹	41	1	so²¹
6	1	cɛʔ¹³	24	24	ɣo̠³³	42	1	su³⁵
7	7	de	25	8ǀ1	ko³³；sɯ³³	43	1	dzɻ⁵⁵
8	8	kə	26	1	se³¹	44	1	shuɑ⁵⁵ ɑ³¹；khuɔ¹³⁵
9	8	kə³³	27	1	ndʑi³³	45	45	ɑ³¹ gŭɯi⁵⁵
10	1	ɕɨ⁵³	28	1	se³³	46	46	khom³³
11	1	ʃə⁵⁵	29	1	ju³¹	47	7	tɑi⁵⁵
12	1	ka ptʂE	30	1	zu³¹	48	18	bo⁵³
13	1	ʐi ʐa	31	1	zɻ³¹	49	49	tɕho⁵³
14	1	xɯ⁵³	32	1	dzu⁵⁴	50	50	in
15	1	ɕə⁵³	33	1	zo³³	51	51	u³³
16	16	tɕəy³³ tɕhy³⁵	34	18	pe⁴⁴			
17	1	ʂɻ³³ ʂɻ⁵⁵	35	18	pe⁴⁴			
18	18	mbɛ⁵⁵	36	29	jɑ⁴⁴			

原书编号：737   词项：来   S100：66

Lid	COR	form	Lid	COR	form	Lid	COR	form
1	1	joŋ	19	6	liu⁵⁵	37	37	an²¹ tsou³⁵
2	1	joŋ¹⁵	20	6	la³³	38	6	la²
3	1	ʔoŋ¹³	21	6	li²¹	39	6	la²²
4	1	joŋ	22	6	la⁵⁵；li⁵⁵	40	40	ʐə³⁵
5	1	joŋ	23	6	le³³	41	6	le⁵⁵
6	6	rʌ¹³	24	6	du̱³³ lɛ³³	42	6	lɔ³¹；li⁵⁵
7	7	ʔo	25	6	le²¹	43	43	dzʅ³¹ iɯŋ⁵⁵
8	6	ly	26	6	la³³	44	6	la³⁵
9	6	ly³³	27	27	tshɯ³¹	45	6	lɔ̌ʔ⁵⁵
10	1	ju³⁵	28	27	tshʅ³¹	46	46	sa³³
11	1	i¹³	29	6	la⁵⁵；lɤ³³	47	47	xu⁵³
12	12	ka po	30	6	la⁵⁵；i̭³³	48	48	xɑ³¹ nɑŋ⁵⁵
13	13	wʐɛŋ	31	6	lɔ⁵⁵	49	1|12	je⁵⁵ i⁵⁵ po⁵³
14	6	ri³⁵	32	6	lʌ³¹	50	1	oŋ；pɯŋ
15	6	le³⁵ lu⁵³	33	6	lɔ³³	51	51	u³³
16	16	xɛ³³ wɛ⁵⁵	34	1	jɯ³⁵			
17	6	la⁵⁵	35	35	ɣɯ³⁵			
18	18	dɛ³⁵	36	1	jɑ⁵⁵			

原书编号：574　　　词项：坐　　S100：68

Lid	COR	form	Lid	COR	form	Lid	COR	form
1	1	sdod	19	6	dzũ^{55}	37	37	oŋ^{21}
2	1	tɛʔ^{13}	20	12	ȵi^{33}	38	38	htoŋ^{2}
3	1	nduʔ^{31}	21	12	ȵi^{21}	39	38	htɑĩ^{22}
4	1	hdal	22	22	di^{55}	40	12	ni^{55}
5	1	ndək	23	22	ɯ^{55} tA̠^{55}	41	6	tsuŋ^{51}
6	6	zuk^{13}	24	12	ni^{33}	42	6	tsauŋ^{31}
7	6	tɕho	25	12	ni^{21}	43	12	gu^{55} nu^{31}
8	6	dzu	26	12	ȵi^{44} tɑ^{55}	44	12	ȵi^{35}
9	6	dzo^{33}	27	6	ndzɯ^{31}	45	45	ɹɔŋ^{53}
10	6	nə^{35} dziã^{55}	28	6	dzʅ^{33}	46	38	tuŋ^{33}
11	6	nə^{13} dziɛ̃^{55}	29	12	ni^{55} tsa̠^{33}	47	47	lɑ́p^{55}
12	12	ka ȵi	30	6	dʐo^{55}	48	22	di^{55}
13	6	dza	31	6	tʃɣ̩^{55}	49	22	je^{55} de^{55}
14	14	mbi^{53}	32	12	mə^{33}	50	38	duŋ
15	6	lə^{35} dzu^{53}	33	12	ni^{35} ɣɯ^{33}	51	38	toŋ^{33}
16	6	tɕho^{35}	34	34	kv^{42}			
17	6	zʅ^{55}	35	34	kv^{42}			
18	6	ndzu^{55}	36	34	ku^{42}			

原书编号：569   词项：站   S100：69

Lid	COR	form	Lid	COR	form	Lid	COR	form
1	1	laŋ	19	17	dʐɛ³³ çi³⁵	37	17	tsu⁵⁵ tsu⁵⁵
2	1	laŋ¹³	20	18	hi⁵⁵	38	9	rɑp
3	1	luŋ¹³	21	18	hi¹³	39	9	jɑʔ⁴⁴
4	1	laŋ	22	18	hɣ̠²¹	40	9	ʐap⁵⁵
5	1	laŋ	23	23	ŋɛ²¹	41	9	jap²¹
6	1	lʌŋ¹³	24	18	xo̠²¹	42	9	jɛʔ³¹
7	1	laŋ；thiŋ	25	18	hɯ²¹	43	9	ʂɻ³¹ ɹom³¹
8	8	tə tshɣ	26	18	he⁴¹	44	17	dʐɔ̃³⁵
9	9	ʐi⁵⁵	27	18	xy⁵⁵	45	29	pǎʔ⁵⁵ dɑŋ⁵⁵
10	9	tə⁵⁵ çĩ³⁵	28	18	xĩ¹³	46	9	tsa̠p⁵⁵
11	11	nə¹³ stʃhə⁵⁵	29	29	thɣ̩⁵⁵ tsʋ̩⁵⁵	47	1	loŋ⁵³
12	9	ka ɹjap	30	18	ço̠³¹	48	29	deŋ³⁵
13	13	dzuŋ	31	18	ʃo³¹ ta³³	49	29	de⁵⁵
14	9	tɯ⁵⁵ ɾɯ⁵⁵	32	18	xu³⁵	50	9	rop
15	15	lə³⁵ khu⁵³	33	18	xɛ⁴⁴	51	51	cin³³ pua¹¹
16	9	jø³⁵	34	17	tsɯ³¹			
17	17	ndzɑ⁵⁵	35	17	tsɯ³¹			
18	18	hĩ³³	36	36	ji⁴²			

原书编号：694　　　词项：送　　S100：70

Lid	COR	form	Lid	COR	form	Lid	COR	form
1	1	ster	19	10	kī^{55}	37	20	si^{35}
2	1	te^{55}	20	20l7	si^{21} ko^{33} bŋ^{44}；ṣa^{33}	38	7	pe^{3}
3	3	jin^{55}	21	21	xo^{21}	39	7	pe^{55}
4	4	çen	22	21	xa^{55}	40	40	phau^{35}
5	5	rcçji①	23	21	xo^{33}	41	1	te^{55}
6	6	tçi^{13}	24	21	xo^{33}；gɯ^{21}；sõ^{55}	42	7	pjik^{55}
7	7	bi	25	21	xo^{21}	43	43	dʐʅ^{53} u^{31}
8	8	gʐə；ṣpu	26	21	ha^{33}	44	7	ṣha^{35} bi^{31}；bi^{31}
9	9	χda^{31}	27	7	pv^{55}	45	20	sɔ^{55}
10	10	thə^{35} khī^{35}	28	7	pv^{55}	46	20	sa^{31}
11	11	khə^{13} stʃyə̃^{55}	29	7	pi^{31}	47	20	ta^{55} sɑu^{35}
12	12	kʁ wə	30	7	bi^{31}	48	20	sa^{55}
13	10	khue	31	20	ʃɔ^{33}	49	49	tshi^{55} tiɑ^{35}
14	1l10	thʁ^{35} khe^{35}	32	20	so^{35}	50	7	gɯ bi:
15	7	tə^{35} pi^{35}	33	7	pi^{33}	51	1	taŋ^{33}
16	16l20	dʐɑ^{55} ji^{55}；çi^{55}	34	20	sou^{33}			
17	17	hko^{33} tçhi^{55}	35	20	sõ^{33}			
18	18	mu^{55}	36	20	çõ^{33}			

---

① 原文该词缺元音，为方便程序进行语音比较，根据藏语（泽库）音系，暂添加元音 i，即修改为 rcçji。

原书编号：545　　词项：说　　S100：71

Lid	COR	form	Lid	COR	form	Lid	COR	form
1	1	bʑad	19	19	beʑ³³ ji⁵⁵；pu⁵⁵	37	37	li²¹
2	1	çɛʔ⁵³	20	20	hi²¹	38	19	prɔ³
3	1	çeʔ⁵³	21	20	huɯ⁵⁵	39	19	pjɔ⁵⁵
4	1	çal	22	19	bi̠³³；thy⁵⁵	40	40	hẓai⁵⁵
5	1	wçal	23	19	be̠³³	41	14	tai²¹
6	1	çʌt⁵³	24	19	be̠³³	42	14	ta̠⁵⁵
7	7	jek	25	20	ɣɯ³³	43	14	thi³¹ mu⁵⁵
8	8	ɹu	26	19	bɛ⁴⁴；the³³	44	14	khuɔˈ⁵⁵
9	9	dʑi²⁴¹	27	1	ʂə⁵⁵	45	30	gu̇ʔ⁵⁵①
10	9	tçi̠³⁵	28	1	ẓuə³³	46	46	tsṵn³³
11	9	tʃə⁵⁵	29	19	pe³³；mi³¹	47	14	kɯ³¹ tɑŋ⁵³
12	8	tə rjo ka pa	30	30	e⁵⁵；gɯ³³	48	8	mɑ³¹ ɹo⁵⁵
13	1	vçɛ	31	14	thu⁵⁵	49	20	ɑ⁵⁵ hu⁵⁵
14	14∣1	tu³³ çɐ⁵³	32	1	zɔ³³	50	50	ben
15	1	wə³⁵ çɛ⁵⁵	33	19	pjɐ³¹	51	37	luʈ⁵³
16	1	çe⁵³	34	1	suɑ⁴⁴			
17	14	khɑ⁵⁵ tho⁵⁵	35	1	suɑ³³；tso⁴²			
18	1	ʂo⁵⁵	36	1	tso⁴²			

① 原文为 gṁʔ⁵⁵，缺少元音，应为 gu̇ʔ⁵⁵ 之误。

原书编号：2　　词项：太阳　　S100：72

Lid	COR	form	Lid	COR	form	Lid	COR	form
1	1	ȵi ma	19	1	ȵɛ⁵⁵ mi⁵³	37	24	lau²¹ tshi²¹
2	1	ȵi¹³ ma¹³	20	10	ho³³ bu³³	38	1	ne²
3	1	ȵi¹³ ma⁵³	21	1	ŋ(i)²¹ dʐy³³	39	1	ne²²
4	1	ȵə ma	22	22	a⁵⁵ m(u)²¹ ɣɯ⁵⁵	40	1	ni³¹ mɔ³¹；pui⁵⁵
5	1	ȵə ma	23	1	mɯ²¹ ȵi³³	41	10	pui⁵¹
6	6	plAŋ⁵³	24	24	li⁵⁵ tɕi³³	42	10	pa³¹
7	1	ŋam	25	25	A⁵⁵ tshu̲²¹	43	1	nɛm³¹
8	1	mun	26	1	mɯ³¹ mi³³	44	1	ȵi³⁵ a⁵⁵
9	1	ma³³ sʅ⁵⁵	27	1	ȵi³³ me³³	45	1	năm⁵³ luŋ⁵⁵
10	10	bɯ⁵³	28	1	ȵi³³ mi³³	46	25	tʃan³³
11	10	by⁵⁵	29	1	ni⁵⁵ mɔ³³	47	1	min³⁵
12	12	kə jam	30	1	nɔ⁵⁵ ma³³	48	48	ɹɯn⁵³
13	10	wbɯ	31	1	nu⁵⁵ mɔ³³	49	1	i⁵⁵ ȵi⁵⁵
14	1	mɯ³⁵	32	1	mu⁵³ ni³³	50	48|1	duŋ ȵi
15	1	ȵi⁵⁵ mɯ³³	33	1	ȵɔ³⁵	51	48	kə³³ ri³³
16	1	mi³³ ntshø⁵⁵	34	1	ȵe⁴⁴ phi³¹			
17	1	ȵo⁵⁵ ma⁵⁵	35	1	jī⁴⁴ phī³¹			
18	1	ȵi⁵⁵ mi⁵⁵	36	1	ȵi⁴⁴			

原书编号：3　　词项：月亮　　S100：73

Lid	COR	form	Lid	COR	form	Lid	COR	form
1	1	zla ba	19	1	ɬi³³ mi⁵⁵	37	37	su²¹ su²¹
2	1	ta¹³ wa¹³	20	1	ɬo²¹ bo²¹	38	1	la¹
3	1	da¹³ wa⁵³	21	1	ho²¹ bo²¹	39	1	la⁵³
4	1	hda wa	22	1	xɑ³³ bɑ³³	40	1	phǎ³¹ lɔʔ³¹
5	1	rda wa	23	1	ço³³ bo³³	41	1	lo̥⁵⁵ mo⁵⁵
6	1	lɛː⁵⁵ thøn⁵⁵	24	1	ɬo³³ bo³³	42	1	lɔ̰⁵⁵
7	1	la n̠i	25	1	xo²¹ bo²¹	43	1	sɿ³¹ la⁵⁵
8	8	tʃʰə ʂa	26	1	hɑ³³ bɑ³³	44	1	ɬɑ³¹
9	9	çy³³ çya⁵⁵	27	1	xe³³ me³³	45	1	sɯ³¹ la⁵⁵
10	1	ɬi⁵⁵	28	1	ɬe³³ mi³³	46	1	ʃä³³ ta̠³³
11	1	ɬi⁵⁵	29	1	pɔ³³ lɔ³³	47	1	lai⁵³
12	1	tsə la	30	1	ba³³ la³³	48	1	xa⁵⁵ lo⁵⁵
13	1	ɬɯ va	31	1	pɔ³³ lɔ³³	49	1	e⁵⁵ lɑ⁵⁵
14	1	le³⁵ nɯ³⁵	32	1	xA³³ pA³³	50	1	poŋ lo
15	1	ɬo⁵⁵ n̠u⁵³	33	1	pu³³ ɬa⁴⁴	51	51	aŋ³³ bo³³
16	1	li³⁵ mo³³	34	34	mi⁵⁵ uɑ⁴⁴			
17	1	ɬa⁵⁵ phɛ⁵⁵	35	34	mi⁵⁵ ŋuɑ⁴⁴			
18	1	ɬi⁵⁵ mi⁵⁵	36	34	n̠u⁵⁵ ŋu⁵⁵			

原书编号：4　　词项：星星　　S100：74

Lid	COR	form	Lid	COR	form	Lid	COR	form
1	1	skar ma	19	1	tɕɛ⁵⁵	37	37	si⁵⁵ zi²¹ pu²¹ li²¹
2	1	ka⁵⁵ ma¹³	20	1	m̩(u)³³ tɕʅ³³	38	1	kraj²
3	1	ka⁵⁵ ma⁵³	21	1	tɕa³³ mo³³	39	1	tɕɛ²²
4	1	hkar ma	22	1	tɕe⁵⁵	40	1	khʐə⁵⁵
5	1	rkar ma	23	1	ke³³ zo²¹	41	1	kji⁵¹
6	1	kʌr⁵⁵ mʌ⁵³	24	1	tʂʌ³³ zo²¹	42	1	kji³¹
7	1	kar mi	25	1	tsɛ⁵⁵ mo²¹	43	1	khu³¹ ȵi⁵⁵
8	1	ʁdʐə	26	1	ko⁴⁴ ma⁴⁴ ze³³	44	1	kɹe³¹ lɔ³⁵
9	1	χdʐe³³ pe⁵⁵	27	1	kɯ³¹	45	45	gŭt⁵⁵ mɛ̃t⁵⁵
10	1	dʐə³⁵	28	1	kɯ³³	46	1	ʃã³³ kan³³
11	1	dʐə¹³	29	1	mi³¹ tsi⁵⁵	47	47	kɯ³¹ grun³⁵
12	1	tsəu ri	30	1	a³¹ gɯ⁵⁵ a⁵⁵ si³¹	48	48	kha³¹ dɯn⁵⁵
13	1	zgʐe	31	1	pɛ³¹ kɯ⁵⁵	49	47	a⁵⁵ nde⁵⁵ kɹu⁵⁵
14	1	dzʅ⁵⁵ vu³³	32	1	mə²¹ kə³³	50	1	ta kar
15	1	dzʅ⁵³	33	1	pu³³ ke³³	51	1	ha³³ ɣat⁵³
16	1	ɣi³⁵ tsʅ³³	34	34	ɕeˈ¹³⁵			
17	1	tʂʅ⁵⁵	35	34	ɕɛ̃⁵⁵			
18	1	tʂʅ³⁵	36	34	ɕã⁵⁵			

原书编号：10　　词项：水　　S100：75

Lid	COR	form	Lid	COR	form	Lid	COR	form
1	1	tɕhu	19	1	dʐɛ^{55}	37	1	(so^{55} phɯe^{21}) tshie^{21}
2	1	tɕhu^{53}	20	1	ʐɿ^{33}	38	7	re^{2}
3	1	tɕhu^{53}	21	1	ʐi^{21}	39	7	je^{22}
4	1	tɕhə	22	7	ɣɯ^{55}	40	40	ti^{55}
5	1	tɕhə	23	1	ʐi^{33}	41	32	i^{21} tʃa̠m^{21}
6	1	tshi^{53}	24	1	ʐi^{33}	42	7	ɣək^{31}
7	7	ri	25	1	ʐi^{21}	43	1	tɕha^{31} ŋɑŋ^{55}
8	1	tsə	26	1	e^{44} dʒɛ^{44}	44	7	ɹi^{31} gɹɑ^{53}
9	1	tsuə^{33}	27	1	dʐi^{31}	45	43	ŋɑŋ^{55}
10	1	tɕɨ^{53}	28	1	dʐi^{31}	46	1	n^{31} tsi̠n^{33}
11	1	tʃə^{55}	29	1	ɣ̍^{55} tshɤ̠^{31}	47	47	ɑ^{31} li^{35}
12	1	tə tʃi	30	1	u^{55} tɕu̠^{31}	48	1	mɑ^{31} tɕi^{53}
13	13	wʐɯ	31	1	ɣ̍^{55} tʃhɤ̠^{31}	49	1	mɑ^{55} tɕi^{55}
14	1	tɕɯ^{53}	32	32	i^{35} kʌ^{54}	50	1	i ɕi
15	1	ʐi^{35}	33	32	ji^{31} tʃho^{55}	51	51	kua^{33}
16	1	tʃɿ^{53}	34	1	ɕui^{33}			
17	1	dʒo^{55}	35	1	ɕui^{33}			
18	1	ndʐɿ^{55}	36	1	ɕui^{33}			

原书编号：8　　词项：雨　　S100：76

Lid	COR	form	Lid	COR	form	Lid	COR	form
1	1	tɕhar pa	19	7	ɸui⁵⁵ za⁵⁵	37	7	mɯe³⁵ tsie²¹
2	1	tɕha⁵⁵ pa⁵³	20	15	m̩(u)³³ ha³³	38	5	mo³
3	1	tɕha⁵³ ba⁵³	21	15	m̩(u)³³ ho³³	39	5	mo⁵⁵
4	1	tɕhar wa	22	15	a⁵⁵ m̩(u)²¹ ha⁵⁵	40	7	mau³¹ ʐo⁵⁵
5	5	ɣnam	23	15	mɯ²¹ xo³³；A⁵⁵ mɯ²¹ xo³³	41	5	mau²¹
6	5	nAm¹³	24	15	mo²¹ xo³³	42	5	muk⁵⁵
7	7	ŋam su	25	15	A⁵⁵ xo³³	43	7	tshɳ⁵⁵
8	7	mə ʁeˀ	26	15	mɯ³¹ ha³³	44	7	mɯ⁵⁵ a³¹ ɹua⁵⁵
9	7	ma³¹ ʐi⁵⁵	27	15	xɯ³¹	45	7	năm⁵³ dzaʔ⁵⁵
10	10	gui⁵³	28	15	xi³¹	46	7	mǎ³¹ ʒaŋ³³
11	10	gui⁵⁵	29	15	ɔ³¹ xu⁵⁵	47	47	a³¹ waŋ⁵⁵
12	5	tə mu	30	7	ɔ³¹ ze⁵⁵	48	7	ka³¹ ɹa⁵⁵
13	5	mɛ	31	7	u³¹ je⁵⁵	49	7	a³¹ ɹa⁵⁵
14	7	u³⁵ tɕe⁵⁵(tɕe⁵⁵)	32	7	mu⁵³ ze³¹	50	50	me doŋ
15	15	xu⁵³	33	33	mi³¹ tha⁵⁵	51	51	aŋ³³ pɹu⁵³
16	7	tshɔ³³	34	34	v³³ çi⁴⁴			
17	10	gua³³	35	34	v³³ çui³³			
18	15	hĩ⁵⁵ ŋe³⁵	36	7	dzɛeˀ³³			

原书编号：42   词项：石头   S100：77

Lid	COR	form	Lid	COR	form	Lid	COR	form
1	1	rdo	19	10	$jũ^{33}$ $kuɐ^{55}$	37	37	$ɣa^{21}$ pa^{21}
2	1	to^{13}	20	7	$l̩(u̠)^{33}$ ma^{55}	38	7	kjɔk
3	1	do^{31}	21	7	$lɔ^{33}$ $mɔ^{21}$	39	7	$tɕɑuʔ^{44}$
4	1	hdo	22	7	ka^{55} lo^{33}	40	7	$liŋ^{31}$ $kɔʔ^{55}$; $laŋ^{31}$ $kɔʔ^{55}$
5	1	rdo	23	7	$lu̠^{33}$	41	7	$lúʔ^{21}$ kok^{21}
6	6	$kɔr^{13}$	24	7	lo^{33} mo^{33}	42	7	$lauk^{31}$ $tsaŋ^{31}$
7	7	luŋ	25	7	lu^{33} $bɯ^{21}$	43	7	$luŋ^{33}$
8	7	ʁlu pi	26	7	lo^{44} $tshŋ^{35}$	44	7	$lu̠^{53}$
9	7	$ʁo^{241}$	27	7	lv^{33} $pɑ^{33}$	45	7	$luŋ^{55}$
10	10	$jã^{35}$ ba^{53}	28	7	$lŋ^{33}$ mi^{33}	46	7	$ŋ^{31}$ $luŋ^{31}$
11	11	$sgø^{13}$	29	7	$lv̠^{33}$ $mɔ^{33}$	47	7	$láuŋ^{35}$
12	7	ɟjə lək	30	7	$xa̠^{31}$ $lu̠^{33}$	48	48	$phlɑŋ^{35}$
13	13	ʐgiɛ vɛ	31	7	lu^{33} $mɔ^{33}$	49	7	a^{31} $laŋ^{55}$
14	14	$dʐo^{53}$	32	32	xA^{35} $pɯ^{33}$ si^{11}	50	7	ɯ lɯŋ
15	7	lu^{53}	33	7	lo^{42} $mɔ^{44}$	51	51	$kə^{33}$ $pɔ˩^{33}$
16	7	$ɣũ^{33}$ $mphø^{55}$	34	34	tso^{53} $khui^{55}$			
17	17	$ə˩^{55}$ $khuɑ^{55}$	35	34	tso^{42} $khui^{55}$			
18	7	lo^{55} $quɑ^{33}$	36	36	$tũ^{42}$			

原书编号：43　　词项：沙子　　S100：78

Lid	COR	form	Lid	COR	form	Lid	COR	form
1	1	bje ma	19	19	mei^{35}	37	1	sa^{55} tsi^{55}
2	1	tɕhe^{13} ma^{13}	20	19|1	m̥(u)^{44} ʂɻ̩^{33}	38	1	thɑi^{3}
3	1	çe^{13} ma^{53}	21	21|19	lɔ^{33} xa^{33} mo^{33}	39	1	tθɛ^{55}
4	1	çe ma	22	21|1	xa^{21} ʂa^{33}	40	1	să^{31} leʔ^{55}
5	1	wçe ma	23	21|1	xɛ^{21} ʂɛ^{33}	41	1	să^{21} mui^{51}
6	1	tçe^{13} mA^{53}	24	21	lu̲^{33} xA^{21} zo^{21}	42	19	ma^{31} ʃɔ^{31}
7	7	be-tsa	25	1	lu^{33} se^{33}	43	43	a^{31} tʂsh^{53}
8	1	tsəyz	26	21	lo^{44} tʃhi^{31} xɯ^{31}	44	19	mɯe^{35} a^{55}
9	1	ʂa^{55} tsɻ^{31}	27	21	ʂə^{31}	45	1	tsɯ^{31} wă ʔ^{55}
10	7	bi^{35} pɐ^{55}	28	1	tʂe^{31} mv^{13}	46	1	tsai^{31} pʒu^{31}
11	1|7	ʂa^{13} pɛ^{13}	29	1	tshɔ^{31} se^{31}	47	47	ka^{31} çiŋ^{35}
12	12	kə wɛk	30	21	xa^{55} tshe^{55}	48	7	tɑ^{31} pi^{55}
13	7	ɦia bu	31	19	mu^{55} tʃhɛ^{55}	49	7	a^{55} pi^{55}
14	1	tçɯ^{55} mɛ^{55}	32	1	sAi^{35} si^{11}	50	1	dʒe mə
15	1	çi^{35} ma^{53}	33	19	mɯ^{42} çi^{33}	51	1	pɹæˑ^{133} tsət^{33}
16	1	ʂa^{55} ʂa^{55}	34	1	so^{55} tsi^{44}			
17	17	əˑ^{155} khuɑ^{55} zɻ^{33} zɻ^{55}	35	1	so^{55} tsi^{33}			
18	7	lo^{55} ʂa^{33}	36	1	ço^{55} ji^{21}			

原书编号：17　　词项：地　　S100：79

Lid	COR	form	Lid	COR	form	Lid	COR	form
1	1	sa	19	19	dē^{35}	37	37	li^{53}
2	1	sa^{53}	20	20	m̥(u)^{44} dɯ^{33}	38	20	mre^{2} kri^{3}
3	1	sha^{53}	21	20	mi^{33}	39	20	mje^{22} tɕi^{55}
4	1	sha	22	20	mi^{55}	40	20	mi^{55}
5	1	sha	23	20	mi^{33}	41	20	mji^{51} kuŋ^{51}
6	1	sA^{53}	24	20	mi^{33} dɯ^{21}	42	20	mjik^{31}
7	1	sa	25	20	mi^{55}	43	20	mɯ^{55}
8	8	zəp	26	20	mi^{44} nɛ^{44}	44	20	mɹi^{35} ɑ^{55}
9	8	zuə^{31} pə^{33}	27	27	lɯ^{33}	45	45	ɑ^{31} mɹa^{55}
10	1	dē^{35}	28	19	de^{13} ; lv^{55}	46	46	ɑ^{31}ka^{55} ; ka^{55}
11	11	diɛ̄^{13}	29	20	me^{55} tshɔ^{31}	47	47	nɑi^{35}
12	1	sɐ tʃhɐ	30	20	mi^{55} tsha^{31}	48	48	khɯ^{31} lɑi^{55}
13	1	sɛ tɕa	31	20	mɛ^{55} tshɔ^{31}	49	49	mɑ^{55} tiŋ^{55}
14	1	sɛ^{55} tɕhɛ^{53}	32	20	mi^{31} kɯ^{31}	50	50	kə te
15	15	mɯ^{55} ʑi^{55}	33	20	mi^{31} tsha^{33}	51	51	mə^{33} ɟɛ^{53}
16	1	dʑã^{35}	34	1	tɕi^{31}			
17	1	mɛ^{33} li^{55}	35	1	tɕi^{31}			
18	1	sɛ^{55} zu^{55} ndʐo^{55} mbɑ^{55}	36	1	dʑi^{42}			

原书编号：6　词项：云　S100：80

Lid	COR	form	Lid	COR	form	Lid	COR	form
1	1	sprin pa	19	8	tɕi⁵⁵ rã³³	37	7	muɯe³⁵ la⁵⁵ ɣoŋ²¹
2	1	tʂĩ⁵⁵ pa⁵³	20	8	m̩(u)³³ ti³³	38	8	tim²
3	1	tʂin⁵⁵	21	8	tie³³	39	8	tẽ²²
4	1	ʂən	22	7|8	ɑ⁵⁵ m̩(u)²¹ ti⁵⁵	40	40	xaŋ³¹ tɕin³¹
5	1	ʂən	23	8	ti³³	41	7	mut̞⁵⁵ mau⁵⁵
6	6	sA⁵⁵ cAʔ⁵³	24	8	te³³	42	42	tʃam³¹ thɔi³⁵
7	7	muk pa	25	8	tɛ⁵⁵	43	7	io³¹ muɯn⁵⁵
8	8	zdɣm	26	7	mu⁴⁴ ku⁵⁵	44	7	tʂhuẽ³¹ mɔ⁵⁵
9	8	χde³³	27	8	tɕi³¹	45	7	ɹɯ³¹ mɯ̆t⁵⁵
10	8	zə⁵⁵ rẽ⁵⁵	28	8	tɕi³³	46	7	sã³³ mui³³
11	8	sdĩ⁵⁵	29	8	n̩i³¹ tshi³¹	47	7	kɑ⁵⁵ mɑ̆i³⁵
12	8	zdEm	30	8	dʐo³¹ xø³¹	48	7	ɑ³¹ m̩⁵⁵
13	8	zdo mɛ	31	8	u³¹ tu⁵⁵	49	7	ɑ⁵⁵ mu⁵⁵
14	8	nduɯ³³ ʐ̩e³⁵	32	7	mo³¹	50	7	dɑŋ muk
15	15	xu⁵⁵ pa⁵³	33	7|8	muɯ³³ tjɐ³³	51	8	kə³³ tuɯ³³
16	8	ʐ̩ɔ̃³⁵ kuɛ̃³⁵	34	34	ŋv²¹			
17	8	tsɛ⁵⁵	35	34	ŋv²¹			
18	8	tʂu³³	36	7	muɯ²¹ ko⁴²			

原书编号：46　　词项：烟　　S100：81

Lid	COR	form	Lid	COR	form	Lid	COR	form
1	1	du ba	19	6	n̠ɛ³³ qhuɐ⁵⁵	37	6	khɯɐ³⁵ kha²¹
2	1	tho¹⁵	20	6	m̩(u)³³ ku³³	38	6	mi³ kho³
3	1	to¹³	21	6	m̩(u)³³ kɯ³³	39	6	mi⁵⁵ kho⁵⁵
4	1	tə wa	22	22	ʐĩ³³	40	6	ni³¹ xau³¹
5	1	to	23	6	A⁵⁵ khɯ³³	41	6	mji²¹ khau²¹
6	6	me¹³ kun⁵⁵	24	22	mṳ³³ tɯ⁵⁵ se̠²¹(se̠²¹)	42	6	mji³⁵ khuk⁵⁵
7	6	mu gu	25	6	A⁵⁵ khɯ³³	43	43	tɕhɛ³¹ mi³¹ ʔum⁵⁵
8	6	mu xu	26	6	mu³¹ khu³¹	44	6	khɯ⁵⁵
9	6	mə³¹ khuə⁵⁵	27	6	mɯ⁵⁵ khɯ³¹	45	45	mɯ³¹ ɯ⁵⁵
10	6	xio³⁵	28	6	mv³¹ khv¹³	46	6	wan³¹ khut³¹
11	6	skhiɯ¹³	29	29	mi³¹ tshi³¹	47	6	tɑ³¹ khɯi⁵³
12	6	tɐ khə	30	6	a³¹ xø³¹	48	6	mɑ³¹ khɯu⁵³
13	6	mkhɯ lɯ	31	6	ɣu³¹ xu³¹	49	6	khɯu⁵³
14	6	mũ³⁵ khɯ⁵⁵	32	6	mu⁵³ qhɔ⁵³	50	6	mɯ kɯː
15	6	khu⁵³	33	6	mi³³ tɕhø³³	51	6	bæ³³ kɯ³³
16	6	mø³³ xø⁵³	34	34	xui³³ jeˑ⁵⁵			
17	6	mɛ̃³³ ŋkhɛ⁵⁵	35	35	xui³³ ɕɛ̃⁵⁵			
18	6	mu⁵⁵ ŋkhu³³	36	34	fi³³ je⁵⁵			

原书编号：45　　词项：火　　S100：82

Lid	COR	form	Lid	COR	form	Lid	COR	form
1	1	me	19	1	ȵe³⁵	37	1	mi⁵⁵
2	1	me¹³	20	1	m̥(u)²¹ tu⁵⁵	38	1	mi³
3	1	ȵe⁵³	21	1	m̥(u)³³ tɔ⁵⁵	39	1	mi⁵⁵
4	1	ȵe	22	22	a⁵⁵ to²¹	40	40	poi³¹
5	1	mȵe	23	22	A³³ tṳ³³	41	1	mji²¹
6	1	me¹³	24	1	mṳ³³ tɯ⁵⁵	42	1	mji³⁵
7	1	mi	25	1|22	mA³³ tṳ²¹	43	1	tɕhe³¹ mi⁵⁵
8	1	mə	26	22	ɑ⁵⁵ to⁵⁵	44	1	mi⁵⁵
9	1	mi³³	27	1	mi³³	45	1	tɯ³¹ mi⁵⁵
10	1	me³⁵	28	1	mv³³	46	46	wan³¹
11	1	mɐ¹³	29	1	mi³¹ tsɔ³¹	47	1	mǎi⁵³
12	12	tə mtʃik	30	1	mi³¹ dza³¹	48	1	nɑ³¹ mɯn⁵⁵
13	1	wmɯ	31	1	mi³¹ tsɔ³¹	49	1	mɑ⁵⁵ mɹu⁵⁵
14	1	mɯ⁵³	32	1	A³¹ mi³¹	50	1	ə mə
15	1	mɐ³⁵	33	1	mi³³	51	51	bæ³³
16	1	mĩ³³ tɑ⁵³	34	34	xui³³			
17	1	mɛ⁵⁵	35	34	xui³³			
18	1	mi⁵⁵	36	34	fi³³			

原书编号：472　　词项：灰　　S100：83

Lid	COR	form	Lid	COR	form	Lid	COR	form
1	1	ɡo thal	19	15	pɑ³³ ji³⁵	37	15	pu²¹ tshi³⁵
2	1	kho¹³ thɛ⁵⁵	20	10	khɯ²¹ ɬa³³	38	15	prɑ²
3	1	ko¹³ the⁵³	21	9	kho⁵⁵ m̩(u)²¹	39	15	pjɑ²²
4	1	tha	22	22	khu²¹ tshɑ³⁵; xo²¹ xuei⁵³	40	40	ŋä³¹ ʐap³⁵
5	5	rdu	23	9	khu²¹ mɯ³³	41	9	mji²¹ mop⁵⁵
6	6	plA¹³	24	10	kho²¹ lo³³	42	9	mji³⁵ map⁵⁵
7	1	thu lu	25	15	kho²¹ phɛ²¹	43	15	phɯ³¹ iɛ³¹
8	8	tɕi ɕi buʐ	26	26	kho³¹ ha³³	44	10	ɬɯ³⁵
9	9	mə³³ bʐi²⁴¹	27	9	mbv̩³³ tɕhi³³; ɣɯ³³	45	15	pɑ⁵⁵ pu⁵⁵
10	10	lyɛ⁵³	28	10	luə¹³	46	1	tap³¹
11	10	lyə⁵⁵	29	10	kha³¹ la⁵⁵; kho³¹ li⁵⁵	47	9	tɯ³¹ mɑuŋ³⁵
12	12	scça kha lap pkE	30	10	xa³¹ le⁵⁵	48	48	ɡu⁵³
13	13	vçɛ	31	10	lɛ⁵⁵v̥³¹ le⁵⁵ tshɔ⁵⁵	49	48	i⁵⁵ ɡu⁵⁵
14	10	rɛ³⁵	32	9	mə³³ e³³	50	9	mə reː
15	15	phi⁵³	33	9	a³³ mɛ³³	51	51	bæ³³ ɣək³³
16	16	tʂhŋ⁵³	34	34	su⁵⁵			
17	17	ə¹⁵⁵	35	34	su⁵⁵			
18	10	la³⁵	36	34	çu⁵⁵			

原书编号：474　　词项：路　　S100：85

Lid	COR	form	Lid	COR	form	Lid	COR	form
1	1	lam	19	9	ɹɑ⁵⁵ ɦũ³³	37	1	la⁵³
2	1	laŋ¹⁵ kaʔ⁵³	20	8	ga²¹ mo²¹	38	1	lɑm³
3	1	laŋ¹³	21	9	dʐo²¹	39	1	lã⁵⁵
4	1	lam	22	8	gɑ⁵⁵ ma³³	40	40	xz̩ua⁵⁵；xa⁵⁵ mz̩ua³¹
5	1	lam	23	9	dʑu³³ mo³³	41	8	khjo⁵¹
6	1	lem¹³	24	9	tʂo³³ mA³³	42	8	khjɔ³¹
7	1	lam	25	9	dzo²¹ mo²¹	43	34	thi³¹ ɹɑ³¹
8	8	gu¹ βɑ	26	9	dʒɛ⁴⁴ gu⁴⁴	44	8	khɹɑ³⁵ phɹɔ̃³⁵
9	9	ʁo³³ dz̩e³³	27	9	zɯ³³ gv³³	45	1	mɯ³¹ lŏŋ⁵³
10	9	ruɐ⁵³	28	9	z̩ə³¹	46	1	lam³³
11	9	z̩uɐ⁵⁵	29	29	ja⁵⁵ mɔ³³	47	1	bloŋ³⁵；lam⁵⁵
12	9	tʂə la	30	8	gɑ⁵⁵ ma³³	48	1	a³¹ lim⁵⁵
13	9	tɕɛ	31	8	kɔ⁵⁵ mɔ³³	49	1	a³¹ lioŋ³⁵
14	9	dʐɐ³⁵ lɐ⁵³	32	9	zA³¹ qo³³	50	1	lam tə
15	9	z̩ə³⁵	33	8	jɔ³³ khɔ³³	51	9	pə³³ zuɛ³³
16	16	fu⁵⁵ tɕa⁵⁵	34	34	thu³³			
17	9	ŋ̍⁵⁵ pha⁵⁵	35	34	thu³³			
18	8	ə˩⁵⁵ gu⁵⁵	36	34	t̪hu³³			

原书编号：25　　词项：山　　S100：86

Lid	COR	form	Lid	COR	form	Lid	COR	form
1	1	ri	19	19	dʐǔ⁵³ lɑ⁵⁵	37	11	khu⁵⁵ tsa⁵⁵
2	1	ri¹³	20	14	bo³³	38	38	tɔŋ²
3	1	ri³¹	21	14	bɯ²¹	39	38	tɑǔ²²
4	1	rə	22	11	khu⁵⁵ dʐ̩ɻ²¹	40	14	pum⁵⁵
5	1	rə	23	23	ɣo²¹ mɛ²¹；ɣo²¹ me²¹	41	14	pum⁵¹
6	1	ri¹³	24	14	po³³；lɛ³³	42	14	pam³¹
7	1	ri wu	25	14	bɯ²¹	43	1	ɻɳ³¹ ʔuŋ⁵⁵
8	8	qhsəp	26	11	ko⁴⁴；wɑ³¹ tʃe⁴⁴	44	44	ŋu³⁵ a⁵⁵
9	1	tshuə⁵⁵	27	27	ndʐy³¹	45	45	lɯ³¹ kɑ⁵⁵
10	1	ri⁵³	28	23	ɣuɑ³³	46	14	pum³¹
11	11	sgo¹³	29	29	ju³¹ mɔ³³	47	47	a³¹ dzɑu³⁵
12	12	ta wat	30	11	xɔ⁵⁵ gɔ³¹	48	48	thɯi⁵⁵ jɑ⁵⁵
13	11	qa	31	11	kɣ̩³¹ tʃɣ³¹	49	49	ma³¹ jɒ³⁵
14	14	mbo⁵⁵	32	11	qhɔ³³	50	11	o go
15	1	ri³⁵	33	23	ɣɯ³¹ tha⁵⁵	51	11	gɻaŋ³³
16	1	ʐɻ³⁵	34	34	sv⁵³			
17	14	nbi⁵⁵	35	34	sṽ⁴²			
18	11	gɛ³³ ku³³	36	34	ʂẽˈ⁵⁵			

原书编号：837　　　词项：红　　　S100：87

Lid	COR	form	Lid	COR	form	Lid	COR	form
1	1	dmar po	19	19	hĩ³⁵ liɛ³³ liɛ³³	37	37	mian⁵⁵ tɕie⁵⁵
2	1	ma⁵⁵ po⁵³	20	9	a³³ n̥i³³	38	9	ni²
3	1	ma⁵⁵ bo⁵³	21	9	nɯ²¹	39	9	ni²²
4	1	hma ro	22	9	n̩(ɻ)⁵⁵	40	9	na⁵⁵
5	1	ɣma ro	23	9	ȵi³³	41	9	ne⁵¹
6	6	leu⁵⁵	24	9	ni³³ ; ni³³ pɛ³³	42	9	nɛ³¹
7	7	tsa lo	25	9	nɯ⁵⁵	43	43	tsɑ⁵⁵ sɯ³¹
8	8	ɕi zi	26	9	sɻ̩³¹ ; ne³³	44	44	xɹi³⁵ ɑ⁵⁵
9	9	χȵi³¹ ȵi³³	27	19	xy³¹	45	45	pɯ³¹ sɑ̆i⁵⁵
10	9	ȵɛ⁵⁵ mə⁵³	28	19	xv³³	46	46	khje³³
11	9	ȵø⁵⁵	29	9	nɤ⁵⁵	47	47	kɑu⁵³ sɑi³⁵
12	9	kə wu rnE	30	9	ȵi⁵⁵	48	48	ɕi⁵³
13	9	nɣiŋ nɣi	31	9	ȵi⁵⁵	49	48	ɕi⁵⁵ nɑ⁵³
14	9	ni⁵⁵ ni³³	32	9	ni³⁵	50	50	lɯŋ kaŋ
15	9	n̥i⁵⁵ n̥i⁵⁵	33	9	a³³ nɯ⁴⁴	51	51	a³³ jiȶ³³
16	9	ȵi⁵⁵ xĩ⁵⁵	34	34	tsheˈ⁴⁴			
17	9	ȵi⁵⁵	35	34	tshɛ⁴⁴			
18	6	ɬo⁵⁵ xo³³	36	34	ʈhɑ̃⁴⁴			

原书编号：842　　词项：绿　　S100：88

Lid	COR	form	Lid	COR	form	Lid	COR	form
1	1	ldʐaŋ khu	19	0		37	18	lu³⁵
2	1	tɕaŋ¹⁵ ku¹³	20	18	a⁵⁵ ɬo²¹	38	38	sim³
3	1	ndʐuŋ¹³ khu⁵³	21	9	ho⁵⁵	39	38	sɛ̃⁵⁵
4	1	hdʐaŋ khə	22	10	a²¹ n̩(ɿ)⁵⁵ ɣu²¹	40	10	ŋau⁵⁵
5	1	rdʐaŋ khə	23	18|10	lu³³；n̠i³³ pɯ³³	41	10	ŋjui⁵¹
6	1	dʐʌŋ¹³ ku⁵³	24	10	ni³³ pi̠⁵⁵	42	10	ŋjuk³¹
7	1	dʐaŋ khu	25	10	ni⁵⁵ tɕhi³³	43	10	n̠i⁵⁵ tʂhɿ³⁵
8	8	z̠ɑn ku	26	10	ni³⁵ tʃhɿ⁴¹	44	10	n̠ɯ³⁵ n̠ɯ³¹
9	9	χue³³ χue³¹	27	9	xəɹ³¹	45	45	pɯ³¹ ɕiŋ⁵⁵ ɕiŋ⁵⁵
10	10	n̠ĩ⁵⁵ mə⁵³	28	9	xṽ³¹ zɿ³¹ la⁵⁵	46	46	tsi̠t³¹
11	10	ni⁵⁵	29	10	ni⁵⁵	47	18	kɯ³¹ lauŋ³⁵
12	12	ldʒeŋ kə	30	10	ŋu⁵⁵	48	48	tiɯŋ⁵⁵ kɹai⁵⁵
13	13	tho wɯ mdɔ	31	31	tʃɿ³¹ ma³¹ ʃa³¹	49	48	tiŋ⁵⁵ kɹia⁵⁵
14	14	dʐa⁵⁵ ŋkhu⁵³	32	10	nɔ³⁵	50	50	dʐe o:
15	10	n̠y⁵⁵ n̠y⁵⁵	33	10	a³³ ny⁵⁵	51	51	a³³ riɛ³³
16	10	n̠i³³ ntsɿ⁵³	34	18	lv⁴⁴			
17	17	zi⁵⁵ zɑ⁵⁵	35	18	lv⁴⁴			
18	18	lu³³	36	36	tɕhã⁴²			

原书编号：838　　词项：黄　　S100：89

Lid	COR	form	Lid	COR	form	Lid	COR	form
1	1	ser po	19	1	$\varsigma a^{55}\ qo^{33}\ qo^{55}$	37	37	$wan^{21}\ ka^{55}\ la^{55}$
2	1	$se^{55}\ po^{53}$	20	1	$a^{33}\ \mathebox{ʂ}ʅ^{33}$	38	37	wa^2
3	1	$she^{55}\ bo^{53}$	21	1	$sə^{33}$	39	37	wa^{22}
4	1	she ro	22	1	ςe^{55}	40	40	$lən^{35}$
5	1	she ro	23	1	$ʂɛ^{33}$	41	8	xui^{51}
6	1	$si^{55}\ ru^{53}$	24	1	$ʂA^{33}$; $ʂA^{33}\ ɖo^{21}$	42	8	xui^{31}
7	1	ser bo	25	1	$sɛ^{55}$	43	0	
8	8	χa	26	1	$ʃʅ^{33}$	44	44	$bɹu^{55}\ bɹu^{31}$
9	8	$\chi a^{55}\ \chi a^{33}$	27	1	$ʂɯ^{31}$	45	45	gwa^{153}
10	10	$ŋɛ^{55}\ mə^{53}$	28	1	$ʂʅ^{33}$	46	46	$thoi^{31}$
11	8	$\gamma\tilde{a}^{13}$	29	1	$sʅ^{55}$	47	40	$kɯ^{31}\ lăuŋ^{35}$
12	1	ksər po	30	1	$sʅ^{55}$	48	48	min^{55}
13	1	$sha^1\ po$	31	1	$ʃɯ^{55}$	49	48	mi^{55}
14	14	$nɯ^{55}\ nɯ^{33}$	32	1	si^{35}	50	1	$\varsigma ɯr\ pu$
15	10	$ŋ\tilde{a}^{33}\ ŋ\tilde{a}^{55}$	33	1	$a^{33}\ \varsigma ɯ^{33}$	51	51	$a^{33}\ riɛ^{33}$
16	1	$u^{55}\ ʂa^{55}$	34	10	$ŋv^{21}$			
17	1	$ʂu^{55}$	35	10	$ŋv^{21}$			
18	1	$ʂʅ^{55}\ qa^{33}$	36	10	$ŋo^{21}$			

原书编号：840　　词项：白　　S100：90

Lid	COR	form	Lid	COR	form	Lid	COR	form
1	1	dkar po	19	8	phu^{33}	37	37	a^{21} si^{21}
2	1	ka^{55} po^{53}	20	20	a^{33} tɕhu^{33}	38	8	phru^{2}
3	1	kɑ^{55} kɑ^{55}	21	21	ʈhu^{33}	39	8	phju^{22}
4	1	hka ro	22	8	fu^{55}；vi̠^{33}	40	8	phz̨o^{55}
5	1	ka ro	23	8	phiu^{33}	41	8	phju^{51}
6	6	cher^{55} po^{53}	24	21	ʈho^{33}；A^{33}ʈho^{33}	42	8	phju^{31}
7	7	ba liŋ mi	25	21	thu^{55}	43	8	pho^{55} mo^{31}
8	8	phi	26	8	phu^{44}	44	8	bɑ^{55} bɑ^{31}
9	8	phz̨i̠^{55}	27	8	phəɹ^{31}	45	45	mɔŋ^{55}
10	8	phz̨ã^{55} mə^{53}	28	8	phəɹ^{33}	46	8	phʐo^{31}
11	8	phz̨ə̃^{55}	29	8	phɣ̠^{55}	47	47	kɯ^{31} mphlɑŋ^{55}
12	8	kə pram	30	8	phju^{55}；ba^{33}	48	48	lio^{53}
13	8	phʂɯ phʂu	31	8	fɣ̠^{55}	49	48	lio^{53}
14	14	tʂhø^{55} tʂhø^{33}	32	8	phu^{35}	50	8	puŋ lu
15	14	tʂhõ^{55} tʂhõ^{55}	33	8	a^{33} phɹo^{33}	51	48	a^{33} rioŋ^{33}
16	16	ʂõ^{55} ma^{55}	34	8	peɹ^{42}			
17	17	ə̠^{155}	35	8	pɛ^{42}			
18	8	phu^{55} lu^{55}	36	8	pɑ^{42}			

原书编号：841　　　词项：黑　　S100：91

Lid	COR	form	Lid	COR	form	Lid	COR	form
1	1	naɡ po	19	19	hĩ³³ biɛ³³ biɛ⁵⁵	37	37	lan³⁵ ka⁵⁵
2	1	naʔ¹³ ko⁵³	20	1	a⁴⁴ nɔ³³	38	1	nɑk
3	1	nɑ⁵⁵ nɑʔ⁵³	21	1	na³³	39	1	nɛʔ⁴⁴
4	1	hnak kwo	22	1	ni̠³³	40	1	lɔk⁵⁵
5	1	nak kwo	23	1	ne̠³³	41	1	noʔ²¹
6	6	plɛː¹³ kʌn⁵⁵	24	1	ne̠³³ ; A³³ ne̠³³	42	1	nɔʔ³¹
7	7	tɕhaŋ lu	25	1	ne̠³³	43	1	ɲi³¹ xɑ⁵⁵ nɑŋ⁵⁵
8	1	ɲiq	26	1	nɛ⁴⁴	44	1	nɑ³⁵ nɑ⁵³
9	1	ɲi⁵⁵ ɲi³¹	27	1	nɑ³¹	45	1	nɑʔ⁵⁵
10	1	ɲɛ³⁵ mə⁵³	28	1	nɑ¹³	46	7	tʃaŋ³³
11	1	ɲɑ¹³	29	1	na̠³³	47	47	kɑ³¹ im³⁵
12	1	snɐk tsɐ	30	1	na̠³³	48	1	mɑŋ⁵³
13	1	ɲa ɲa	31	1	na³³	49	1	mɑ⁵⁵
14	1	ɲi⁵⁵ ɲi³³	32	1	nA⁵⁴	50	50	kaː jaŋ
15	1	ɲe⁵⁵ ɲe⁵⁵	33	1	a³³ na⁴²	51	51	a³³ ɦiɛ⁵³
16	1	ɲi³³ qɑ³³ z̢ɑ³³	34	19	xɯ⁴⁴			
17	1	nuɑ⁵⁵	35	19	xɯ⁴⁴			
18	1	nɛ⁵⁵ nqhɛ˩⁵⁵	36	19	xɯ⁵⁵			

原书编号：105　　词项：夜里　　S100：92

Lid	COR	form	Lid	COR	form	Lid	COR	form
1	1	mtshan mo	19	17	o⁵⁵ qhuɑ³³	37	34	lan³⁵ jin⁵⁵ tshai⁵⁵
2	1	tshẽ⁵⁵ naʔ¹³ —kuŋ¹⁵	20	17	khɯ⁵⁵ thɯ³³ mo²¹	38	5	ȵɑ¹
3	1	tshɛn⁵⁵ naʔ⁵³	21	8	sɯ²¹ pi³³ ha³³	39	5	ȵɑ⁵³
4	4	koŋ mo	22	17	mi⁵⁵ khɯ²¹ çi⁵⁵	40	40	ni³¹ tɕhot³⁵
5	5	nam ngoŋ	23	23	e⁵⁵ mɯ²¹ tɕhi⁵⁵	41	9	mjin⁵⁵ le²¹
6	5	ȵen¹³ ne³¹	24	8	si³³ vu³³	42	9	mji⁵⁵
7	5	bi naŋ；ȵe ri	25	23	mu³³ tɕhi̠²¹	43	8	a³¹ ʂŋ̩⁵⁵ khɑ⁵⁵
8	8	a ʂa	26	17	sɑ⁴⁴ khuɑ³³	44	8	suɑ¹³⁵ nɑ³⁵
9	9	mu³³ dʐo²⁴¹	27	17	xu³¹ mɯ³³ khv⁵⁵	45	34	ɹɑ⁵⁵ dɯŋ⁵³
10	8	çyɛ⁵⁵	28	17	xa³¹ khəɹ³³	46	5	ʃã³¹ naʔ⁵⁵
11	8	ʃyɛ⁵⁵ tʂhu⁵⁵	29	17	me̠³¹ khe̠³³	47	47	tɯ³¹ phlo³⁵
12	9	tə mor	30	23	ɔ³¹ tɕi̠³¹	48	48	liɯŋ⁵³
13	8	gɯ ço	31	23	ɣo³¹ tɕhi̠³¹	49	49	ɑ³¹ boŋ⁵⁵ tioŋ⁵⁵
14	14	xu⁵³	32	17	tA⁵³ khɯ⁵³	50	34	ajo:
15	8	ʂi⁵⁵ qho⁵³	33	23	mi³³ tɕhø³³	51	51	a³³ bia⁵³
16	16	mɔ̃³⁵ ŋi⁵⁵ tsi⁵³	34	34	jo⁵³ xɯ³¹			
17	17	nkhua⁺⁵⁵	35	34	jo³¹ xɯ³¹			
18	8	xĩ³³ qho³³	36	34	jo⁴² xɯ̃⁴²			

原书编号：883　　词项：热　　S100：93

Lid	COR	form	Lid	COR	form	Lid	COR	form
1	1	tsha po	19	1	ɑ³³ tsiɛ⁵⁵	37	37	kɯ²¹
2	1	tsha⁵³ po⁵³	20	1	tsha³³	38	16	pu²
3	1	tsha⁵⁵ çi⁵³	21	1	tsho²¹	39	16	pu²²
4	1	tsha nde	22	1	tshɑ²¹	40	16	pu⁵⁵
5	1	tsha ndi	23	15	ʐi³³ lo³³ mɯ⁵⁵	41	34	ŋje⁵⁵
6	1	tshe⁵⁵ po⁵³	24	15|25	lɛ⁵⁵；mo²¹；mo²¹ lɛ⁵⁵	42	15	lauŋ³¹
7	1	so pho；tsha lo	25	25	me³³	43	43	ɑ³¹ khɛŋ⁵³
8	1	dʐ̪ɤː dʐ̪e	26	1	tshɑ⁴⁴；e⁴⁴ tsha³³	44	1	tshɯ³⁵
9	9	khye⁵⁵ le³³	27	1	dʑi³¹ tshəɻ³³	45	43	gɑŋ⁵⁵
10	1	tsɐ⁵⁵ mə⁵³	28	1	tshŋ¹³	46	46	kæ̃³¹ thet⁵⁵
11	1	tsa⁵⁵	29	15	ɔ³¹ le⁵⁵	47	43	xɑŋ⁵³
12	1	kə stsE	30	15	lɔ⁵⁵	48	46	tɑi⁵⁵
13	1	wu tsɛ	31	15	lu⁵⁵	49	46	tɯ⁵⁵
14	1	tsɯ⁵⁵ tsɐ⁵³	32	1	tshi⁵⁴	50	43	a gu
15	15	ɬu⁵⁵ ɬu⁵⁵	33	15	ɬo³¹	51	51	a³³ ʝit³³
16	16	pɔ³³ mu⁵⁵	34	34	ȵe⁴⁴			
17	1	tshɑ⁵⁵	35	35	xuɑ⁴⁴ çui³³			
18	1	tshŋ³³	36	34	ȵi⁵⁵			

原书编号：884   词项：冷   S100：94

Lid	COR	form	Lid	COR	form	Lid	COR	form
1	1	graŋ mo	19	19	dʐɔ̃³³	37	37	sa⁵³
2	1	tʂhaŋ¹⁵ ŋu⁵³	20	10	ŋgo³³	38	38	e³
3	1	tɕhɑʔ⁵³	21	19	dʐa³³	39	38	e⁵⁵
4	1	tɕaŋ kə	22	10|19	gu⁵⁵; dʐi̠³³	40	40	kʐuat⁵⁵
5	1	cçaŋ	23	19	dʐe̠³³	41	10	kjoʔ²¹
6	1	cek⁵³ pʌ⁵³	24	19	dʐe̠³³; tɕhi̠²¹	42	10	kjɔʔ³¹
7	7	per bu	25	19	dʐe̠³³	43	43	dʐuŋ⁵⁵
8	7	mu pu	26	19	dʒɛ⁴⁴	44	10	gɹɑ⁵³
9	7	mən³¹ pe⁵⁵	27	27	tɕhi⁵⁵	45	43	dzɯŋ⁵³
10	10	kiã⁵⁵ mə⁵³	28	27	tɕhi³³	46	46	kã³¹ ʃuŋ³³
11	7	bõ¹³	29	29	tshv̠³¹	47	43	tsoŋ⁵³
12	12	kə mə ʃtak	30	10	ga̠³³	48	43	dzoŋ⁵³
13	13	ʐkho ʐɛ	31	10	ka³³	49	49	dio⁵⁵ çi⁵⁵
14	14	tu³⁵ ku⁵⁵	32	10	kʌ⁵⁴	50	50	ɯ tɕir
15	7	põ³³ põ⁵⁵	33	33	tʃho⁵⁵	51	51	a³³ ɣɯək³³
16	10	qhuɔ̃⁵⁵ mu⁵⁵	34	10	kɯ³⁵			
17	7	nphi⁵⁵	35	10	kɯ⁵⁵			
18	10	gɛ³⁵	36	10	kɯ⁵⁵			

原书编号：846　　词项：满　　S100：95

Lid	COR	form	Lid	COR	form	Lid	COR	form
1	1	gaŋ	19	19	lia^{33} ly^{35}	37	12	man^{53}
2	1	khaŋ^{15}	20	16	dʑi^{21}	38	17	pɹaŋ^{1}
3	1	gɑŋ^{13}	21	16	ɖie^{21}	39	17	pje^{53}
4	1	kaŋ	22	16	dzɻ^{33}	40	17	pʐˌəŋ^{35}
5	1	kaŋ	23	17	bi^{33}	41	17	pjiŋ^{55}
6	6	tem^{13}	24	16	ɖɛ^{33}	42	17	pjaŋ^{55}
7	0		25	12	mɯ^{21}	43	17	çim^{55} bɯ^{31}
8	8	khaˀp	26	17	bi^{44} le^{44}	44	17	bə̃ˀ^{131}
9	9	sye^{55}	27	9	ʂəɻ^{55}	45	6	dăm^{55}
10	9	sɨ^{55} sɨ^{5} mə^{53}	28	9	ʂuɐɻ^{13}	46	17	phʒiŋ^{55}
11	9	su^{55}	29	17	pɤ^{33}	47	17	phlăŋ^{55}
12	12	kə mȵok	30	17	bjɔ^{33}	48	17	blɯŋ^{55}
13	9	mtsɛ	31	17	pu^{33}	49	17	bɹoŋ^{55} bɑ^{55}
14	9	to^{55} sɯ^{33}	32	17	bi^{53}	50	17	biŋ
15	9	lo^{55} sa^{55}	33	17	pɹɯ^{33}	51	51	liɛ^{33}
16	9	dʑi^{35}	34	12	ma^{33}			
17	17	dɑ^{33} ba^{155}	35	12	ma^{33}			
18	17	bu^{55} tɛ^{55}	36	12	mie^{33}			

原书编号：866　　词项：新　　S100：96

Lid	COR	form	Lid	COR	form	Lid	COR	form
1	1	ŋsar pa	19	1	ʂɛ̃^{55} hĩ^{33}	37	1	a^{35} si^{55}
2	1	sa^{55} pa^{53}	20	1	a^{33} ʂ̩^{55}	38	1	thɑs
3	1	sa^{55} ba^{53}	21	1	xe^{13}	39	1	tθiʔ^{44}
4	1	sho ma	22	1	xɯ^{21}	40	1	ʂək^{55}
5	1	sho ma	23	1	çe^{55}	41	1	ɑ^{21} sik^{55}
6	1	se^{55} ro^{53}	24	1	i^{33} çi̠^{21} ; i^{33} çi̠^{21} mo^{33}	42	1	sak^{55}
7	1	siŋ ma	25	1	çi̠^{21}	43	1	ʔo^{31} sɛ^{55}
8	1	khsə	26	1	e^{55} ʃi^{41}	44	44	dʐɔ^{53}
9	1	tshi^{55}	27	1	ʂɯ^{55}	45	1	ɑŋ^{31} sɑ̃^{155}
10	1	çi^{55} çi^{55} mə^{53}	28	1	ʂ̩^{31}	46	46	n̩^{31} nan^{33}
11	1	ʂi^{13} ʂi^{13}	29	1	a^{31} ʂ̠̩^{31}	47	47	kɯ^{31} tan^{35}
12	1	kə ʃək	30	1	ʂ̩^{31}	48	48	miŋ^{55} iŋ^{55}
13	1	sa^{1} pa	31	1	ʃ̠̩^{31}	49	48	me^{55} eŋ^{55}
14	1	sɐ^{55} pɛ^{55}	32	1	ɔ^{31} sʮ^{35}	50	50	nɯ ti:
15	1	se^{55} pi^{33}	33	1	a^{33} çi^{55}	51	51	a^{33} faʈ^{33}
16	1	sø^{55} pø^{55}	34	1	çi^{35}			
17	1	sʮ^{55}	35	1	çi^{55}			
18	1	sʮ^{55} tsɛ^{33}	36	1	sɛ̃^{55}			

原书编号：860   词项：好   S100：97

Lid	COR	form	Lid	COR	form	Lid	COR	form
1	1	jag po	19	19	rɑ³³	37	23	tsha³⁵
2	1	jaʔ¹³ ko⁵³	20	20	xɯ³³	38	38	kɔŋ³
3	3	zuŋ¹³ bo⁵³	21	8	ȵo³³	39	38	kɑ̃u⁵⁵
4	3	hzaŋ	22	22	me²¹	40	23	tɕi⁵⁵
5	1	jak	23	23	tsɛ³³	41	16	ke⁵¹
6	6	li¹³ khu³¹	24	23	tʂʌ²¹	42	16	kai³¹
7	1	lek pu	25	8	no⁵⁵	43	43	sɿ³¹ lɑ⁵⁵
8	8	na	26	23	dʑi³³	44	16	ge³⁵ ɑ⁵⁵
9	8	na³³ ; ʂe³³	27	16	kɑ³³	45	16	gǎm⁵³
10	10	tɕhyi⁵⁵ mə⁵³	28	16	gv³³	46	23	kǎ³¹ tʃa³³
11	11	phʒi⁵⁵	29	22	mǫ³³	47	47	kɯ³¹ sɯt⁵³
12	12	kə hou	30	22	mɯ³¹	48	48	pɹɑ⁵⁵
13	8	ŋi	31	22	mɯ³¹	49	48	pɹɑ⁵⁵
14	14	si³³ vɯ⁵⁵	32	32	dʌ²¹	50	48	po
15	1	je⁵⁵ je⁵⁵	33	22	mɯ³³	51	51	a³³ niaŋ¹¹
16	16	gie³⁵ u⁵⁵	34	34	tɕhou⁵⁵			
17	1	ja³³ li⁵⁵	35	34|20	tɕho⁵⁵ ; xu³³			
18	8	nɛ³³	36	20	xu³³			

原书编号：807　　词项：圆　　S100：98

Lid	COR	form	Lid	COR	form	Lid	COR	form
1	1	ril ril	19	16	qo⁵⁵ ty³³ ly³³	37	37ǀ16	thuan²¹ khu⁵⁵ li⁵⁵
2	1	ri⁵⁵ ri⁵⁵	20	16	ma³³ li⁴⁴ pu³³	38	14	woŋ³
3	1	ru¹³ lo⁵³	21	14	vie²¹	39	14	wɑĩ⁵⁵
4	4	hkor kor	22	16	u²¹ ly²¹	40	16	lum³¹
5	1	ro lə ma	23	16	ɣʌ²¹ lʌ³³	41	16	liŋ⁵⁵
6	6	chir⁵⁵ mo⁵³	24	14	ʌ³³ vɛ³³ mo³³	42	16	laŋ⁵⁵
7	6	khir khir	25	14	vɛ²¹	43	16	li⁵⁵ gi³¹ li⁵⁵
8	8	paʈʂ	26	16	lu⁵⁵ lu⁵⁵ za³¹	44	16	lɔ³⁵
9	6	χgy³³ χgy³³	27	27	uə³³ uə³³	45	16	aŋ³¹ kɯ³¹ lǚm⁵⁵
10	10	rua⁵⁵ mə⁵³	28	16	ko³¹ tv³³ lɻ⁵⁵	46	37	tin³¹
11	10	ʐuɐ¹³ ʐuɐ¹³	29	16	lu³³	47	47ǀ14	ga⁵⁵ waŋ⁵⁵ na⁵⁵
12	12	kɐ pər rlər	30	14ǀ16	ɣɔ³³ ; xu⁵⁵lɯ³³ (ne³³)	48	47ǀ14	geŋ⁵⁵ weŋ⁵⁵ da⁵⁵
13	6	kɛ˩ kɛ˩	31	16	tu³³ lu³³	49	47ǀ37	a⁵⁵ goŋ⁵⁵ tiaŋ⁵⁵
14	14	ɣø⁵⁵ ɣø⁵⁵	32	14	vɔ³⁵	50	6	kor kor
15	6	ga³³ ga⁵⁵	33	16	a³³ lɐ³⁵	51	51	a³³ bɯ³³
16	16	lɔ³³ lɔ⁵⁵	34	34	ui²¹			
17	16	pu⁵⁵ li⁵⁵ li⁵⁵	35	34	ŋui²¹			
18	6	ʁa⁵⁵ ʁa⁵⁵	36	14	ve˩³³			

原书编号：864　　词项：干　　S100：99

Lid	COR	form	Lid	COR	form	Lid	COR	form
1	1	skam po	19	19	lia⁵⁵ pɤ³³	37	1	a⁵⁵ ka²¹
2	1	kam⁵⁵ po⁵³	20	18	a³³ vu³³	38	1	khrɔk
3	1	kaŋ⁵⁵ bo⁵³	21	18	fa²¹	39	1	tɕhɑuʔ⁴⁴
4	1	hkam	22	18∣1	fe³³ ; a²¹ fe³³ thi⁵⁵ ; gu³³	40	40	səʔ⁵⁵
5	1	rkam	23	18	fɛ³³	41	41	xui⁵⁵
6	1	cem⁵⁵ po⁵³	24	18	fA³³	42	18	fai⁵⁵
7	0		25	18	fA̱²¹	43	1	gɛŋ⁵⁵
8	8	ɹə tɕi	26	18	fu⁴⁴ le³³	44	44	zyi³¹ a³¹
9	8	ʐɿ⁵⁵ kua⁵⁵	27	19	pv³¹	45	1	kăm⁵⁵
10	1	ɣu⁵⁵ mə⁵³	28	19	pv³³	46	1	ka̱³³
11	1	gu⁵⁵	29	1	kɤ³³	47	47	sɑl⁵³
12	12	kə ram	30	1	guɯ³³	48	48	çoŋ³⁵
13	13	wʐu	31	1	kɯ³³	49	48	çaŋ³⁵
14	8	rɛ⁵⁵ rɛ⁵⁵	32	18	vi³³	50	48	çen
15	15	lõ³³ lõ⁵⁵	33	1	a³³ kɯ⁴⁴	51	51	a³³ və¹ʈ³³
16	16	su⁵⁵	34	1	ka³⁵			
17	17	dʐu⁵⁵	35	1	kã⁵⁵			
18	18∣1	fu³³ dʐ̩ʐ³³ gɛ⁵⁵	36	1	qõ⁵⁵			

原书编号：517　　词项：名字　　S100：100

Lid	COR	form	Lid	COR	form	Lid	COR	form
1	1	miŋ	19	1	mɛ̃⁵⁵	37	1	min²¹ tsi²¹
2	1	miŋ¹⁵	20	1	mi̥³³	38	1	nɑ² mɑȵ²
3	1	ȵin⁵⁵	21	1	mie³³	39	1	nɑ²² mi²²
4	1	ȵaŋ	22	1	mĩ²¹ tsɿ⁵⁵	40	1	a³¹ ȵiŋ⁵⁵
5	1	mȵaŋ	23	1	mi⁵⁵	41	1	mjiŋ⁵¹
6	1	meŋ¹³	24	1	mɛ³³；mɛ³³ŋʌ²¹	42	1	maŋ³¹
7	1	miŋ	25	1	mɛ⁵⁵	43	43	bɯŋ³¹
8	1	rmə	26	1	e⁵⁵ mi⁴⁴	44	1	mə̃˞¹³⁵
9	1	χmə⁵⁵	27	1	mi³¹	45	43	ɑŋ³¹ bɹɯŋ⁵³
10	1	mɛ̃⁵⁵	28	1	mv³³	46	1	mjiŋ³³
11	1	ma⁵⁵	29	1	ɔ³¹ mi⁵⁵	47	1	a³¹ mǎŋ⁵⁵
12	1	tə rmE	30	1	tsho⁵⁵ mjɔ⁵⁵	48	1	a³¹ mɯŋ⁵⁵
13	1	lmɯ	31	1	ʒu³³ mu⁵⁵	49	1	ɑ⁵⁵ mu⁵⁵
14	1	mi⁵³	32	1	ɔ³¹ me³³	50	1	a min
15	1	me⁵⁵	33	1	a³³ mi³³	51	43	a³³ bɛˡŋ³³
16	1	mĩ³³	34	1	me˞¹³⁵			
17	1	mi⁵⁵	35	1	miɛ⁵⁵			
18	1	mi³³ qhu⁵⁵	36	1	ȵo⁵⁵			

原书编号：7　　词项：风　　Y35

Lid	COR	form	Lid	COR	form	Lid	COR	form
1	1	lhag pa	19	1	ɬe⁵³	37	37	zie³⁵ su⁵⁵
2	1	ɬak⁵³ pa⁵⁵	20	1	m̩(u)³³ ɬ(ɿ)³³	38	1	le²
3	1	luŋ⁵⁵	21	1	m̩(u)³³ hi³³	39	1	le²²
4	4	se re	22	18	ɑ⁵⁵ m̩(u̠)²¹ ɕi⁵⁵	40	1	l̥i⁵⁵
5	1	wloŋ	23	18	muɯ²¹ ɕi³³	41	1	lai⁵¹
6	4	røn¹³	24	1	mu²¹ ɬu³³；muɯ²¹ ɬɯ³³	42	1	la³¹
7	4	ri di；mur	25	1	me³³ xe³³	43	43	ȵɛ³¹ bu³¹
8	4	mu ʁu	26	1	mi³¹ hi³³	44	1	muɯ⁵⁵ ɑ³¹ ɬi³⁵
9	4	mɑ³³ ʁu⁵⁵	27	1	xəɹ³³	45	43	năm⁵³ bŭŋ⁵³
10	10	mu⁵⁵ wa⁵³	28	1	ɬa³³	46	43	ȵ̩³¹ puŋ³³
11	11	mu⁵⁵ mo¹³	29	1	tsɔ³¹ li⁵⁵	47	43	bauŋ³⁵
12	1	kha li	30	1	dʐa³¹ le⁵⁵	48	4	xɑ³¹ ɹɯŋ⁵⁵
13	1	wu lɛ	31	1	tʃɔ³¹ l̥i⁵⁵	49	4	ɑ⁵⁵ ɹaŋ⁵⁵ hɑ⁵⁵
14	11	mʑ⁵⁵ mʑ³³	32	1	mu⁵³ xɔ³³	50	1	ȵu luŋ
15	1	ɬo⁵⁵ pa⁵³	33	1	li³¹ phjɐ³³	51	51	aŋ³³ huʈ⁵³
16	16	mʉ³³ ji⁵⁵	34	34	pi³⁵ si³⁵			
17	17	mɛ⁵⁵ ə¹⁵⁵	35	34	pi⁵⁵ si⁵⁵			
18	18	mu⁵⁵ s̩ɿ³³	36	36	tɕui⁵⁵			

原书编号：113　　词项：马

Lid	COR	form	Lid	COR	form	Lid	COR	form
1	1	rta	19	8	rɔ̃^{35}	37	18	ma^{53}
2	1	ta^{53}	20	18	m̥(u)^{33}	38	18	mraŋ^{3}
3	1	ta^{53}	21	18	m̥(u)^{33}	39	18	mjĩ^{55}
4	1	hta	22	18	a^{55} m̥(u̥)^{21}	40	18	mz̧aŋ^{31}
5	1	rta	23	18	mu^{21}	41	18	mjaŋ^{21}
6	1	te^{53}	24	18	mo^{21}	42	18	mjɔ̃^{35}
7	1	kur ta	25	18	mo^{33}	43	18	mɛ^{31}
8	8	ɹu	26	18	a^{55} mo^{31}	44	18	mɹɯ^{31} la^{55}
9	8	z̧u^{55}	27	8	z̧uɑ^{33}	45	18	mɯ^{31} gɯ^{53}
10	10	ɣuẽ^{35}	28	8	z̧ua^{33}	46	8	kum^{31} ʐa^{31}
11	10	sgyɛ̃^{13}	29	18	mu^{31}	47	8	pɑ^{31} xoŋ^{35}
12	12	mbro	30	18	mo^{31}	48	8	ma^{31} ɹoŋ^{55}
13	8	z̧ɣi	31	18	ɔ^{31} mu^{31}	49	8	mɑ^{55} ɹoŋ^{53}
14	10	ɣui^{35}	32	18	i^{35} mu^{53}	50	10	çə kɯ
15	10	gi^{35}	33	18	mjo^{33}	51	51	çi^{33} chəˈ^{133}
16	12	mbu^{35}	34	18	meˈ^{133}			
17	12	nbo^{33}	35	18	mɛ^{33}			
18	18	mo^{53}	36	18	mo^{33}			

原书编号：115　　　词项：猪

Lid	COR	form	Lid	COR	form	Lid	COR	form
1	1	phaɡ pa	19	1	bie^{35}	37	37	tsi^{53}
2	1	phak^{53} pa^{53}	20	1	vo^{55}	38	1	wɑk
3	1	phɑʔ^{53}	21	1	va^{13}	39	1	wɛʔ^{44}
4	1	hak	22	1	a^{55} vi̱^{21}	40	1	oʔ^{55}
5	1	hak	23	1	ve̱^{21}	41	1	vaʔ^{21}
6	1	phʌʔ^{53}	24	1	ve̱^{21}	42	1	vɔʔ^{31}
7	1	phak pa	25	1	ve̱^{21}	43	1	ʔu^{55}
8	1	pi	26	1	ɑ^{55} vɛ^{41}	44	1	vɑ̱^{53}
9	1	pa^{33}	27	1	bu^{31}	45	1	wă ʔ^{55}
10	10	tɕyɛ^{35}	28	1	bu^{13}	46	1	waʔ^{31}
11	1	phʒɑ^{13}	29	1	va̱^{31}	47	47	li^{55}
12	1	pak	30	1	a^{31} ɣa̱^{31}	48	47	bɯ^{31} liɑi^{55}
13	1	va	31	1	a^{31} ja^{31}	49	47	bi^{55} li^{55}
14	14	ʐyi^{35}	32	1	vʌ^{21}	50	47	ə jək
15	1	we^{55}	33	1	va^{44} ni^{44}	51	51	mə^{33} du^{33}
16	1	phɑ^{53}	34	34	te^{42}			
17	1	vɛ^{55}	35	34	te^{42}			
18	1	va^{33}	36	34	te^{42}			

原书编号：117   词项：山羊

Lid	COR	form	Lid	COR	form	Lid	COR	form
1	1	ra	19	8	$tsh\eta^{55}$	37	37	zo^{35}
2	1	ra^{13}	20	8	$t\d{s}h\eta^{55}$	38	8	hsit
3	1	ra^{13}	21	8	$tshe^{13}$	39	8	$hse\textipa{P}^{44}$
4	1	ra ma	22	8	$a^{55}\ t\d{s}h\underline{\eta}^{21}$	40	0	
5	1	ra	23	8	$A^{33}\ t\d{s}h\underline{i}^{55}$	41	41	$pai^{21}\ nam^{55}$
6	1	rA^{13}	24	8	$t\textctc h\underline{i}^{21}$	42	0	
7	1	ra ba	25	8	$A^{55}\ t\textctc h\underline{i}^{21}$	43	43	$a^{31}\ b\varepsilon^{55}$
8	8	tsa	26	8	$\alpha^{55}\ t\textesh h\underline{\eta}^{41}$	44	8	$t\d{s}h\bar{\textschwa}^{\text{J}155}$
9	8	$tshie^{55}$	27	8	$tsh\textbari^{55}$	45	8	$a^{31}\ t\textctc it^{55}$
10	8	$t\textctc h\tilde{i}^{35}\ d\textzcurl a^{35}$	28	8	$tsh\textrtails^{13}$	46	43	$pai^{31}\ nam^{33}$
11	8	$tsh\textgamma^{55}$	29	8	$tsh\underline{\eta}^{31}$	47	8	$k\textbari^{31}\ t\textctc i^{53}$
12	8	$t\textesh h\textschwa t$	30	8	$a^{31}\ ts\underline{i}^{31}$	48	8	$k\textbari^{31}\ t\textctc i^{53}$
13	8	$tsh\varepsilon$	31	8	$a^{31}\ t\textesh h\underline{\eta}^{31}$	49	8	$k\textbari^{31}\ t\textctc i^{55}$
14	8	$tsh\textbari^{53}\ t\textctc ha^{53}$	32	8	$A^{35}\ tshe^{21}$	50	1	$\textctc\textschwa\ r\textschwa$
15	8	$tsh\varepsilon^{53}$	33	8	$t\textctc hi^{44}\ p\varepsilon^{42}$	51	51	$s\textschwa^{33}\ \textgamma u^{33}$
16	8	$t\textctc hi^{53}$	34	34	$x\textbari^{44}\ jou^{21}$			
17	8	$tshi^{55}$	35	34	$ko^{21}\ j\tilde{o}^{21}$			
18	8	$tsh\eta^{35}$	36	34	$qo^{42}\ \textltailn o^{21}$			

原书编号：118　　词项：绵羊

Lid	COR	form	Lid	COR	form	Lid	COR	form
1	1	luɡ	19	10	ɛ̃⁵⁵	37	10	zo³⁵
2	1	luʔ¹³	20	10	ʐo³³	38	38	tho³
3	1	luʔ³¹	21	21	ho²¹	39	38	tθo⁵⁵
4	1	lək	22	10	a⁵⁵ ʐu⁵⁵	40	0	
5	1	lək	23	10	ʐʌ³³	41	38	sau²¹ mjḭ⁵⁵
6	1	jeŋ¹³	24	10	ʐu³³ mɛ²¹	42	0	
7	7	çi ça	25	21	xɒ²¹ mo²¹	43	10	a³¹ iaŋ³¹
8	8	ŋ̩u	26	10	a⁴⁴ ʒo³³	44	10	iɑ̃⁵⁵
9	9	χɡy³³	27	10	ʐu³¹	45	10	a³¹ ɹ̥aŋ⁵³
10	10	ʐã⁵⁵	28	10	ʐu³³	46	38	să⁵⁵ ku⁵¹
11	10	ʒãu⁵⁵	29	10	jɤ̩⁵⁵	47	1	lɯuk⁵⁵
12	10	kə jo	30	10	a³¹ jo⁵⁵	48	10	kɯ³¹ joŋ³⁵
13	13	ɣi	31	16	tʃh̩³¹ ʒɤ̩⁵⁵	49	10	kɯ³¹ joŋ³⁵
14	14	ʁɑ³⁵	32	10	zɔ³¹	50	10	ço joŋ
15	10	ji⁵⁵	33	16	tçɛ³³ a³³ mɔ³³	51	51	dʐua⁵³ mua¹¹
16	16	tçhɔ̃³³	34	16|10	tsi³⁵ jou²¹			
17	10	jo⁵⁵	35	16|10	tsɛ̃⁵⁵ jõ²¹			
18	10	jo⁵⁵	36	8	tʂeˈ⁵⁵ n̩o²¹			

原书编号：152　　词项：蛇

Lid	COR	form	Lid	COR	form	Lid	COR	form
1	1	sbrul	19	1	bɑ^{33} ro^{55}	37	37	wo^{53}
2	1	tʂy^{15}	20	1|14	bu^{33} ʂ̩^{33}	38	38	mrwe^{2}
3	1	ru^{53}	21	1|14	bu^{33} sə^{33}	39	38	mwe^{22}
4	1	ru	22	14|29	lɑ^{33} çe^{55}	40	38	mʐui^{55}
5	1	ru	23	14	ʂɛ^{33} mA^{21}	41	38|29	laŋ^{51} mui^{51}
6	1	breː^{13}	24	24	xA^{33} mo^{33}	42	38	lɔ̃^{31} mɔi^{31}
7	1	bu tɕhi la	25	14	sɛ^{55}	43	1	bɯ^{31}
8	1	bəs	26	1	fu^{44}	44	1	vɹia^{55}
9	1	bə^{31} guə^{241}	27	14	ʐɯ^{31}	45	1	bɯ^{55}
10	1	be^{35} re^{53}	28	14	ʐv^{33} ba^{33}	46	1	lã^{31} pu̠^{33}
11	1	bɐ^{13} ʐɑ^{55}	29	29	ɣ^{55} lu^{55}	47	1	ɹɯɯ^{35}
12	1	kha brE	30	29	o^{55} lo^{55}	48	1	tɑ^{31} bu^{55}
13	1	mphʂi	31	29	ɣɯ^{55} lu^{55}	49	1	jɑ^{55} bu^{55}
14	14	ʐo^{53}	32	1	və^{31}	50	1	ta bɯ
15	1	bru^{53}	33	33	ɣɯ^{42}	51	1	pɯb^{53}
16	16	tʂu^{53}	34	34	khv^{33}			
17	1	bɛ^{33} ŋ̩^{55}	35	34	khv^{33}			
18	1	bəˀ^{53}	36	36	tʂheˀ^{33} ; fv^{33}			

原书编号：172　　词项：毛

Lid	COR	form	Lid	COR	form	Lid	COR	form
1	1	spu	19	19	sũ⁵⁵	37	37	si³⁵ ka⁵⁵
2	1	pu⁵³	20	20	ȵe³³	38	9	a¹ mwe³
3	1	pu⁵³	21	9	m̥(u)²¹	39	9	a⁵³ mwe⁵⁵
4	4	hwə	22	22	tɕhy⁵⁵	40	9	a³¹ mui³¹
5	4	wsə	23	9	mɯ³³	41	9	sõ²¹ mau⁵⁵
6	1	pu⁵³	24	20	i³³ nɯ³³	42	9	ʃɔ̃³⁵ muk⁵⁵
7	1	pu	25	20	nu³³	43	9	min⁵⁵
8	8	hu pɑ	26	9	e⁵⁵ mu⁴⁴	44	9	mɯi⁵⁵
9	9	χmə³³	27	8	fv³³	45	9	ɑŋ³¹ mɯ̃l⁵⁵
10	9	mɛ̃⁵³	28	8	xv³³	46	9	mun³³
11	9	ma⁵⁵	29	22	ɔ³¹ tshe⁵⁵	47	47	bɯl³⁵
12	12	ta ȵE	30	8	xɔ³³	48	9	m̥⁵⁵
13	9	wmə ʐʐa	31	22	tʃha³¹ xo³³	49	9	ma³¹ bu⁵³
14	9	mo³⁵	32	9	ɔ³¹ mu³³	50	9	a mɯ
15	9	mu⁵³	33	9	ɑ³³ mɯ³³	51	9	a³³ muȵ³³
16	16	tshɔ̃³³	34	9	ma²¹			
17	9	maˈ⁵⁵	35	9	ma²¹			
18	8	hũ³³	36	9	mie²¹			

原书编号：219　　词项：菌子

Lid	COR	form	Lid	COR	form	Lid	COR	form
1	1	ça mo	19	1	mu³⁵	37	37	thu⁵⁵ si⁵⁵
2	1	ça⁵³ mo¹³	20	1	m̥(u)³³	38	1	hmo²
3	1	xhe⁵³ mu⁵⁵	21	1	m̥(u)³³ pa⁵⁵	39	1	m̥o²²
4	1	xha mo	22	1	çiaŋ³³ çyĩ⁵⁵ ; m̥(u)⁵⁵	40	1	mau⁵⁵
5	1	mo kho	23	1	mɯ³³	41	1	mau⁵¹
6	6	ser⁵⁵ çʌ⁵³	24	1	mo³³ lo³³	42	1	muk³¹
7	7	wun ba mu	25	1	mɯ⁵⁵ lɯ⁵⁵	43	1	mɯ³¹ khɑm⁵⁵
8	8	tɕin tsə	26	1	mɯ³³ tʃhi³¹	44	1	mɯ³⁵
9	1	mɑ³¹ z̺u³³	27	1	mu⁵⁵	45	1	mɯ³¹ kăm⁵⁵
10	1	mi³⁵	28	1	mu¹³	46	1	mă⁵⁵ tị⁵¹
11	1	mz̺i¹³	29	1	me⁵⁵ lu⁵⁵	47	47	sɯ³¹ lɯi⁵⁵
12	1	tɐ jmok	30	17	xɔ⁵⁵ lu⁵⁵	48	48	tɑ³¹ kun⁵⁵
13	1	lmɛu	31	17	xu⁵⁵ tʃ̺ʅ³³	49	48	tɑ³¹ kun⁵⁵
14	1	mi³³ ntɕha⁵³	32	1	mu¹¹	50	50	ta jin
15	1	ça⁵⁵ mu⁵⁵	33	1	mø³³ lu³³	51	51	məŋ³³ tka³³ hə¹⁵³
16	16	ndz̺ʅ³³ tsi⁵³	34	34	se⁴²̚			
17	17	xə⁵⁵	35	34	sɛ̃³³			
18	1	mu³³ tʂha⁵⁵	36	34	ʂɛ̃⁴³̚			

原书编号：398　　　词项：盐　　Y35

Lid	COR	form	Lid	COR	form	Lid	COR	form
1	1	tshwa	19	1	tshɐ⁵⁵	37	34	la³⁵ pu⁵⁵
2	1	tsha⁵³	20	1	tshɯ³³	38	1	hsɑ³
3	1	tsha⁵³	21	1	tshu³³ ba²¹	39	1	hsɑ⁵⁵
4	1	tsha	22	1	tshɑ²¹ bo³³	40	1	tɕhɔ³¹
5	1	tsha	23	1	tsho²¹	41	1	i⁵⁵ tʃum²¹ ; tsho⁵⁵
6	1	tshA⁵³	24	1	tsho²¹ mu̲³³	42	1	tshɔ³⁵
7	1	ʔin tɕa	25	1	tsho³³	43	32	sʅ³¹ laŋ⁵⁵
8	1	tshə	26	1	tshɑ⁴¹ bo⁴⁴	44	1	tsha⁵⁵
9	1	tshŋ³³	27	1	tshe³³	45	32	sɯ³¹ lǎʔ⁵⁵
10	1	tshi⁵⁵	28	1	tshe³³	46	1	tʃum³¹
11	1	tshi¹³	29	1	tshɔ³¹ me̠³¹	47	47	tɯ³¹ min⁵⁵
12	1	tshɐ	30	1	tsha³¹ dɤ³¹	48	34	pla³⁵
13	1	tshɯ	31	1	tsha³¹ tɤ³¹	49	34	pɹɑ³⁵
14	1	tshɯ⁵³	32	32	A³⁵ lɛ²¹	50	32	o lo
15	1	tshi⁵³	33	1	tsha⁵⁵ kha³¹	51	51	hɔŋ³³
16	1	tshi⁵³	34	34	pi³⁵			
17	1	tshŋ³³	35	34	pĩ⁵⁵			
18	1	tshŋ³³	36	1	tsuĩ⁵⁵			

参 考 文 献

中文文献

本尼迪克特:《汉藏语言概论》,北京:中国社会科学院民族研究所,1984 年。

布莱德雷著,乐赛月等译:《彝语支源流》,成都:四川民族出版社,1992 年。

班弨:《中国的语言和文字》,南宁:广西教育出版社,1995 年。

陈保亚:《论语言接触与语言联盟》,北京:语文出版社,1996 年。

陈保亚:《汉台关系词的相对有阶分析》,《民族语文》1997 年第 2 期(a)。

陈保亚:《台佤关系词的相对有阶分析》,《语言研究》1997 年第 1 期(b)。

陈保亚:《百年来汉藏语系谱系研究的理论进展》,《语言学论丛》第 21 辑,北京大学中文系
　　《语言学论丛》编委会编,北京:商务印书馆,1998 年(a)。

陈保亚:《汉台关系词双向相对有阶分析》,《语言研究》1998 年第 2 期(b)。

陈保亚:《再论核心关系词的有阶分布》,《民族语文》1998 年第 3 期(c)。

陈保亚:《20 世纪中国语言学方法论(1898-1998)》,济南:山东教育出版社,1999 年。

陈保亚:《汉台内核关系词相对有阶分析》,《中国语文》2000 年第 4 期。

陈保亚、何方:《核心词原则和澳越语的谱系树分类》,《云南民族学院学报(哲学社会科学
　　版)》2002 年第 1 期。

陈保亚、何方:《略说汉藏语系的基本谱系结构》,《云南民族大学学报(哲学社会科学版)》
　　2004 年第 1 期。

陈保亚、李子鹤:《核心词自动分阶的一种计算模型——以纳西族玛丽玛萨话为例》,《云南民
　　族大学学报(哲学社会科学版)》2012 年第 5 期。

陈保亚、覃俊珺:《严式词源统计法与共享创新法——语言(方言)谱系分类的方法分析》,
　　《云南民族大学学报(哲学社会科学版)》2016 年第 2 期。

陈保亚、汪锋:《论确定核心语素表的基本原则》,第 38 届国际汉藏语会议论文集,厦门,
　　2005 年。

陈保亚、汪锋:《汉语——藏缅语同源的两个词汇有阶分布证据》,《云南师范大学学报(哲学
　　社会科学版)》2012 年第 5 期。

陈海伦:《论方言相关度、相似度、沟通度指标问题》,《中国语文》1996 年第 5 期。

陈汉清、朱建颂:《用数学方法描述方言的差别》,《方言》1979 年第 1 期。

陈康:《白语促声考》,《中央民族学院学报》1992 年第 5 期。

陈铭:《生物信息学》,北京:科学出版社,2012 年。

陈乃雄:《五屯话初探》,《民族语文》1982 年第 1 期。

陈其光、张伟:《五色话初探》,《语言研究》1988 年第 2 期。

陈伟:《语言的底层问题》,北京:中国社会科学出版社,2013 年。

陈忠敏:《历史比较法与汉藏语研究》,《民族语文》2009 年第 1 期。

达尔文:《物种起源》,北京:商务印书馆,1963 年。

戴庆厦:《藏缅语族语言的研究与展望——马提索夫教授访问记》,《民族语文》1990 年第 1
　　期(a)。

戴庆厦:《藏缅语族语言研究》,昆明:云南民族出版社,1990 年(b)。

戴庆厦:《从藏缅语看壮侗语与汉语的关系》,《中央民族学院学报》1990 年增刊(c)。

戴庆厦:《汉语与少数民族语言关系概论》,中央民族学院出版社,1992 年。

戴庆厦、刘菊黄、傅爱兰:《关于我国藏缅语族系属分类问题》,《云南民族学院学报》1989 年
　　第 3 期。

邓晓华:《人类文化语言学》,厦门:厦门大学出版社,1993 年。

邓晓华、王士元:《藏缅语族语言的数理分类及其分析》,《民族语文》2003 年第 4 期(a)。

邓晓华、王士元:《古闽、客方言的来源以及历史层次问题》,《古汉语研究》2003 年第 2 期
　　(b)。

邓晓华、王士元:《苗瑶语族语言亲缘关系的计量研究——词源统计分析方法》,《中国语文》
　　2003 年第 3 期(c)。

邓晓华、王士元:《壮侗语族语言的数理分类及其时间深度》,《中国语文》2007 年第 6 期。

邓晓华、王士元:《中国的语言及方言的分类》,北京:中华书局,2009 年。

丁邦新:《汉语方言区分的条件》,《清华学报》1982 年第 1 期。

丁邦新:《汉藏系语言研究法的检讨》,《中国语文》2000 年第 6 期。

丁邦新:《历史层次与方言研究》,上海教育出版社,2007 年。

丁邦新、孙宏开:《汉藏语同源词研究(一)——汉藏语研究的历史回顾》,南宁:广西民族出
　　版社,2000 年。

丁邦新、孙宏开:《汉藏语同源词研究(二)——汉藏、苗瑶同源词专题研究》,南宁:广西民族
　　出版社,2001 年。

丁邦新、孙宏开:《汉藏语同源词研究(三)——汉藏语研究的方法与探索》,南宁:广西民族
　　出版社,2004 年。

丁声树:《方言调查词汇手册》,《方言》1989 年第 2 期。

傅爱兰:《怒语(怒苏)系属研究——兼论缅彝语系属划分问题》,《语言研究》1989 年第 1 期。

高华年:《汉藏系语言概要》,广州:中山大学出版社,1992 年。

龚群虎:《扎巴语研究》,北京:民族出版社,2007 年。

顾黔、石汝杰:《汉语方言词汇调查手册》,北京:中华书局,2006 年。

Н.С.Трубецкой 著,雷明译:《有关印欧语问题的一些看法》,《国外语言学》1982 年第 4 期。

何天贞:《土家语的支属问题》,《中南民族学院学报(人文社会科学版)》2003 年第 1 期。

胡明扬:《混合语理论的重大突破——读意西微萨·阿错著〈倒话研究〉》,《中国语文》2006
　　年第 2 期。

黄伯荣等著:《汉语方言语法调查手册》,广州:广东人民出版社,2001 年。

黄布凡:《藏缅语动词的趋向范畴》,马学良等,《藏缅语新论》,北京:中央民族学院出版社,
　　1994 年。

黄布凡:《同源词比较词表的选词范围和标准——以藏缅语同源词比较词表的制订为例》,
　　《民族语文》1997 年第 4 期。

黄布凡:《从藏缅语同源词看藏缅族群的史前文化》,《民族语文》1998 年第 5 期。

黄布凡、周发成:《羌语研究》,成都:四川人民出版社,2006 年。

黄行:《苗瑶语方言亲疏关系的计量分析》,《民族语文》1999 年第 3 期(a)。

黄行:《语音对应规律的计量研究方法——苗瑶语方言语音对应规律示例》,《民族语文》1999
　　年第 6 期(b)。

江荻:《20 世纪的历史语言学》,《中国社会科学》2000 年第 4 期(a)。

江荻:《论汉藏语言历史比较词表的确定》,《民族语文》2000 年第 3 期(b)。

江荻著:《藏语语音史研究》,北京:民族出版社,2002 年。

Kumar S.:《分子进化与系统发育》,北京:高等教育出版社,2002 年。

李葆嘉:《试论语言的发生学研究》,《南京师大学报》1994 年(社会科学版)第 1 期。

李方桂:《藏汉系语言研究法》,《北京大学国学季刊》,1951 年第 2 期。

李方桂:《武鸣土语》,"中研院"语言研究所,1956 年。

李方桂:《上古音研究》,北京:商务印书馆,1980 年。

李方桂:《龙州土语》,北京:清华大学出版社,2005 年。

李方桂、李林德:《李方桂先生口述史》,北京:清华大学出版社,2003 年。

李方桂、梁敏:《中国的语言和方言》,《民族译丛》1980 年第 1 期。

李方桂、王启龙:《莫话记略》,北京:清华大学出版社,2005 年。

李方桂著,丁邦新译:《比较台语手册》,北京:清华大学出版社,2011 年。

李绍尼:《白语基数词与汉语、藏缅语关系初探》,《中央民族学院学报》1992 年第 1 期。

李子鹤:《原始纳西语及其历史地位研究》,北京大学博士学位论文,2013 年。

梁敏:《"临高话"简介》,《语言研究》1981 年第 1 期。

梁敏、张均如:《侗台语族概论》,北京:中国社会科学出版社,1996 年。

梁敏、张均如：《临高语研究》，上海：上海远东出版社，1997 年。

林向荣：《嘉戎语研究》，成都：四川民族出版社，1993 年。

陆致极：《闽方言内部差异程度及分区的计算机聚类分析》，《语言研究》1986 年第 2 期。

陆致极：《汉语方言间亲疏关系的计量描写》，《中国社会科学》1987 年第 1 期。

罗伯特·迪克森：《语言兴衰论》，北京：北京大学出版社，2010 年。

罗常培、傅懋勣：《国内少数民族语言文字的概况》，《中国语文》1954 年第 3 期。

罗杰瑞著，蔡宝瑞译：《汉语历史语言学的新方法》，《济宁师专学报》1998 年第 2 期。

罗美珍、邓卫荣：《广西五色话——一种发生质变的侗泰语言》，《民族语文》1998 年第 2 期。

马希文：《树计算机与树程序》，《计算机学报》1978 年第 1 期。

马希文：《比较方言学中的计量方法》，《中国语文》1989 年第 5 期（a）。

马希文：《以计算语言学为背景看语法问题》，《国外语言学》1989 年第 3 期（b）。

马学良：《藏缅语新论》，北京：中央民族学院出版社，1994 年。

马学良：《汉藏语概论》，北京：民族出版社，2003 年。

毛宗武、蒙朝吉、施联朱：《试论畲语的系属问题》，《中国语言学报》1985 年第 2 期。

梅耶：《历史语言学中的比较方法》，北京：科学出版社，1957 年。

孟和达来、黄行：《蒙古语族和突厥语族关系词的词阶分布分析》，《民族语文》1997 年第 1 期。

《民族语文》编辑组编：《民族语文研究文集》，西宁：青海人民出版社，1982 年。

Norman 著，张惠英译：《汉语概说》，北京：语文出版社，1995 年。

倪大白：《侗台语概论》，北京：民族出版社，2010 年。

欧阳觉亚：《珞巴语概况》，《民族语文》1979 年第 1 期。

潘悟云：《对华澳语系假说的若干支持材料》，《Journal of Chinese Linguistics Monograph Series》，1995 年。

桥本万太郎著，余志鸿译：《语言地理类型学》，北京：北京大学出版社，1985 年。

瞿霭堂：《藏族的语言和文字》，《中国藏学》1992 年第 3 期。

R.H,Robins 著，林书武译：《语言分类史（上）》，《国外语言学》1983 年第 1 期。

R.H,Robins 著，周绍珩译：《语言分类史（下）》，《国外语言学》1983 年第 2 期。

Г.А.Климов 著，汪庆安、范一译：《语言的发生学、类型学和地域学分类法的相互关系》，《国外语言学》1982 年第 4 期。

萨利科科·S,穆夫温著，郭嘉、胡蓉、阿错译：《语言演化生态学》，北京：商务印书馆，2012 年。

施莱歇尔：《达尔文理论与语言学——致耶拿大学动物学教授、动物学博物馆馆长恩斯特·海克尔先生》，《方言》2008 年第 4 期。

孙宏开：《羌语简志》，北京：民族出版社，1981 年。

孙宏开：《义都珞巴话概要》，《民族语文》1983 年第 6 期。

孙宏开：《语言识别与民族》，《民族语文》1988 年第 2 期。

孙宏开：《论藏缅语族中的羌语支语言》，《语言暨语言学》2001 年第 1 期。

孙宏开等：《中国的语言》，北京：商务印书馆，2007 年。

孙宏开、陆绍尊、张济川：《门巴、珞巴、僜人的语言》，北京：中国社会科学出版社，1980 年。

孙宏开、齐卡佳、刘光坤：《白马语研究》，北京：民族出版社，2007 年。

孙宏开、郑玉玲：《藏缅语亲疏关系的计量分析方法》，《语言研究》1993 年第 2 期。

Swadesh M.：《史前民族接触的词汇统计学年代推算》，《当代语言学》1962 年第 8 期。

田德生：《土家语概况》，《民族语文》1982 年第 4 期。

田德生：《土家语简志》，北京：民族出版社，1986 年。

汪锋：《语言接触与语言比较：以白语为例》，北京：商务印书馆，2012 年。

王辅世、毛宗武：《苗瑶语古音构拟》，北京：中国社会科学出版社，1995 年。

王静如：《关于湘西土家语言的初步意见》，中央民族学院研究部编，《中国民族问题研究集
　　刊》1955 年第 4 辑。

王静如：《王静如民族研究文集》，北京：民族出版社，1998 年。

王均：《壮侗语族语言简志》，北京：民族出版社，1984 年。

王均：《〈民族语文〉前程似锦——在〈民族语文〉创刊 10 周年学术交流会上的讲话》，《民族
　　语文》1989 年第 1 期。

王士元、沈钟伟：《方言关系的计量表述》，《中国语文》1992 年第 2 期。

王士元编、林幼菁译：《语言涌现：发展与演化》，"中研院"，2008 年。

王士元主编：《汉语的祖先》，北京：中华书局，2005 年。

威廉·克罗夫特：《语言类型学与语言共性》，上海：复旦大学出版社，2009 年。

韦远诚、张梦翰：《台语支语言的计算分类及其传播方向》，《民族语文》2014 年第 5 期。

尉迟治平：《计算机技术和汉语史研究》，《古汉语研究》2000 年第 3 期。

尉迟治平：《汉语信息处理和计算机辅助汉语史研究》，《语言研究》2004 年第 3 期。

文祯中：《自然科学概论 第 3 版》，南京：南京大学出版社，2012 年。

吴安其：《藏缅语的分类和白语的归属》，《民族语文》2000 年第 1 期。

吴安其：《汉藏语同源研究》，北京：中央民族大学出版社，2002 年。

吴安其：《语言接触对语言演变的影响》，《民族语文》2004 年第 1 期。

邢公畹：《汉语方言调查基础知识》，北京：华中工学院出版社，1982 年。

邢公畹：《关于汉语南岛语的发生学关系问题——L·沙加尔〈汉语南岛语同源论〉述评补
　　证》，《民族语文》1991 年第 3 期。

邢公畹：《汉台语比较手册》，北京：商务印书馆，1999 年。

徐克学：《数量分类学》，北京：科学出版社，1994 年。

徐琳、赵衍荪编：《白语简志》，北京：民族出版社，1984 年。

徐通锵:《历史语言学》,北京:商务印书馆,1991年。

严学宭:《上古汉语声母结构体系初探》,《江汉学报》1962年第6期。

严学宭:《上古汉语韵母结构体系初探》,《武汉大学学报》(人文科学)1963年第2期。

杨鼎夫:《计算机计量研究汉语方言分区的探索》,《语文研究》1994年第3期。

意西微色·阿错:《藏汉混合语"倒话"述略》,《语言研究》2001年第3期。

俞敏:《汉藏同源字谱稿》,《民族语文》1989年第1期。

《藏缅语语音和词汇》编写组:《藏缅语语音和词汇》,北京:中国社会科学出版社,1991年。

张梦翰、李晨雨:《壮语分区的特征选取和权重量化》,《广西民族大学学报(哲学社会科学版)》2013年第6期。

张敏:《音韵作为方言谱系分群的唯一可靠标准》,广州:演化音法学讨论会会议论文,2009年。

张树铮:《关于方言沟通度和方音理解的几个问题》,《中国语文》1998年第3期。

张兴权:《接触语言学》,北京:商务印书馆,2012年。

赵衍荪:《白语的系属问题》,《民族语文》编辑部,民族语文研究文集,西宁:青海民族出版社,1982年。

郑锦全:《汉语方言亲疏关系的计量研究》,《中国语文》1988年第2期。

郑锦全:《汉语方言沟通度的计算》,《中国语文》1994年第1期。

郑张尚芳:《汉语与亲属语同源根词及附缀成分比较上的择对问题》,《Journal of Chinese Linguistics Monograph Series 8: The Ancestry of the Chinese Language》1995年第8卷。

郑张尚芳:《白语是汉白语族的一支独立语言》,石锋、潘悟云编,《中国语言学的新拓展——庆祝王士元教授六十五岁华诞》,香港:香港城市大学出版社,1999年。

中国科学院少数民族语言研究所编:《中国少数民族语言简志——苗瑶语部分》,北京:科学出版社,1959年。

中国社会科学院、澳大利亚人文科学院:《中国语言地图集》,香港:朗文出版(远东)有限公司,1987年。

邹嘉彦、游汝杰:《语言接触论集》,上海:上海教育出版社,2004年。

英文文献

Aikhenvald, Alexandra Y., and Robert M. W. Dixon. 2006. *Areal diffusion and genetic inheritance problems in comparative linguistics*. Oxford: Oxford University Press.

Allen, W. Sidney. 1953. "Relationship in comparative linguistics." *Transactions of the Philological Society* 52 (1): 52-108.

Ansaldo, Umberto. 2009. *Contact languages: Ecology and evolution in Asia*. Cambridge University Press.

Atkinson, Quentin D., and Russell D. Gray. 2005. "Curious Parallels and Curious Connections Phylogenetic: Thinking in Biology and Historical Linguistics." *Systematic Biology* 54 (4): 513 - 526.

Atkinson, Quentin D., and Russell D. Gray. 2006. "How old is the Indo-European language family? Illumination or more moths to the flame." In *Phylogenetic methods and the prehistory of languages*, edited by Forster Peter and Renfrew Colin, 91 - 109. McDonald Institute for Archaeological Research.

Atkinson, Quentin Douglas. 2006. "From species to languages: a phylogenetic approach to human prehistory." PhD Thesis, University of Auckland.

Atkinson, Quentin, Geoff Nicholls, David Welch, and Russell Gray. 2005. "From words to dates: water into wine, mathemagic or phylogenetic inference?" *Transactions of the Philological Society* 103 (2): 193 - 219.

Bandelt, Hans-J, Peter Forster, Bryan C. Sykes, and Martin B. Richards. 1995. "Mitochondrial portraits of human populations using median networks." *Genetics* 141 (2): 743.

Bandelt, Hans-Jürgen, and Andreas W. M. Dress. 1992. "Split decomposition: a new and useful approach to phylogenetic analysis of distance data." *Molecular phylogenetics and evolution* 1 (3): 242 - 252.

Bandelt, Hans-Jurgen, Peter Forster, and Arne Röhl. 1999. "Median-joining networks for inferring intraspecific phylogenies." *Molecular biology and evolution* 16 (1): 37 - 48.

Bapteste, Eric, Yan Boucher, Jessica Leigh, and W. Ford Doolittle. 2004. "Phylogenetic reconstruction and lateral gene transfer." *Trends in Microbiology* 12 (9): 406 - 411.

Barbancon, F., S. N. Evans, L. Nakhleh, D. Ringe, and T. Warnow. 2013. "An experimental study comparing linguistic phylogenetic reconstruction methods." *Diachronica* 30 (2): 143 - 170.

Baroni, Mihaela, Charles Semple, and Mike Steel. 2005. "A framework for representing reticulate evolution." *Annals of Combinatorics* 8 (4): 391 - 408.

Baxter, William H. 1992. *A handbook of Old Chinese phonology*. Walter de Gruyter.

Baxter, William H., and Alexis Manaster Ramer. 2000. "Beyond lumping and splitting: probabilistic issues in historical linguistics." *Time depth in historical linguistics* 1: 167 - 188.

Bellwood, Peter. 1996. "Phylogeny vs reticulation in prehistory." *Antiquity* 70 (270): 881 - 890.

Benedict, Paul K. 1942. "Thai, Kadai, and Indonesian: A New Alignment in Southeastern Asia." *American Anthropologist* 44 (4): 576 - 601.

Benedict, Paul K. 1972. *Sino-Tibetan, a conspectus*. Cambridge: Cambridge University Press.

Bergsland, Knut, and Hans Vogt. 1962. "On the validity of glottochronology." *Current Anthropology* 3 (2): 115 - 153.

Bh., Krishnamurti, Lincoln Moses, and Douglas G. Danforth. 1983. "Unchanged Cognates as a Criterion in Linguistic Subgrouping." *Language* 59 (3): 541 - 568.

Blanchard, Ph., F. Petroni, M. Serva, and D. Volchenkov. "Geometric representations of language taxonomies." *Computer Speech & Language* 25 (3): 679 - 699.

Blust, Robert. 1995. "The prehistory of the Austronesian-speaking peoples: A view from language." *Journal of World Prehistory* 9 (4): 453 - 510.

Boc, Alix, Alpha Boubacar Diallo, and Vladimir Makarenkov. 2012. "T-REX: a web server for inferring, validating and visualizing phylogenetic trees and networks." *Nucleic Acids Research* 40 (W1): W573 - W579.

Bouchard-Côté, Alexandre, David Hall, Thomas L. Griffiths, and Dan Klein. 2013. "Automated reconstruction of ancient languages using probabilistic models of sound change." *Proceedings of the National Academy of Sciences of the United States of America* 110 (11): 4224 - 4229.

Bouckaert, Remco, Philippe Lemey, Michael Dunn, Simon J. Greenhill, Alexander V. Alekseyenko, Alexei J. Drummond, Russell D. Gray, Marc A. Suchard, and Quentin D. Atkinson. 2012. "Mapping the Origins and Expansion of the Indo-European Language Family." *Science* 337 (6097): 957 - 960.

Bowern, Claire, and Harold Koch. 2004. *Australian languages: classification and the comparative method.* John Benjamins Publishing.

Bradley, David. 1975. "Nahsi and Proto-Burmese-Lolo." Sino-Tibetan Conference VIII, 1975 - 01 - 01.

Bradley, David. 1979. *Proto-Loloish, Scandinavian Institute of Asian Studies, Monograph Series 39.* London: Curzon Press.

Briscoe, Ted. 2000. "Grammatical acquisition: Inductive bias and coevolution of language and the language acquisition device." *Language* 76 (2): 245 - 296.

Brown, Cecil H., Eric W. Holman, and Søren Wichmann. 2011. "Sound Correspondences in the World's Languages." *Language* 89 (1): 4 - 29.

Bryant, David. 2006. "Radiation and network breaking in Polynesian linguistics." In *Phylogenetic Methods and the Prehistory of Languages*, edited by Peter Forster and Colin Renfrew, 111 - 118. Cambridge: McDonald Institute Press.

Bryant, David, Flavia Filimon, and Russell D. Gray. 2005. "Untangling our past: languages, trees, splits and networks." In *the evolution of cultural diversity: phylogenetic approaches*, edited by Ruth Mace, Clare J. Holden and Stephen Shennan, 67 – 84. Left Coast Press.

Bryant, David, and Vincent Moulton. 2002. "NeighborNet: An agglomerative method for the construction of planar phylogenetic networks." In *Algorithms in Bioinformatics*, edited by Aaron Darling and Jens Stoye, 375 – 391. Springer.

Burton-Hunter, Sarah K. 1976. "Romance etymology: A computerized model." *Computers and the Humanities* 10 (4): 217 – 220.

Campbell, Lyle. 1998. *Historical linguistics: an introduction*. Cambridge: MIT Press.

Campbell, Lyle, and William J. Poser. 2008. *Language Classification*. Cambridge: Cambridge University Press.

Cavalli-Sforza, Luigi Luca, Alberto Piazza, Paolo Menozzi, and Joanna Mountain. 1988. "Reconstruction of human evolution: bringing together genetic, archaeological, and linguistic data." *Proceedings of the National Academy of Sciences* 85 (16): 6002 – 6006.

Cheng, Chin-chuan. 1973. "A Quantitative Study of Chinese Tones." *Journal of Chinese Linguistics* 1 (1): 93 – 110.

Cheng, Chin-Chuan. 1982. "A quantification of Chinese dialect affinity." *Studies in the Linguistic Sciences* 12 (1): 29 – 47.

Cheng, Chin-Chuan. 1991. "Quantifying affinity among Chinese dialects." *Journal of Chinese Linguistics Monograph Series* (3): 76 – 110.

Cheng, Chin-Chuan. 1997. "Measuring relationship among dialects: DOC and related resources." *Computational Linguistics & Chinese Language Processing* 2: 41 – 72.

Cheng, Chin-Chuan. 1998a. "Quantification for understanding language cognition." *Quantitative and Computational Studies on the Chinese Language*: 15 – 30.

Cheng, Chin-Chuan. 1998b. "Quantitative studies in Min dialects." *Journal of Chinese Linguistics Monograph: Contemporary Studies on the Min Dialects* 13: 229 – 246.

Chirkova, Ekaterina. 2013. "On principles and practices of language classification." In *Breaking Down the Barriers: Interdisciplinary Studies in Chinese Linguistics and Beyond*, edited by Guangshun Cao, Hilary Chappell, Redouane Djamouri and Thekla Wiebusch, 715 – 734. Taipei: Academia Sinica, Institute of Linguistics.

Ciobanu, Alina Maria, and Liviu P. Dinu. 2015. "Automatic Discrimination between Cognates and Borrowings." The 53rd Annual Meeting of the Association for Computational Linguistics, 2015 – 01 – 01.

Coblin, W. South. 2011. *Comparative phonology of the central Xiang dialects*. Taipei: Institute of Linguistics, Academia Sinica.

Cohen, Joel E. 2004. "Mathematics Is Biology's Next Microscope, Only Better; Biology Is

Mathematics' Next Physics, Only Better." *PLoS Biol* 2 (12): e439.

Comrie, Bernard. 2008. "The areal typology of Chinese: Between North and Southeast Asia." *Chinese linguistics in Leipzig*: 1 - 21.

Croft, William. 1996. "Linguistic Selection-An Utterance-based Evolutionary Theory of Language Change." *Nordic Journal of Linguistics* 19: 99 - 140.

Crowley, Terry. 1987. *An introduction to historical linguistics*. Papua New Guinea: University of Papua New Guinea Press.

Crowley, Terry. 1992. *An introduction to historical linguistics*. New York: Oxford University Press.

Cysouw, Michael, Søren Wichmann, and David Kamholz. 2006. "A critique of the separation base method for genealogical subgrouping, with data from Mixe-Zoquean." *Journal of Quantitative Linguistics* 13 (2 - 3): 225 - 264.

Dagan, T., Artzy Randrup Y., and Martin W. 2008. "Modular Networks and Cumulative Impact of Lateral Transfer in Prokaryote Genome Evolution." *Proceedings of the National Academy of Sciences Usa* 105 (29): 10039 - 10044.

Dagan, Tal, and William Martin. 2007. "Ancestral genome sizes specify the minimum rate of lateral gene transfer during prokaryote evolution." *Proceedings of the National Academy of Sciences* 104 (3): 870 - 875.

Darwin, Charles. 1859. *On the origin of species by means of natural selection, or the preservation of favoured races in the struggle for life*. London: John Murray.

Darwin, Charles. 1987. *Charles Darwin's notebooks, 1836 - 1844: geology, transmutation of species, metaphysical enquiries*. Cornell University Press.

Diamond, Jared M. 1988. "Express train to Polynesia." *Nature* 336: 307 - 308.

Ding, Bangxin. 1975. *Chinese phonology of the Wei-Chin period: Reconstruction of the finals as reflected in poetry*. Vol. 65: "中研院"历史语言研究所.

Dixon, Robert M. W. 1997. *The rise and fall of languages*. Cambridge University Press.

Dolgopolsky, Aaron B. 1986. "A probabilistic hypothesis concerning the oldest relationships among the language families of northern Eurasia." *Typology, Relationship, and Time: A Collection of Papers on Language Change and Relationship by Soviet Linguists*, eds. VV Shevoroshkin and TL Markey. Karoma, Ann Arbor, MI: 27 - 50.

Dolgopolsky, Aron B. 1964. "A probabilistic hypothesis concering the oldest relationships among the language families of Northern Eurasia." *Voprosy Jazykoznanija* 2: 53 - 63.

Donohue, Mark, Tim Denham, and Stephen Oppenheimer. 2012a. "Consensus and the lexicon in historical linguistics: Rejoinder to Basic vocabulary and Bayesian phylolinguistics."

Diachronica 29（4）：538－546.

Donohue, Mark, Tim Denham, and Stephen Oppenheimer. 2012b. "New methodologies for historical linguistics?：Calibrating a lexicon-based methodology for diffusion vs. subgrouping." *Diachronica* 29：505－522.

Downey, Sean S., Brian Hallmark, Murray P. Cox, Peter Norquest, and J. Stephen Lansing. 2008. "Computational feature-sensitive reconstruction of language relationships：Developing the ALINE distance for comparative historical linguistic reconstruction." *Journal of Quantitative Linguistics* 15（4）：340－369.

Drechsel, Emanuel J. 2014. *Language Contact in the Early Colonial Pacific Maritime Polynesian Pidgin Before Pidgin English*. Cambridge：Cambridge University Press.

Dunn, Michael, Niclas Burenhult, Nicole Kruspe, Sylvia Tufvesson, and Neele Becker. 2011. "Aslian linguistic prehistory：A case study in computational phylogenetics." *Diachronica* 28（3）.

Dunn, Michael, Simon J. Greenhill, Stephen C. Levinson, and Russell D. Gray. 2011. "Evolved structure of language shows lineage-specific trends in word-order universals." *Nature* 473 （7345）：79－82.

Durie, Mark, and Malcolm Ross. 1996. *The comparative method reviewed regularity and irregularity in language change*. Oxford：Oxford University Press.

Dyen, Isidore, Joseph B. Kruskal, and Paul Black. 1992. "An Indoeuropean Classification：A Lexicostatistical Experiment." *Transactions of the American Philosophical Society* 82（5）： iii－132.

Eastlack, Charles L. 1977. "Iberochange：a program to simulate systematic sound change in Ibero-Romance." *Computers and the Humanities* 11（2）：81－88.

Eska, Joseph F., and Ringe Don. 2004. "Recent Work in Computational Linguistic Phylogeny." *Language* 80（3）：569－582.

Felsenstein, Joseph. 2009. PHYLIP（Phylogeny Inference Package）VERSION 3.7A. Seattle： Department of Genome Sciences, University of Washington.

Fitch, Walter M., and Emanuel Margoliash. 1967. "Construction of phylogenetic trees." *Science* 155（760）：279－284.

Forster, Peter. 2006. *Phylogenetic methods and the prehistory of languages*：McDonald Institute for Archaeological Research.

Forster, Peter, and Alfred Toth. 2003. "Toward a phylogenetic chronology of ancient Gaulish, Celtic, and Indo-European." *Proceedings of the National Academy of Sciences* 100（15）： 9079－9084.

Francois-Joseph, Ladointe. 2000. "How to account for reticulation events in phylogenetic analysis: A comparison of distance-based methods: Special section on reticulate evolution." *Journal of classification* 17 (2): 175 – 184.

Frantz, Donald G. 1970. "A PL/1 program to assist the comparative linguist." *Communications of the ACM* 13 (6): 353 – 356.

Freedman, David A., and William S. Y. Wang. 1996. "Language polygenesis: a probabilistic model." *Anthropological Science* 104 (2): 131 – 138.

Gamkrelidze, Thomas V., and Vjaceslav V. Ivanov. 1990. "The early history of Indo-European languages." *Scientific American* 262 (3): 110 – 116.

Gray, Russell D., and Quentin D. Atkinson. 2003. "Language-tree divergence times support the Anatolian theory of Indo-European origin." *Nature* 426 (6965): 435 – 439.

Gray, Russell D., David Bryant, and Simon J. Greenhill. 2010. "On the shape and fabric of human history." *Philosophical Transactions of the Royal Society B: Biological Sciences* 365 (1559): 3923 – 3933.

Gray, Russell D., Alexei J. Drummond, and Simon J. Greenhill. 2009. "Language phylogenies reveal expansion pulses and pauses in Pacific settlement." *science* 323 (5913): 479 – 483.

Gray, Russell D., and Fiona M. Jordan. 2000. "Language trees support the express-train sequence of Austronesian expansion." *Nature* 405 (6790): 1052 – 1055.

Greenberg, Joseph H. 1993. "Observations concerning Ringe's 'Calculating the Factor of Chance in Language Comparison'." *Proceedings of the American Philosophical Society* 137 (1): 79 – 90.

Greenberg, Joseph Joseph Harold, and William Croft. 2005. *Genetic linguistics.* Oxford: Oxford University Press.

Greenhill, Simon J., Robert Blust, and Russell D. Gray. "The Austronesian Basic Vocabulary Database: From Bioinformatics to Lexomics." *Evolutionary Bioinformatics Online* 4: 271 – 283.

Greenhill, Simon J., and Russell D. Gray. 2009. "Austronesian language phylogenies: Myths and misconceptions about Bayesian computational methods." *Pacific Linguistics*: 375 – 397.

Greenhill, Simon J., and Russell D. Gray. 2012. "Basic vocabulary and Bayesian phylolinguistics: Issues of understanding and representation." *Diachronica* 29: 523 – 537.

Grierson, George Abraham. 1906. *Linguistic survey of India, Vol. III*. Vol. 4. India: Office of the superintendent of government printing.

Guy, Jacques B. M. 1994. "An algorithm for identifying cognates in bilingual word-lists and its applicability to machine translation." *Journal of Quantitative Linguistics* 1 (1): 35 – 42.

Hall, Barry G. 2004. *Phylogenetic trees made easy: a how-to manual.* Vol. 547. Sinauer Associates Sunderland.

Hall, David, and Dan Klein. 2010. "Finding cognate groups using phylogenies." Proceedings of the 48th Annual Meeting of the Association for Computational Linguistics, 2010 - 01 - 01.

Hamed, Mahe Ben, and Feng Wang. 2006. "Stuck in the forest: trees, networks and Chinese dialects." *Diachronica* 23 (1): 29 - 60.

Hashimoto, Mantaro J., Tōkyō Gaikokugo Daigaku, and Ajia Afurika Gengo Bunka Kenkyūjō. 1980. *The Be language: a classified lexicon of its Limkow dialect.* Institute for the Study of Languages and Cultures of Asia and Africa.

Haspelmath, Martin, and Uri Tadmor. 2009. *Loanwords in the world's languages: a comparative handbook.* Walter de Gruyter.

Heggarty, Paul. 2000. "Quantifying change over time in phonetics." *Time depth in historical linguistics* 2: 531 - 562.

Heggarty, Paul. 2006. "Interdisciplinary indiscipline? Can phylogenetic methods meaningfully be applied to language data—and to dating language." *Phylogenetic methods and the prehistory of languages*: 183.

Heggarty, Paul, Warren Maguire, and April McMahon. 2010. "Splits or waves? Trees or webs? How divergence measures and network analysis can unravel language histories." *Philosophical Transactions of the Royal Society B: Biological Sciences* 365 (1559): 3829 - 3843.

Heggarty, Paul, April McMahon, and Robert McMahon. 2005. "From phonetic similarity to dialect classification: a principled approach." In *Perspectives on variation: sociolinguistic, historical, comparative*, edited by Nicole Delbecque, Johan Van der Auwera and Dirk Geeraerts, 43 - 92. Berlin: Mouton de Gruyter.

Heiner, Fangerau, Geisler Hans, Halling Thorsten, and Martin William. 2013. *Classification and Evolution in Biology, Linguistics and the History of Science Concepts - Methods - Visualization.* Stuttgart: Steiner, Franz.

Hewson, John, John M. Anderson, and Charles Jones. 1974. "Comparative reconstruction on the computer." Proceedings of the 1st International Conference on Historical Linguistics, Edinburgh. 1974 - 01 - 01.

Holden, Clare J., and Russell D. Gray. 2006. "Rapid radiation, borrowing and dialect continua in the Bantu languages." In *Phylogenetic methods and the prehistory of languages*, edited by P. Forster and Renfrew C, 19 - 32. Cambridge: McDonald Institute for Archaeological Research.

Holden, Clare J., Andrew Meade, and Mark Pagel. 2005. "Comparison of maximum parsimony and Bayesian Bantu language trees." In *The evolution of cultural diversity: a phylogenetic approach*, edited by Ruth Mace, Clare J. Holden and Stephen Shennan, 53 – 66. Left Coast Press.

Holden, Clare Janaki. 2002. "Bantu language trees reflect the spread of farming across sub-Saharan Africa: a maximum-parsimony analysis." Proceedings of the Royal Society of London. Series B: Biological Sciences, 2002 – 01 – 01.

Holland, Barbara R., Katharina T. Huber, Andreas Dress, and Vincent Moulton. 2002. "δ plots: a tool for analyzing phylogenetic distance data." *Molecular Biology and Evolution* 19 (12): 2051 – 2059.

Holm, John. 2000. *An introduction to pidgins and creoles*. Cambridge: Cambridge University Press.

Holm, John A. 2008. *Languages in contact*. Cambridge: Cambridge University Press.

Hruschka, Daniel J., Morten H. Christiansen, Richard A. Blythe, William Croft, Paul Heggarty, Salikoko S. Mufwene, Janet B. Pierrehumbert, and Shana Poplack. "Building social cognitive models of language change." *Trends in Cognitive Sciences* 13 (11): 464 – 469.

Hsieh, Hsin-I. 1973. "A new method of dialect subgrouping." *Journal of Chinese linguistics* (1): 64 – 92.

Huber, K. T., E. E. Watson, and M. D. Hendy. "An Algorithm for Constructing Local Regions in a Phylogenetic Network." *Molecular Phylogenetics and Evolution* 19 (1): 1 – 8.

Huson, Daniel H., and David Bryant. 2006. "Application of phylogenetic networks in evolutionary studies." *Molecular biology and evolution* 23 (2): 254 – 267.

Huson, Daniel H., Regula Rupp, and Celine Scornavacca. 2010. *Phylogenetic networks: concepts, algorithms and applications*. Cambridge: Cambridge University Press.

Huson, Daniel H., and Celine Scornavacca. 2011. "A survey of combinatorial methods for phylogenetic networks." *Genome biology and evolution* 3: 23 – 35.

Hymes, D. H. 1960. "More on Lexicostatistics." *Current Anthropology* 1 (4): 338 – 345.

Inkpen, Diana, Oana Frunza, and Grzegorz Kondrak. 2005. "Automatic identification of cognates and false friends in French and English." Proceedings of the International Conference Recent Advances in Natural Language Processing, 2005 – 01 – 01.

Jin, Guohua, Luay Nakhleh, Sagi Snir, and Tamir Tuller. 2006. "Maximum likelihood of phylogenetic networks." *Bioinformatics* 22 (21): 2604 – 2611.

Kaufman, Terrence, and Sarah Grey Thomason. 1988. *Language contact, creolization and genetic linguistics*. Oxford: University of California Press.

Kimura, Motoo, and George H. Weiss. 1964. "The stepping stone model of population structure and the decrease of genetic correlation with distance." *Genetics* 49 (4): 561.

Kirch, Patrick V., Roger C. Green, Peter S. Bellwood, R. C. Dunnell, Tom Dye, Chris Gosden, Chandler W. Rowe, John Terrell, Z. Vogt Evon, R. L. Welsch, and Raplh Gardner White. 1987. "History, Phylogeny, and Evolution in Polynesia [and Comments and Reply]." *Current Anthropology* 28 (4): 431 – 456.

Kondrak, Grzegorz. 2002a. Algorithms For Language Reconstruction. PhD thesis. University of Toronto.

Kondrak, Grzegorz. 2002b. "Determining recurrent sound correspondences by inducing translation models." Proceedings of the 19th international conference on Computational linguistics-Volume 1, 2002 – 01 – 01.

Kondrak, Grzegorz. 2003. "Identifying Complex Sound Correspondences in Bilingual Wordlists." In *Computational Linguistics and Intelligent Text Processing*, edited by Alexander Gelbukh, 432 – 443. Springer Berlin Heidelberg.

Kondrak, Grzegorz. 2004. "Combining evidence in cognate identification." In *Advances in Artificial Intelligence*, 44 – 59. Springer.

Kondrak, Grzegorz. 2009. "Identification of Cognates and Recurrent Sound Correspondences in Word Lists." *TAL* 50 (2): 201 – 235.

Kondrak, Grzegorz, and Tarek Sherif. 2006. "Evaluation of several phonetic similarity algorithms on the task of cognate identification." Proceedings of the Workshop on Linguistic Distances, 2006 – 01 – 01.

Lee, Sean, and Toshikazu Hasegawa. 2011. "Bayesian phylogenetic analysis supports an agricultural origin of Japonic languages." *Proceedings of the Royal Society of London B: Biological Sciences*.

Lees, Robert B. 1953. "The Basis of Glottochronology." *Language* 29 (2): 113 – 127.

Lefebvre, Claire. 2006. *Creole genesis and the acquisition of grammar: The case of Haitian Creole*. Vol. 88. Cambridge: Cambridge University Press.

Levenston, E., and J. O. ELLIS. 1964. "A Transfer-Grammar Development of System-Reduction Quantification Method." *STUF-Language Typology and Universals* 17 (1 – 6): 449 – 452.

Li, Fang-Kuei. 1937. "Chinese languages and dialects." *The Chinese Yearbook 1937*: 59 – 65.

Li, Fang-Kuei. 1973. "Languages and dialects of China." *Journal of Chinese Linguistics* 1 (1): 1 – 13.

Li, Fang Kuei. 1977. *A Handbook of Comparative Tai*, Oceanic Linguistics Special Publications. Hawai'i: University of Hawai'i Press.

Linder, C. Randal, Bernard ME Moret, Luay Nakhleh, and Tandy Warnow. 2004. "Network (reticulate) evolution: biology, models, and algorithms." The Ninth Pacific Symposium on Biocomputing (PSB), 2004 - 01 - 01.

List, Johann-Mattis. 2012a. "LexStat: Automatic detection of cognates in multilingual wordlists." Proceedings of the EACL 2012 Joint Workshop of LINGVIS & UNCLH, 2012 - 01 - 01.

List, Johann-Mattis. 2012b. "Multiple sequence alignment in historical linguistics." *Proceedings of ConSOLE XIX* 241: 260.

List, Johann-Mattis. 2012c. "SCA: phonetic alignment based on sound classes." In *New Directions in Logic, Language and Computation*, edited by Daniel Lassiter and Marija Slavkovik, 32 - 51. Springer.

List, Johann-Mattis, and Steven Moran. 2013. "An Open Source Toolkit for Quantitative Historical Linguistics." ACL (Conference System Demonstrations), 2013 - 01 - 01.

List, Johann-Mattis, Shijulal Nelson-Sathi, Hans Geisler, and William Martin. 2014. "Networks of lexical borrowing and lateral gene transfer in language and genome evolution." *BioEssays* 36 (2): 141 - 150.

List, Johann-Mattis, Nelson-Sathi Shijulal, William Martin, and Hans Geisler. 2014. "Using phylogenetic networks to model Chinese dialect history." *Language Dynamics and Change* 4 (2): 222 - 252.

List, Johann-Mattis, and Robert Forkel. 2016. "LingPy. A Python library for historical linguistics. Version 2.5." http://lingpy.org.

Lowe, John B., and Martine Mazaudon. 1994. "The reconstruction engine: a computer implementation of the comparative method." *Computational Linguistics* 20 (3): 381 - 417.

Lu, Zhiji, and Chin-Chuan Cheng. 1985. "Chinese dialect affinity based on syllable initials." *Studies in the Linguistic Sciences* 15 (2): 127 - 148.

Mace, Ruth, and Clare J. Holden. 2005. "A phylogenetic approach to cultural evolution." *Trends in Ecology & Evolution* 20 (3): 116 - 121.

Makarenkov, Vladimir. 2001. "T-REX: reconstructing and visualizing phylogenetic trees and reticulation networks." *Bioinformatics* 17 (7): 664 - 668.

Makarenkov, Vladimir, Dmytro Kevorkov, and Pierre Legendre. 2006. "Phylogenetic network construction approaches." In *Applied Mycology and Biotechnology*, edited by Randy M. Berka Dilip K. Arora and B. Singh Gautam, 61 - 97. Elsevier.

Matisoff, James A. 1973. *The grammar of Lahu*. University of California Press.

Matisoff, James A. 1978. *Variational semantics in Tibeto-Burman: the "organic" approach to linguistic comparison*. Philadelphia: Institute for the Study of Human Issues.

Matisoff, James A. 1988. *The dictionary of Lahu*. University of California Press.

Matisoff, James A. 1991. "Sino-Tibetan Linguistics: Present State and Future Prospects." *Annual Review of Anthropology* 20: 469 - 504.

Matisoff, James A. 2000. "On the uselessness of glottochronology for the subgrouping of Tibeto-Burman." In *Time depth in historical linguistic*, edited by Colin Renfrews, April McMahon and Larry Trask, 333 - 372. The McDonald Institute for Archaeological Research.

Matisoff, James A. 2003. *Handbook of Proto-Tibeto-Burman: System and Philosophy of Sino-Tibetan Reconstruction*. University of California Press.

Matisoff, James A. 2016. The Sino-Tibetan Etymological Dictionary and Thesaurus.

Matras, Yaron. 2009. *Language contact*. Cambridge: Cambridge University Press.

McMahon, April. 2004. "Language, time and human histories." *Language and revolution/ Language and time*: 155 - 70.

McMahon, April, Paul Heggarty, Robert McMahon, and Natalia Slaska. 2005. "Swadesh Sublists and the benefits of borrowing: an Andean case study1." *Transactions of the Philological Society* 103 (2): 147 - 170.

McMahon A., McMahon R. 2003. "Finding Families: Quantitative Methods in Language Classification." *Transactions of the Philological Society* 101 (1): 7 - 55.

McMahon A., McMahon R. 2005. *Language classification by numbers*. Oxford University Press.

McMahon A., McMahon R. 2012. "Lexicostatistics and Glottochronology." In *The Encyclopedia of Applied Linguistics*. John Wiley & Sons, Inc.

McMahon, April MS. 1994. *Understanding language change*. Cambridge University Press.

Melamed, I. Dan. 2000. "Models of translational equivalence among words." *Computational Linguistics* 26 (2): 221 - 249.

Michener, Charles D., and Robert R. Sokal. 1957. "A Quantitative Approach to a Problem in Classification." *Evolution* 11 (2): 130 - 162.

Minett, James W., and William S-Y Wang. 2003. "On detecting borrowing: distance-based and character-based approaches." *Diachronica* 20 (2): 289 - 331.

Moret, Bernard M. E., Luay Nakhleh, Tandy Warnow, C. Randal Linder, Anna Tholse, Anneke Padolina, Jerry Sun, and Ruth Timme. 2004. "Phylogenetic Networks: Modeling, Reconstructibility, and Accuracy." *IEEE/ACM Trans. Comput. Biol. Bioinformatics* 1 (1): 13 - 23.

Morrison, David A. 2011. *An Introduction to Phylogenetic Networks*. Uppsala, Sweden: RJR Productions.

Mufwene, Salikoko S. 2001. *The ecology of language evolution*. Cambridge: Cambridge University Press.

Mulloni, Andrea, and Viktor Pekar. 2006. "Automatic detection of orthographic cues for cognate recognition." *Proceedings of LREC'06*, 2387 – 2390.

Mulloni, Andrea, and Viktor Pekar. 2006. "Automatic detection of orthographic cues for cognate recognition." Proceedings of The Fifth International Conference on Language Resources and Evaluation (LREC'06), 2006 – 01 – 01.

Muriel, Norde, Bob De Jonge, and Cornelius Hasselblatt. 2010. *Language contact: new perspectives*. Amsterdam: John Benjamins Publishing Company.

Nakhleh, Luay. 2011. "Evolutionary phylogenetic networks: models and issues." In *Problem solving handbook in computational biology and bioinformatics*, 125 – 158. Springer.

Nakhleh, Luay, Guohua Jin, Fengmei Zhao, and John Mellor-Crummey. 2005. "Reconstructing phylogenetic networks using maximum parsimony." Proceedings of The Computational Systems Bioinformatics Conference, 2005 – 01 – 01.

Nakhleh, Luay, Don Ringe, and Tandy Warnow. 2005. "Perfect phylogenetic networks: A new methodology for reconstructing the evolutionary history of natural languages." *Language*: 382 – 420.

Nakhleh, Luay, Tandy Warnow, and C. Randal Linder. 2004. "Reconstructing reticulate evolution in species: theory and practice." Proceedings of the eighth annual international conference on Resaerch in computational molecular biology, 2004 – 01 – 01.

Nakhleh, Luay, Tandy Warnow, Don Ringe, and Steven N. Evans. 2005. "A comparison of phylogenetic reconstruction methods on an Indo-European dataset." *Transactions of the Philological Society* 103 (2): 171 – 192.

Nelson-Sathi, Shijulal, Johann-Mattis List, Hans Geisler, Heiner Fangerau, Russell D. Gray, William Martin, and Tal Dagan. 2011. "Networks uncover hidden lexical borrowing in Indo-European language evolution." *Proceedings of the Royal Society B: Biological Sciences* 278 (1713): 1794 – 1803.

Nichols, Johanna, and Tandy Warnow. 2008. "Tutorial on computational linguistic phylogeny." *Language and Linguistics Compass* 2 (5): 760 – 820.

Norman, Jerry L., and W. South Coblin. 1995. "A new approach to Chinese historical linguistics." *Journal of the American Oriental Society* 115 (4): 576 – 584.

Oakes, Michael P. 2000. "Computer estimation of vocabulary in a protolanguage from word lists in four daughter languages." *Journal of Quantitative Linguistics* 7 (3): 233 – 243.

Ogura, Mieko, and William S. Y. Wang. 1998. "Evolution theory and lexical diffusion." In

Advances in English Historical Linguistics (*1996*), edited by Jacek Fisiak and Marcin Krygier, 315 – 344. New York: Mouton de Gruyter.

Oswalt, Robert L. 1970. "The detection of remote linguistic relationships." *Computer Studies in the Humanities and Verbal Behavior* 3 (3): 117 – 129.

Pagel, Mark, Andrew Meade, and Daniel Barker. 2004. "Bayesian Estimation of Ancestral Character States on Phylogenies." *Systematic Biology* 53 (5): 673 – 684.

Petroni, F., and M. Serva. 2008. "Language distance and tree reconstruction." *Journal of Statistical Mechanics: Theory and Experiment* 2008 (08): P08012.

Phillips, Betty S. 2006. *Word frequency and lexical diffusion, Palgrave Studies in Language History and Language Change*: Palgrave Macmillan.

Renfrew, Colin, April M. S. McMahon, and Robert Lawrence Trask. 2000. *Time depth in historical linguistics*: McDonald institute for archaeological research.

Rexová, Katerina, Yvonne Bastin, and Daniel Frynta. 2006. "Cladistic analysis of Bantu languages: a new tree based on combined lexical and grammatical data." *Naturwissenschaften* 93 (4): 189 – 194.

Ringe, Don, Tandy Warnow, and Ann Taylor. 2002. "Indo-European and computational cladistics." *Transactions of the philological society* 100 (1): 59 – 129.

Ringe, Donald A. 1992. "On calculating the factor of chance in language comparison." *Transactions of the American Philosophical Society*: 1 – 110.

Ronquist, Fredrik, Maxim Teslenko, Paul van der Mark, Daniel L. Ayres, Aaron Darling, Sebastian Höhna, Bret Larget, Liang Liu, Marc A. Suchard, and John P. Huelsenbeck. 2012. "MrBayes 3.2: efficient Bayesian phylogenetic inference and model choice across a large model space." *Systematic biology* 61 (3): 539 – 542.

Ross, Alan S. C. 1950. "Philological probability problems." *Journal of the Royal Statistical Society. Series B (Methodological)* 12 (1): 19 – 59.

Sagart, Laurent, and Shixuan Xu. 2001. "History through loanwords: The loan correspondences between hani and Chinese." *Cahiers de Linguistique Asie Orientale* 30 (1): 3 – 54.

Saitou, Naruya, and Masatoshi Nei. 1987. "The neighbor-joining method: a new method for reconstructing phylogenetic trees." *Molecular biology and evolution* 4 (4): 406 – 425.

Sapir, Edward. 1916. *Time perspective in aboriginal American culture a study in method*. Ottawa: Government Printing Bureau.

Schmidt, J. 1872. *Die Verwandtschaftsverhältnisse der indogermanischen Sprachen*. Böhlau.

Schuessler, Axel. 2006. *ABC etymological dictionary of Old Chinese*. University of Hawaii Press.

Serva, Maurizio, and Filippo Petroni. 2008. "Indo-European languages tree by Levenshtein distance." *EPL* (*Europhysics Letters*) 81 (6): 68005.

Shafer, Robert. 1966. *Introduction to Sino-Tibetan*. Wiesbaden. Otto Harrassowitz.

Simard, Michel, George F. Foster, and Pierre Isabelle. 1993. "Using cognates to align sentences in bilingual corpora." Proceedings of the 1993 conference of the Centre for Advanced Studies on Collaborative research: distributed computing-Volume 2, 1993 – 01 – 01.

Smith, Raoul N. 1969. "A computer simulation of phonological change." *ITL: Tijdschrift voor Toegepaste Linguistiek* 1 (5): 82 – 91.

Soreng, R. J., J. I. Davis, SWL Jacobs, and J. Everett. 2000. "Phylogenetic structure in Poaceae subfamily Pooideae as inferred from molecular and morphological characters: misclassification versus reticulation." *Grasses: systematics and evolution.*: 61 – 74.

Starostin, George. 2011 – 2016. The Global Lexicostatistical Database. http: //lexstat. tk/ databases/

Starostin, Sergej Anatol Evic. 1991. *The Altaic problem and the origin of the Japanese language*. Moscow: Nauka.

Strimmer, Korbinian, and Vincent Moulton. 2000. "Likelihood Analysis of Phylogenetic Networks Using Directed Graphical Models." *Molecular Biology and Evolution* 17 (6): 875 – 881.

Swadesh, Morris. 1950. "Salish Internal Relationships." *International Journal of American Linguistics* 16 (4): 157 – 167.

Swadesh, Morris. 1952. "Lexico-Statistic Dating of Prehistoric Ethnic Contacts: With Special Reference to North American Indians and Eskimos." *Proceedings of the American Philosophical Society* 96 (4): 452 – 463.

Swadesh, Morris. 1955. "Towards Greater Accuracy in Lexicostatistic Dating." *International Journal of American Linguistics* 21 (2): 121 – 137.

Swadesh, Morris. 1971. *The origin and diversification of language*: Transaction Publishers.

Swadesh, Morris, George I. Quimby, Henry B. Collins, Emil W. Haury, Gordon F. Ekholm, and Fred Eggan. 1954. "Symposium: Time Depths of American Linguistic Groupings." *American Anthropologist* 56 (3): 361 – 377.

Syrjanen, K., T. Honkola, K. Korhonen, J. Lehtinen, O. Vesakoski, and N. Wahlberg. 2013. "Shedding light on language classification using basic vocabularies and phylogenetic methods A case study of Uralic." *Diachronica* 30 (3): 323 – 352.

Tadmor, Uri, Martin Haspelmath, and Bradley Taylor. 2010. "Borrowability and the notion of basic vocabulary." *Diachronica* 27 (2).

Thomason, Sarah G. 1983. "Genetic relationship and the case of Ma? a (Mbugu)." *Studies in*

African Linguistics 14 (2).

Thomason, Sarah Grey. 2001. *Language contact*. Edinburgh: Edinburgh University Press.

van Driem, George. 1997. "Sino-Bodic." *Bulletin of the School of Oriental and African Studies* 60 (3): 455 – 488.

van Driem, George. 2001. *Languages of the Himalayas: An ethnolinguistic handbook of the greater Himalayan region containing an introduction to the symbiotic theory of language*: Brill.

van Driem, George. 2002. "Tibeto-Burman phylogeny and prehistory: Languages, material culture and genes." *Antiquity* 72: 885 – 97.

van Driem, George. 2005. "Sino-Austronesian vs. Sino-Caucasian, Sino-Bodic vs. Sino-Tibetan, and Tibeto-Burman as default theory." *Contemporary issues in Nepalese linguistics*: 285 – 338.

van Driem, George. 2007. "The diversity of the Tibeto-Burman language family and the linguistic ancestry of Chinese." *Bulletin of Chinese Linguistics* 1 (2): 211 – 270.

van Driem, George. 2011. "The Trans-Himalayan phylum and its implications for population." *Communication on contemporary anthropology* 5 (1): 135 – 142.

Wang, Feng, and William S. Y. Wang. 2004. "Basic words and language evolution." *Language and linguistics* 5 (3): 643 – 662.

Wang, William S. Y. 1995. *The ancestry of the Chinese language*: Project on Linguistic Analysis, University of California.

Wang, William S. Y. 1969. "Project DOC: Its methodological basis." Proceedings of the 1969 conference on Computational linguistics, 1969 – 01 – 01.

Wang, Willian S. Y. 1994. "Glottochronology, lexicostatistics, and other numerical methods." *Encyclopedia of Language and Linguistics*: 1445 – 1450.

Warnow, Tandy. 1997. "Mathematical approaches to comparative linguistics." *Proceedings of the National Academy of Sciences* 94 (13): 6585 – 6590.

Wichmann, Soren, Eric W. Holman, Taraka Rama, and Robert S. Walker. 2011. "Correlates of reticulation in linguistic phylogenies." *Language Dynamics and Change* 1 (2): 205 – 240.

Wichmann, Søren, André Müller, and Viveka Velupillai. 2010. "Homelands of the world's language families: A quantitative approach." *Diachronica* 27 (2).

Yeon-Ju, Lee, and Laurent Sagart. 2008. "No limits to borrowing: The case of Bai and Chinese." *Diachronica* 25 (3).

Zhao, Mian, Qing-Peng Kong, Hua-Wei Wang, Min-Sheng Peng, Xiao-Dong Xie, Wen-Zhi Wang, Jian-Guo Duan, Ming-Cui Cai, Shi-Neng Zhao, and Yuan-Quan Tu. 2009.

"Mitochondrial genome evidence reveals successful Late Paleolithic settlement on the Tibetan Plateau." *Proceedings of the National Academy of Sciences* 106（50）: 21230 - 21235.

Zuraw, Kie. 2003. "Probability in language change." In *Probabilistic linguistics*, edited by Rens Bod, Jennifer Hay and Stefanie Jannedy, 139 - 176. MIT Press.

后　　记

　　本书受"华中科技大学文科学术著作出版资助"项目资助出版,受教育部人文社科基金青年项目"藏彝走廊少数民族语言地名有声数据库建设与研究"(19YJC740011)、国家社科基金青年项目"汉藏语语音对应规律数据库建设与研究"(20CYY037)、华中科技大学一流文科建设重大学科平台建设项目"数字人文与语言研究创新平台"的支持。

　　这本书是在我的博士论文的基础上修订、完善而成的。从博士求学到这本书的出版,首先要感谢我的恩师邓晓华先生,他为我指引方向、打开视野,将我引入演化语言学这个令人激动的研究领域,指导、鼓励我排除重重困难,完成了这个难度较大的研究课题。邓老师于我是师如父,毕业之后,老师仍时时关怀、勉励,这本书也是在老师的催促、推荐下才最终得以出版的。

　　我还要感谢我的硕士导师尉迟治平先生,他带领我进入计算机辅助语言研究领域,在硕士期间积累了丰富的语料处理经验,使得这一研究在技术上有了可能。特别感谢陈鸿儒、程邦雄、方环海、黄仁瑄、郑泽芝、郑通涛等老师提出的宝贵意见,他们让这本书更加成熟。感谢 *Journal of Chinese Linguistics* 匿名评审专家提出的研究建议,汉藏和藏缅语群的上下位层次问题是未来我进一步探索的方向。诚挚感谢上海古籍出版社的毛承慈老师为本书付梓所付出的专业、耐心、细致的帮助。

　　从攻读博士到这本小书正式出版,一直都有爱人晓霞的支持和陪伴,结婚多年却异地数载,亏欠甚多;去年本书出版事宜商定之时我们可爱的女儿呱呱坠地,今年拙作面世又恰逢星熠周岁,就让我把它作为献给你们的一份小小礼物吧!

　　这本书一定还有许多疏漏和不足，恳请专家、读者指正。书中还有许多研究设想未能实现，期待未来能有所进展。

高天俊

2023 年 5 月

图书在版编目(CIP)数据

藏缅语演化网络研究 / 高天俊著. —上海：上海
古籍出版社，2023.7
ISBN 978-7-5732-0753-1

Ⅰ.①藏… Ⅱ.①高… Ⅲ.①藏缅语族—语言史—研
究 Ⅳ.①H42-09

中国国家版本馆 CIP 数据核字(2023)第 120850 号

藏缅语演化网络研究
高天俊　著
上海古籍出版社出版发行
(上海市闵行区号景路 159 弄 1-5 号 A 座 5F　邮政编码 201101)
(1) 网址：www.guji.com.cn
(2) E-mail：guji1@guji.com.cn
(3) 易文网网址：www.ewen.co
上海惠敦印务科技有限公司印刷
开本 787×1092　1/16　印张 17　插页 4　字数 259,000
2023 年 7 月第 1 版　2023 年 7 月第 1 次印刷
ISBN 978-7-5732-0753-1
H·261　定价：68.00 元
如有质量问题,请与承印公司联系